경호무술 기초편

1

경호무술

Since 1992
警護武術

경호무술 기초편

1

경호무술창시자 **장명진** 지음

이담 Books

발 간 사

경호무술이란 자신을 포함하여 경호 대상에게 가해져 오는 공격으로부터 신체 및 생명을 보호해주는 **호위호신무술**이다.

경호무술을 창시한 본인은 1986년 군 복무시절 708특공대(경호부대)에서 경호무술에 대한 연구를 시작하였고, 1992년 3월 18일 국내최초로 서울특별시 중랑구 신내동에 경호원을 양성하는 국제경호아카데미를 개원하였다. 이후 1994년부터 2004년까지 『경호무술』, 『경호실무』(개정7권)를 공식 출판했으며, 특히 경호무술에 대한 무적·공법·기법·격투체계에 대하여 체계화와 정형화에 힘써 왔다. 아울러 경호무술에 대한 학문적 이론을 정립하여 체계화하였다. 국제경호아카데미 경호원 양성과정 및 장명진경호무술원과 대학교 등 외부기관에 출강하면서 착안한 경호무술 교육체계에 대하여 연구 표준화한 것을 1996년에 오픈한 사이버 경호무술교실에 구축하였다. 구축한 연구 내용을 정리하여 2004년 경호무술 개정본(본인이 직접 연구, 저술, 시연, 편집, 출판해 1인 5역으로 1,704page, 무게 8kg, 대작완성)으로 발간하였다.

이렇게 연구 출판된 『경호무술』은 각 군 관계부대와 직무에 관련된 정부기관인 경찰청, 경호처, 국정원, 법무부, 국무총리실, 국회 등 관계기관을 포함해 대학의 경호직무 관련(경호, 경찰, 군사, 교도 등) 학과와 경호무술원지도자, 수련자들에게 전공 및 연구교재로서 사용되면서 체계화된 학문적 이론과 과학적인 기술이 널리 알려지게 되었다. 아울러 국민의 여가와 체위 향상에 기여하고 있으며, 새로운 직업 창출에도 이바지하고 있다. 또한 해외보급이 본격화되면서 문화외교 역할을 통한 국위선양과 경제활동을 통한 서비스 산업으로 국익에 크게 기여하고 있다. 이처럼 경호무술은 그동안 최단 기간에 우리의 대중적 무예로 크게 발전해 국가와 사회에 기여하게 되어 창시자로서 매우 기쁘게 생각한다.

무예는 전통적으로 지·덕·체를 교육이념으로 삼아 왔으며, 또한 충효의 근본을 가르치는 역할을 담당하기도 했다. 무예를 가장 큰 교육이념으로 여겼던 나라는 동서양을 막론하고 대부분 부국강병을 성공적으로 이루어 오늘날 군사 및 경제 대국이 되었다. 세계사에서 부국강병을 이루게 된 대표적인 나라들로 영국과 일본을 주목하고 있다. 이들 나라의 공통점은 그 나라를 대표하는 무인정신을 꼽는다. 영국은 기사도정신 그리고 일본은 사무라이정신이 바로 그것이다. 이 같은 정신을 무사도 정신이라고 말하기도 한다. 중국 또한 무예를 신(神)이라 부를 만큼 신성시해 왔으며, 무예인들이 인격도야에 정진하면서 무예인을 도사라 칭하기도 했다. 이처럼 무예는 정치, 경제, 사회, 문화를 초월하는 보이지 않는 강력한 힘으로 다양한 가치를 재창조하는 에너지 원천과 같아 오늘날 첨단과학이 지배하고 있는 21세기가 된 지금도 세계 각국은 무예를 다양한 각도에서 연구하고 활용방안을 모색하고 있다. 많은 나라가 무예를 학교 체육 정규과목으로 채택해 교육을 강화하고 있으며, 문화 자원화 차원에서 무예에 대한 지식재산권을 확보하는 데도 힘을 쏟고 있다.

이 같은 변화에서 다소 늦은 감은 있으나 우리나라에서도 2008년 전통무예진흥법이 만들어진 점에 대하여 매우 다행스럽게 생각하며, 경호무술이 향후 국민의 건강 및 문화생활향상과 더불어 안전하고 행복한 삶을 추구하는 무술로서 한국을 대표하는 무예로서 세계화되기를 바란다. 끝으로 2011년 경호무술 책이 분권 출판되게 도와주신 한국학술정보(주) 사장님 및 관계자와 우리 가족 모두에게 깊이 감사한다.

경호무술창시자 장명진 약력

- 사단법인 한국경호무술진흥회 회장
- 전통무예원류적통자 모임 간사
- 장명진경호무술원 총원장
- 국무총리실 국가재난관리본부 자문위원
- 초당대학교 경호학과(경호무술) 겸임교수
- 고려대학교 사범대학원 석사과정(경호무술) 강사
- 선문대학교 무도학과, 충청대학 태권도학과(경호무술) 강사
- 국립경찰대학 수사보안연수소(인질협상/경호전략) 강사
- 중국연길시공안국 보안전문대학교 명예교수
- 한서대학교, 서일대학 사회교육원 경호학과(경호무술) 강사
- KBS아카데미 경호원 양성과정(경호무술) 강사
- 사단법인 한국무예포럼 운영위원
- 주식회사 탐경(경호회사) 대표이사
- 국제경호아카데미 원장
- 국제경호협회 회장
- 한국안전교육학회, 한국경호경비학회 운영위원
- 사단법인 한국경비협회 신변보호분과 운영위원
- 사단법인 한국직능단체총연합회 상임부회장
- 제10기 민주평화통일 자문위원(대통령)회 자문위원
- 윗몸일으키기(14,824회) 기네스 기록보유(1990년)
- 『경호무술』, 『경호실무』 저술(개정7권, 1994년~2011년)
- 『경호직무능력표준』, 『경호자격규정집』(2004년~2005년)
- 「경호산업문제분석과 발전방안에 관한 연구」 외 다수
- 대통령표창(2002년), 국무총리표창(2007년)

[무술입문 및 경호무술 창시 보급]

7세에 무예에 입문하여 태권도, 태껸, 합기도, 쿵후 등을 수련하고 경호무술을 창시하는 등 40여 년간 무공을 쌓았다. 1986년 708특공대(경호부대) 복무 중 경호무술 연구를 시작해 1992년 정립한 경호무술을 국내최초로 설립된 국제경호아카데미에서 경호원양성 교육과정으로 지도하기 시작했다. 이후 대학(교) 경호무술학과 및 경호학과 그리고 유관학과에 보급하였다. 1996년 국내최초로 인터넷 경호무술강좌를 시작하였으며, 초·중·고등학생 및 일반인을 대상으로 경호무술원을 개원하여 전국에 보급하고 있다. 중국·미국·남미지역에 해외지부를 두고 세계화 중에 있으며 국내외 주요 방송매체를 통해 크게 주목받고 있다.

목차

경호무술 창시기원과 역사

제 1 권 경호무술 기초편

武術觀

경호무술
GUARD MILITARY
II

Guard Military

警
護
武
術

警
護
武
術

警
護
武
術

警護
武術

警
護
武
術

警
護
武
術

警護
武術

警
護
武
術

1. 경호무술 창시 배경과 연구

경호무술을 연구하게 된 배경은 본인이 1986년 708특공대(경호부대) 군 복무 중일 때이다. 당시 우리나라 최초로 열렸던 국제적인 행사(86서울아시안게임)에 경호임무를 부여받아 경호작전에 투입될 군, 장병에 대한 경호교육훈련 프로그램을 준비하던 중에 경호직무에 필요한 매뉴얼을 연구개발하게 된 것이 경호무술을 창시하는 계기가 되었다.

당시 우리 군에서는 전술훈련, 유격훈련, 공수훈련, 충정훈련, 대테러진압훈련 등은 매뉴얼화된 프로그램은 있었지만 체계적인 경호훈련 프로그램매뉴얼은 없었으며. 특히, 경호직무에 적합한 호위호신 무술은 개발되어 있지 않았다. 군에서 도입한 당시 무예로는 태권도, 특공무술이 보급되어 있었으나 품세와 발차기 기술위주의 태권도와 야삽술, 총검술, 단검술과 같은 기술위주의 특공무술은 경호직무 수행에 적합하지 않다고 판단되어 경호직무환경에 적합한 새로운 경호기법과 호위호신무술을 창시자 본인이 독자적으로 연구하는 계기가 되었다. 이후 88서울올림픽 경호작전임무를 또다시 맡게 되면서 본격적으로 심도 있는 연구개발을 하게 되었다(본인은 경호학에 대한 학문적 이론을 최초로 정립한 경호실무 원저자이기도 함. 1994년 저술).

당시 무예연구를 위해 우리전통무예에 관한 문헌을 포함한 국내외 각종무술책 등을 참고했으며, 대통령경호실 연무관을 방문하기도 했었다. 그러나 기술개발을 위한 참고문헌은 매우 부족했으며. 대통령경호실 연무관마저도 태권도 유도 등을 경호원 교육교과목으로 채택해 수련할 뿐이라 특별히 참고할 만한 것이 없었다.

경호무술개발을 위해서는 경호직무환경을 충분히 고려하여 연구하고, 호위적 관점에서 기술을 체계화해야 하기 때문에 경호실무에서 요구되는 지식과 기술을 신체운동의 원리와 등속직선운동의 원리(물체에 힘이 작용하면 물체는 운동 방향이나 속력이 변하는 운동을 하게 됨) 등을 결합할 수 있도록 과학적으로 연구해야 한다. 특히 경호환경은 일격필살의 기술도 요하지만, 적을 일시적으로 신체 및 기선을 제압하여 역습을 차단하는 기술과 공격하는 기술이 적이나 제3자에게 노출되지 않도록 하는 기법이 더 요구되기 때문에, 이 같은 점을 고려하여 가능한 기술을 단순화하고 공격기술 또한 고의성이 노출되지 않도록 착안했다. 그리고 고대로부터 전해 내려오는 경혈(급소)에 대한 공격기법과 신체의 타격이 극대화될 수 있도록 다양한(치기, 차기, 꺾기, 찌르기, 긋기, 잡기, 조르기, 비틀기, 밀치기, 당기기, 던지기) 기술을 착안하고 다음으로 기술 간 결합해 응용할 수 있도록 연구했으며, 무기술을 새롭게 배우지 않아도 맨손기술을 무기술로 전환할 수 있도록 체계화해 짧은 기간의 수련으로도 많은 기술과 응용력을 극대화할 수 있도록 했다.

이외로도 적의 칼, 검, 곤, 총, 폭발물과 같은 무기 공격수단에 따라 대응할 수 있는 무기술을 포함해 다양한 급조무기술이 실전에서 자유롭게 사용되도록 창안했다. 이 같은 체계는 다양한 무예 수련단계를 줄여주는 효과로 인해 수련자가 배우고 익히기에 쉽도록 하는 효과도 있다. 그리고 적의 기습공격유형과 다수의 집단적 동시공격유형에 대비해 유효적절하게 대응할 수 있도록 방향전환과 위치이동에 자유롭고 빠르게 하기

위하여 불필요한 동작을 줄이고 에너지 소모를 최소화될 수 있도록 전환선법체계를 만들었다. 전환선법은 안정된 평형감각을 익히고 전후좌우를 직선, 사선, 곡선으로 짧고 길게 신축성 있게 움직일 수 있도록 체계화했으며, 이를 통해 신법, 두법, 권법, 수법, 족법, 무법을 자유롭게 공방기술로 구현하도록 했다. 즉, 위해기도 자들의 다양한 공격 유형에 신속 정확하게 대응할 수 있도록 착안했다고 할 수 있다. 수련단계 또한 기본 기술을 배우고 그다음으로 기술 간 연결해 혼용하는 방법을 배우고 마지막으로 수준을 높여 응용하는 방법을 배우도록 해 과학적으로 훈련되도록 하였다. 끝으로 수련자가 경호무술을 배우고 익히는데 어렵지 않도록 용법에 맞는 용어를 알기 쉽게 정리하였다. 이처럼 경호무술은 기술의 체계화와 정형화를 완벽하게 구현해 만든 최고의 무예라고 단언한다.

2. 경호무술 태동과 무예발전

무예는 책으로 전해지고 발전되어 내려왔다

무예는 싸움기술로서 상대를 제압하고 적을 살상하기 위한 기술로 발전해 왔다고 할 수 있다. 문헌 속에 담긴 기록에 의하면 무예는 국가적인 차원에서 관리할 정도로 매우 중요시했던 것으로 보인다. 특히 난세에 무예에 대한 중요성을 재인식하고 무예 책을 국가가 직접 편찬해 왔음을 알 수 있다. 우리 민족 무예문헌으로 발견된 무예제보는 임진왜란 직후인 선조 1598년에 편찬된 것이고, 무예제보번역속집은 12년 후인 1610년 광해군 2년에 편찬된 것으로 보아 임진왜란 직후 무예진흥의 중요성이 강조되면서 수년간 집중적으로 연구한 것을 알 수 있으며, 무예도보통지 편찬시점도 정조 14년 때인 1790년 간행된 것으로 군신 간 대립이 극도로 고조되었던 난세의 시기였다.

이 같은 사례는 가까운 중국도 예외는 아니었던 것으로 보인다. 중국의 대표적인 고대 무예서인 무비지를 편찬한 시기도 명나라의 내우외환으로 시대적 암흑기와 같았다. 무비지를 저술한 모원의는 후금 전권에 저항해 싸웠던 인물이다. 특히 여진족과 후금에 대한 적대감이 컸고 이들과 대립하며 무예진흥정책에 심혈을 기울였던 것으로 보인다.

최근 근대사에서도 이와 유사한 점을 발견할 수 있는데 가까운 일본이 제2차 세계대전 전후에 유도, 공수도, 합기도와 같은 책을 집중적으로 출간하였으며, 우리나라에서도 6·25사변 전쟁 직후인 1959년 최홍희 현역장군에 의하여 태권도 책이 출간되었던 점 또한 전쟁과 무관하지 않다.

본인이 저술한 경호무술 또한 사회질서가 문란하고 국제환경 또한 새로운 테러리즘에 의하여 개인의 신변위험이 크게 증가하면서 시대적 필요요구에 의하여 태동하는 배경이 되었다고 할 수 있다. 아울러 이런 관점에서 경호무술을 책으로 집대성하여 표준교범을 출간한 것이다.

무예연구는 국가가 주도(살생술 집중 연구)

이처럼 무예는 시대를 초월하여 권력유지와 국력을 유지하기 위한 수단적 가치로 널리 인식되었고 이로 인해 난세, 전쟁, 치안이라는 공통된 위험에 의하여 무예는 그 대안으로 자연스럽게 연구되었다는 사실이다. 아울러 이 같은 시기에 무예기법을 집중적으로 연구하면서 적을 효과적으로 제압하고 살상시킬 수 있는 기법을 연구하기 위하여 무예연구 전담기구들을 두었음을 알 수 있다. 이 같은 단서는 무예도보통지 기록에도 있다. 무예도보통지 편찬을 정조대왕의 명에 의하여 집필했다는 기록으로 봐서 국가가 전담 기구를 두고 주도적으로 연구케 했음을 알 수 있다.

이 같은 기구에 의한 무예연구는 맨손무예부터 창, 칼, 검, 곤과 같은 다양한 무기무예 의 수련법까지 연구하고 더 낳아가 적을 효과적으로 살상할 수 있는 기법 개발을 위하여 살상력 효과를 보다 극대화하기 위하여 오늘날 화력전, 생화학전, 대테러전 등에 대비해 연구하듯이 당시에도 전문 연구기관을 두고 근접 육박격투전이 비중 있게 치러지던 전쟁의 특성상 이를 체계적으로 연구에 몰두했던 것으로 보인다. 특히 오늘날까지도 전해 내려오는 신체급소인 혈을 연구하기도 했던 것으로 보인다. 그리고 이 같은 연구를 위해 전쟁에서 포로로 잡혀온 적장이나 병사들을 대상으로 다양한 공격기법을 적용해 신체반응과 의식반응 호흡반응 등을 집중적으로 연구했을 것으로 추정된다.

그리고 지금까지 전해지고 있는 무예기법에서 사람을 치는 데는 반드시 그 혈로써 하는데, 훈혈(暈血)·아혈(啞血)·사혈(死血)이 있다. 그 혈을 가려서 가볍게 또는 무겁게 치면, 혹 죽기도 하고, 혹은 혼수상태에 빠지기도 하고, 혹은 언어장애인이 되기도 하는데, 털끝만큼도 차이가 없다는 기록이 있는 것으로 보아 신체 실험에 의한 것이 분명한 것으로 보이며, 당시의 연구들이 상당한 경지의 기법들로 연구되어 체계화되었던 것으로 보인다.

그리고 이같이 개발된 기법은 소수 핵심인물을 중심으로 공유되고 일반인들에게는 전승되지 않았던 것으로 보이고, 이 같은 비술은 왕을 호위하는 호위무사들에게 전승되어 오지 않았을까 하는 생각을 해 봤다. 또한 나라마다 이 같은 연구결과물을 비밀에 부치고 비급술로 전해졌으리라는 것이 본인의 연구결과다.

21세기 무예는 다가치에 의하여 발전

오늘날 현대사회에서는 무예가 전쟁뿐 아니라 범죄 및 테러의 증가 원인으로 개인의 호신적 기능으로 그 역할을 하고 있고 이외에도 국민의 체육 증진과 교육 증진에 이바지하고 있다.

최근에는 다양한 무예대회로 인한 스포츠와 오락 등으로 참여하고 즐기는 새로운 문화로 발전되고 있으며, 더 나아가 무예문화적 예술로 점프와 같은 무예공연으로까지 발전하고 있다. 이처럼 21세기 무예는 다가치에 의하여 다양한 영역으로 더욱 발전하리라 예상한다. 이처럼 대중적으로 수련층이 남녀노소로 확대되면서 보고 즐기고 참여하는 문화로서 새로운 무예문화로서 우리 생활 깊숙이 뿌리내리고 있다. 이 같은 변화는 이미 시작되었다고 할 수 있으며, 단순한 문화를 벗어나 이제는 무예산업으로 볼만큼 그 영역이 이미 전문화되어 있고 시장이 팽배해져 있다.

이처럼 무예가 다양한 계층과 사회에 기여하면서 그 기능과 역할이 확대될 것으로 보이며, 앞으로 경호무술이 무예산업을 주도해 나아갈 것으로 본인은 믿어 의심치 않는다. 옛날부터 전해 내려오는 말 중에 무예를 배우지 않는 사람은 자신의 몸을 귀하게 하지 않는 것과 같다는 말이 있다. 무예는 선택이 아닌 필수로서 우리 생활 속에 깊이 스며들고 있으며, 이로 인해 무예는 앞으로도 변함없이 계속 발전해 나아갈 것으로 보인다.

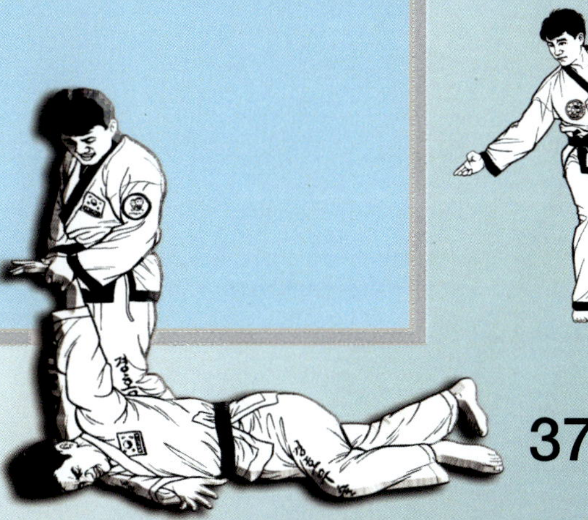

3. 경호무술은 우리 민족의 대표적인 전통무예다

전통무예 복원과 재현

경호무술은 역사적으로 조선시대에 궁중의 군왕과 궁성의 경호를 맡아보던 호위청(扈衛廳) (인조원년 1623년~고종 1894년)의 무예를 현대적 사회 여건과 무기 등 변화된 환경 등을 고려해 경호실무를 기초로 창시자 본인에 의하여 연구개발된 것이며, 전통무예정신을 기초로 체계화하였기 때문에 경호무술은 전통무예의 맥을 계속 발전시킨 것이라 하겠다.

우리나라에서도 많은 무예인이 전통무예를 복원하려고 심혈을 기울여 노력하고 있으나 기술체계에 관한 원형이 거의 남아 있지 않아 복원하기 어려운 상황이다. 따라서 그동안 연구개발된 대부분의 전통무예들은 복원무예라고 하기보다는 재현무예에 가깝다고 할 수 있다. 현재 복원했다고 하는 24반무예를 제외하고 18기, 6기 검법, 본국검, 마상무예 등은 80~90% 이상이 엄밀하게 말하면 유추해 재현한 것으로 복원무예라고 말하기에는 무리가 있다. 그나마 무예도보통지와 같은 실증적인 문헌이 존재하고 있어 재현에 근거가 될 수 있어 다행스러운 일이다.

그러나 그 외 복원무예라고 하는 무예 중 조선세법은 중국 명나라 때 모원의 라는 사람이 <무비지>라는 책에 조선세법(조선에서 배운 검법이라는 뜻)을 소개한 문헌을 근거로 우리의 전통무예를 복원했다고 주장하는 무예도 있다. 국명(國名)으로 사용했던 '조선'이라는 단 두 글자와 도면을 근거해 복원했다고 하는 무예를 과연 복원무예라고 할 수 있을까? 특히 조선세는 무예도보통지 24기 중 1기에 불과하고 무비지 24세 기본자세만으로 복원한다는 것 자체가 불가능하다고 보인다. 그리고 조선세법은 사실상 무예도보통지에 수록된 내용으로 새로울 것이 없다고 생각한다.

고 문헌에서 찾은 1,200년 된 경호무술 발굴

이같이 문헌적인 관점에서 경호무술을 바라본다면 경호무술이야말로 우리 전통무예 중에 가장 역사가 깊고 명확한 전통무예로서 대표할 수 있다고 본다. 물론 무예에 관한 사료가 부족하다 보니 성과가 노력보다 그다지 크지 않았지만 우리 민족 전통무예 경호무술이 있었다고 추정할 만한 문헌을 찾기는 그리 어렵지 않았다. 그러나 안타깝게도 1,300년 전부터 조선 말기까지 호위청에서 비술로 전승되어 오던 경호무술이 일본군에 의하여 단절되었다는 사실을 확인하게 되었다. 다시 말해 문헌을 통해 우리나라도 고유한 경호무술이 있었다는 사실을 알 수 있었다.

그리고 우리나라 경호무술의 역사는 문헌적 근거만으로 본다면. 신라 진덕 5년부터 조선 고종 31년까지 1,200년의 긴 세월 동안 이어온 무예임을 알 수 있다. 왕과 세자 그리고 왕성을 호위하기 위하여 설치되었던 기구들이 우리 역사기록에 고스란히 남아 이를 입증하고 있기 때문이며, 결정적인 단서로는 무예도보통지 저술에 참여했던 백동수 등은 왕의 호위를 담당하던 호위청(장용영)의 호위무사들이었다는 사실이 이를 뒷받침하고 있는 것이다.

고대 신라시대부터 고려시대 조선시대에 이르기까지 왕을 호위하기 위한 전담 기관을 두고 있었음을 문헌을 통해 확인할 수 있었으며. 그 기원과 기관은 신라 진덕 5년(651년)에 설치된 시위부[侍衛府], 고려 명종 9년(1179년)에 설치된 서방[書房], 고종 14년(1227년)에 설치된 도방[都房], 조선 태종 7년(1407년)에 설치된 내금위[內禁衛], 태종 18년(1418년)에 설치된 익위사[翊衛司], 인조(仁祖)원년(1623)에 설치된 호위청(扈衛廳), 정조 1년(1777년)에 설치된 숙위소[宿衛所], 고종 31년(1894) 호위청(扈衛廳) 등이 존재했음을 알 수 있다.

그러나 그 명맥이 하나로 이어졌다고 보기 어렵더라도 인조원년에 설치되어 고종 31년까지 유지되었던 호위청을 기준으로 보더라도 300년의 긴 역사를 유지한 것은 매우 놀라지 않을 수 없다.

일본군에 의하여 사라진 경호무술

조선시대 인조(仁祖)원년(1623)에 군왕과 궁성을 경호하기 위하여 호위4청을 두었고. 이후 현종(顯宗) 때에 호위 3청으로 개편한 후 정조(正祖) 2년(1778)에 호위1청으로 또다시 개편되었다가 고종 31년(1894)에 일본군이 경복궁을 점령하면서 호위청이 강재로 폐지되었다(갑신정변 이후 고종의 갑오개혁에 의한 군제개편으로 호위청이 폐지됨. 신식군대 도입의 일환이라고는 하지만 실상은 일본군 강압에 의하여 고종의 호위친위부대를 해체해 마지막 남은 조선의 왕권을 찬탈한 것이며. 이때 호위무술도 사라지게 됨). 이처럼 호위청에 관한 문헌은 조선왕조실록(인조실록, 정조실록, 고종실록)에 기록되어 전해 내려오고 있으나, 아쉽게도 지금으로서는 호위청에서 수련했던 경호무술원형을 확인할 수 있는 문헌이 발견되지 않았다. 그러나 다행스럽게도 훈련도감이었던 최기남이 편찬한 무예제보 번역속집 권법과 호위무사였던 백동수 등이 편찬한 무예도보통지 권법에 일부 단서가 남아 있어 귀중한 자료가 되고 있다. 그리고 100여 년 전에 일본군에 의하여 호위청이 강제 폐지될 때까지 300년간 이어온 점을 고려할 때 그 역사가 매우 깊은 만큼 매우 뛰어나고 훌륭한 경호무술 기술체계를 유지해 전승됐으리라는 추측이 가능하다.

이같이 고종 31년까지 300여 년간 우리전통무예문화로서 찬란하게 이어져 내려왔을 경호무술에 새 생명을 불어넣어 우리전통무예로서 후대에 훌륭한 문화유산으로 전해지기를 바라는 마음 간절하다. 일본군에 의하여 강제로 사장되어 100여 년간 역사 속에 묻혀 있던 호위무술이 21세기에 찬란하게 경호무술로 부활하기를 기대한다.

4. 무예고서에서 찾은 호위청의 경호무술

무예도보통지는 호위무사가 연구

경호무술연구에 전통적인 맨손무술인 권술, 권법, 공수라고 불리는 무예와 특히 조선 정조대왕 때 발간된 무예도보통지 권법은 본인이 경호무술을 연구하는 데 많은 도움이 되었다. 무예도보통지 편찬에 참여했던 인물 중 백동수 등은 정조대왕을 최측근에서 호위하던 호위청의 호위무사들이었고 이들이 남긴 문헌 속에서 경호무술의 단서를 유추할 수 있었다.

기효신서편에 나오는 권법해를 보면 권법은 수족을 활동시키고, 지체를 단련하니, 이것은 초보자들이 무예에 입문하는 길이다. 그리고 각종 무기술은 권법으로 몸을 움직임에서부터 유례하지 않는 경우가 없으매, 권법이란 것은 무예의 근원이다. 이렇게 기록되어 있다. 본래 무예는 권법, 즉 맨손무예를 제대로 익혀야 곤, 창, 칼, 검과 같은 무기술을 연마하는 데 어려움이 없다고 했다. 권법은 모든 무예수련에 있어서 그 기본이 된다고 강조됐으며, 이 같은 맨손무술은 적의 기습공격에 흔하게 벌어질 수 있는 경호 환경에서는 더욱 중요시된다고 할 수 있다.

오늘날 전통적인 무예를 연구하기 위해서는 고 문헌을 참고해 연구해야 하는데, 대부분 무예 관련 문헌은 조선실록으로 무예에 대한 발언록이 대부분이고 고 군사서에 나오는 유사자료 또한 군 전략 전술과 같은 내용으로 수록되어 무예원형에 대한 연구에는 큰 도움이 되지 못하는 것이 사실이다. 이렇듯 무예를 참고할 만한 고 문헌이 그리 많지 않은 상황에서 조선 광해군 때에 발간된 무예제보번역속집과 조선 정조 때에 발간된 무예도보통지만이 유일한 무예참고서라고 할 수 있다. 물론 역사적으로도 국내 유일본으로 사료적 가치로 볼 때 매우 중요한 가치를 지녔다고 할 수 있다. 그리고 무예서적에 나오는 여러 무예기법 중에서도 특히 권법을 참고해 연구하면서 새로운 사실을 알게 되었고 기술 및 기술체계에 대한 기술정립의도를 유추할 수가 있었다.

무예도보통지가 현재 남아 있는 무예교재로서는 최고 수준의 것만큼은 사실인 것으로 보인다. 그러나 본인이 연구해본 바로는 최고수준의 무예는 아니라는 결론을 얻었다. 물론 오늘날의 무예 수준과 비교한다면 더욱 그렇다고 할 수 있다. 그렇다면 왜 낮은 수준의 권법을 무예도보통지에 기술해 놓았을까? 궁금하지 않을 수 없다.

그동안 다른 무예인들의 연구는 무예도보통지 무예를 복원하려는 데 문헌에 있는 원형기록이 부족하고 도해가 정지된 장면이어서 연결동작을 알 수 없고 해설 내용 또한 예측하기 어렵다 보니 복원에 한계를 느껴 현란하고 화려한 동작 위주로 재현하려고 노력한 흔적들이 많이 나타난다. 이 같은 특징은 검술 등에서 두드러지게 나타나는 것으로 보인다. 그러나 본인은 우선 다른 무예인들과는 달리 무예도보통지 속에 호위적 관점에서 우리의 전통적인 경호무술이 어디에 그 단서가 남아 있지 않을까 하는 생각으로 무예제보번역속집과 무예도보통지에 기술된 권법에 주목하게 되었다.

특히 정조 대왕 어명에 의하여 무예도보통지 저술에 참여한 인물들이 정조를 최측근에서 호위하던 호위무사들로 구성된 점을 들어 당시의 경호무술 단서를 찾을 수

있을 것이란 생각을 하게 되었다. 아울러 달라진 현대적 경호환경에서 필요한 경호기법과 무예의 원리라도 경호무술은 그 기본 원리는 같지 않았을까 하는 호기심도 작용했다. 물론 경호환경이 아니더라도 권법은 변화된 시대적 환경에서도 여전히 맨손무술의 필요성이 강조되기 때문이다. 과거와는 달리 고전적인 칼, 검 무기체계와는 달리 현대화된 다양한 총기류와 폭발물 등으로 새로운 경호기법이 요구되기는 하지만 상대적으로 다른 위협수단 및 수준에 따라 맨손무술이 필요한 환경도 여전히 존재하기 때문이다. 그리고 무예자세와 체계는 물론 교육훈련을 염두에 두고 당시에 설정된 수련체계 및 수준설정은 어떻게 구성했는가 하는 관점에서 접근하려고 노력했다. 교육훈련이란 가르치고 배우는 관계가 설정되고 그 대상의 수준과 훈련의 목표를 설정했으리라는 추정을 했고, 이 같은 문제는 오늘날에도 꼭 필요한 설정이기 때문이다. 무예의 비술이나 비법을 확인하기 위해 연구를 시작했지만 무예문헌을 보면서 교육훈련 체계와 원리 교육훈련의 목표설정 등에 더 관심을 두었다고 할 수 있다.

무예도보통지 권법

무예도보통지를 저술한 이들은 당대 최고의 무예전문가라고 할 수 있는 이덕무(李德懋) 박제가(朴齊家), 백동수(白東修) 등이었다. 다른 군사서적들이 전략·전술 등 이론을 위주로 한 것임에 비해 이 책은 무예동작 하나하나를 그림과 글로 해설한 실전 훈련서라는 특징을 지닌다. 그러나 동 권법에 대한 기술체계에 대한 원형을 모두 이해하기에 매우 어렵다고 할 수 있다. 무예동작 그림에 해설이 붙어 있기는 하지만 동작이 연결되어 있지 않고 해설 또한 대부분 특정자세에 대한 고유 명칭이 존재하고 있는데 정지된 기초자세로서 다른 동작으로 이어지는 자세를 이해할 수 없기 때문이다. 무예도보통지 권법에 등장하는 34개의 자세명칭(탐마세(探馬勢), 요란주세(拗鸞肘勢), 현각허이세(懸脚虛餌勢), 순란주세(順鸞肘勢), 칠성권세(七星拳勢), 고사평세(高四平勢), 도삽세(倒揷勢), 일삽보세(一霎步勢), 요단편세(拗單鞭勢), 복호세(伏虎勢), 하삽세(下揷勢), 당두포세(當頭砲勢), 기고세(旗鼓勢), 중사평세(中四平勢), 도기룡세(倒騎龍勢), 매복세(埋伏勢), 오화전신세(五花纏身勢), 안시측신세(雁翅側身勢), 과호세(跨虎勢), 구유세(丘劉勢), 금나세(擒拿勢), 포가세(抛架勢), 접주세(拈肘勢), 나찰의출문가자변하세(懶札衣出門架子變下勢), 삽보세(霎步勢), 단편세(單鞭勢), 금계독립세(金雞獨立勢), 지당세(指當勢), 개정법(箇丁法), 수두세(獸頭勢), 신권(神拳), 일조편세(一條鞭勢), 작지용하반퇴법(雀地龍下盤腿法) 조양수편신세(朝陽手偏身勢))이 존재하지만 지금으로서는 대부분 명확하게 해석할 수도 없다.

다만 무예제보와 중국의 무비지 및 기호신서에 나오는 도면 그림과 해설을 참조해 유추할 수 있는데 명칭과 자세가 약간씩 변형되어 확신할 수 없다. 다만 특징적인 것은 무비지에서 권법을 소개하기를 권법은 32세로 구성되어 있고 세마다 이어져서 변화가 무궁하여 미묘함이 헤아릴 수 없으니 깊도다. 어느 경지에 오르지 못하면 아무리 궁리해도 알지 못함으로 신(神)이라 부른다고 소개되어 있다. 무예도보통지 권법은 중국의 무비지권법세를 거의 그대로 도입하면서도 무비지 권법과는 달리 병사들 교육훈련에 필요한 표준형을 제시한 것으로 보인다. 그러나 권법이 지금의 태권도처럼 길게 이어진 품세와 달리 간결하게 구성되었고 간결하게 구분된 권법동

작을 다른 권법동작과 연결되도록 구성해 배우고 또 익히기 쉽고 실전에 응용이 쉽게 체계화된 것으로 보인다.

무예제보번역속집 권법편에 보면 자세명칭이 42개 기본자세가 나오지만, 무예도보통지에는 34개의 기본자세만 나온다. 그리고 무예제보 권세총도를 보면 무예도보통지의 간결한 권법과는 달리 지금의 품세처럼 길게 이어진 권법형으로 이루어져 있다. 그리고 중국의 문헌들을 살펴보면 발차기 수련법만 해도 18가지나 되었다고 기록되어 있으나 무예도보통지 권법에서는 발차기를 거의 볼 수가 없다. 역시 현재나 과거나 발차기는 여전히 고난위 기술이었던 것으로 보인다.

권법을 간결하게 구성한 이유

중국 고서 영파부지(寧波府志)에 이르기를, "소림법(少林法)은 사람을 치고 솟구치며 뛰며 분기하여 뛰어넘는 것을 위주로 하는데, 혹 잃어버리고 소홀히 되었다. 때문에 가끔 사람들이 꾀하는 바가 되었다.
송계법(松溪法)은 적을 방어하는 것을 위주로 하며 곤액(困厄)을 당하지 않으면 술법을 발휘하지 않는다. 발휘하면 마땅히 반드시 쓰러뜨리는바 가히 꾀할 틈을 없게 한다. 사람을 치는 데는 반드시 그 혈로써 하는데, 훈혈(暈血)·아혈(啞血)·사혈(死血)이 있다. 그 혈을 가려서 가볍게 또는 무겁게 치면, 혹 죽기도 하고, 혹은 혼수상태에 빠지기도 하고, 혹은 언어장애인이 되기도 하는데, 털끝만큼도 차이가 없다. 더욱이 신비한 것은 경(敬)·긴(緊)·경(徑)·근(勤)·절(切)의 다섯 자 비결은 입실(入室) 제자가 아니면 서로 전수하지 않으니, 대개 이 다섯 자는 일반적으로 쓰지 않고, 그 쓰임을 신비하게 하는 바 오히려 병가의 인(仁)·신(信)·지(智)·용(勇)·엄(嚴)과 같다고 할 것이다."라고 쓰여 있다. 당대 조선최고의 무예전문가라고 할 수 있는 이덕무(李德懋) 박제가(朴齊家) 백동수(白東修) 등이 이를 모를 리 없었다고 본다. 이들은 정조대왕의 어명에 의하여 왕명에 의하여 움직일 수 있는 호위청, 이후 정조대왕의 장용영친위군대를 확대 개편했다.

정조는 자라면서 아버지인 사도세자가 뒤주 속에 갇혀 죽는 광경을 목도해야 했고 이후 자신이 권좌에 오르고도 실권을 장악하고 있던 노론에 의하여 자신이 갖고 있던 정책을 마음대로 펼칠 수도 없었으며, 즉위 이후 연달아 일어난 세 번의 암살기도 등에 의하여 신변위협을 크게 느낀 정조대왕은 자신을 호위하던 호위청, 숙위소, 장용위, 장용영 등으로 새로운 금위체제에 따라 조직, 개편하여 노론의 사병이나 다름없었던 기존 5군영에 대항할 수 있는 왕의 친위부대인 장용영을 확대해 왕권 강화를 시도했다.

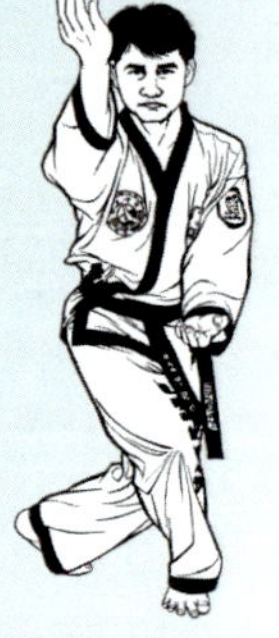

당시 호위청은 300여 명 내외로 최소한의 호위무사로 구성된 부대로서 노론이 군대의 전권을 장악한 5군영에 대항하기에는 턱없이 부족할 수밖에 없었다. 그래서 단순히 왕을 호위하는 호위부대를 뛰어넘어 왕권을 강화할 수 있는 군대를 육성해 노론이 장악한 5군영에 대항할 수 있는 친위부대를 목표로 했던 것으로 보인다. 이 같은 임무를 장용영장교 백동수에게 주어졌고, 병사들에게 효율적으로 훈련할 수 있는 수준의 권법을 체계화하는 과정에서 200여 년간 이어져 내려온 호위청의 비술[祕術]인 경호무술이 기초가 되었다고 보인다. 그러나 이들에게 모두 익히게 하는 데에는 여러 어려움이 있었을 것으로 보인다. 특히 중국에서 전해 내려왔다는 경(敬)·긴(緊)·경(徑)·근(勤)·절(切)의 다섯 자 비결은 입실(入室) 제자가 아니면 서로 전수하지 않은 것처럼 이에 버금가는 조선의 호위청의 비술[祕術]은 국가 기밀사항으로 보안 취급되어 일반노출은 꺼렸을 것으로 보이며, 또한 일반병사들에게 호위청의 비술을 가르친다고 해도 고난도의 수련을 위해서는 장시간의 수련기간과 타고난 신체조건 등이 전제되어야 체득 가능한 매우 어려운 고난도 무예였을 것으로 보인다. 아울러 수련과정 또한 누구나 가르친다고 체득하거나 배울 수도 없었을 것이다.

따라서 시간도 많지 않을뿐더러 고난도의 비술을 체득할 만한 타고난 신체조건(운동신경)의 병사들을 확보하기에도 어려움이 컸을 것으로 보이며, 특히 노론의 사병에 맞설 수 있는 정예 병력을 짧은 시간 안에 양성하기 위해서는 습득하기 쉬운 낮은 수준의 기술체계 수련단계로서 실전력 있는 제압기술 위주로 체계화와 정형화에 힘썼을 것으로 추정된다. 이 같은 사실은 그림과 해설용어 등으로 짐작할 수가 있다.

무예도보통지의 권법에서는 명나라 중엽에 소림권법처럼 솟구치며 뛰며 분기하여 뛰어넘는 동작을 찾아볼 수가 없다. 그리고 무예제보번역속집에 나오는 복잡하고 힘든 자세로 이루어진 권법형도 없으며. 중국문헌에 나오는 18가지 발차기도 거의 발견할 수가 없다. 무예도보통지에 기술된 그림과 해설내용을 참고해 볼 때 짧은 시간으로도 습득할 수 있고 타고난 신체기능(운동신경)이 없어도 충분히 체득할 수 있도록 보통의 낮은 수준의 기술체계가 무예도보통지 권법의 특징이라고 할 수 있다. 그림에 등장하는 시현인물을 보면 체격이 우람한 것을 알 수 있다. 그리고 배가 나오고 많은 동작에서 손동작이 대부분으로 구성되어 있다 이것은 중국의 내권기술 중 상대의 급소공격 위주로 권법체계를 갖춘 것으로 보이고 그림에 등장하는 발차기는 족장밀어차기자세로 발차기 중 가장 손쉬운 동작이면서도 가장 유용한 발차기이다. 직선으로 다가오는 적의공격으로부터 허리 몸통 높이로 발을 낮게 들어 올려 뻗어 차는 동작으로 방어에 쉬운 발차기이면서 적을 창이나 칼, 검 등의 무기로 찌른 후 무기를 신속하게 뺄 때 사용될 수 있는 가장 효과적인 발차기인 셈이다.

그리고 권법동작이 간결해 일격필살로 적을 단번에 제압하고 이에 실패했을 때에는 다른 권법자세를 이어 혼용해 공격하게 한 점은 매우 실용성이 뛰어난 권법이다. 동 권법은 일반병사들을 교육훈련하기에 적절한 체계로서 그 어떤 무예나 권법보다도 과학적으로 연구된 매우 훌륭한 군 권법이라고 말할 수 있다. 만약 이와 같은 권법이 아닌 소림권법과 같이 현란한 권법체계를 그대로 도입되었거나 오늘날의 태권도처럼 복잡한 품세체계와 고난도의 발차기를 갖추고 있었다면 실용적인 군사무예가 되지 못했을 것으로 보인다. 호위청의 호위무사들만이 수련했을 것으로 보이는 비술[祕術]인 경호무술을 병사들에게 가르치려 했다면. 더더욱 문제가 되었을 것으로 보인다.

호위청 경호무술의 단서?

무예도보통지에 기술된 권법은 호위청의 호위무사들이 아니었다면 일반 병사들이 배우고 가르치고 익히기 쉬운 권법체계를 연구하지 못했을 것으로 생각한다. 이 같은 결과는 당시 200년간 지속하여온 호위청의 비술[祕術]인 경호무술이 전해 내려왔기

때문으로 보인다.

무예도보통지를 연구해 경호무술에 적용한 부분은 권법동작의 간결성과 혼용성 부분으로 어떻게 보면 잊혀진 경호무술의 단서를 무예도보통지 권법을 단서로 유추해 역해석할 수 있었다고 본다. 호위청에서 수련했을 비술[祕術]인 경호무술이 호위무사였던 백동수 등에 의하여 무예도보통지에 그 단서를 남겼고 본인에 의하여 발견되어 경호무술을 완성하는 데 큰 도움이 되었다고 할 수 있다.

무예도보통지에 기록된 권법 동작의 간결성과 혼용성을 단서로 맨손동작에 칼, 검, 곤무기의 혼용과 응용으로 경호무술에 적용해 체계화했다. 물론 무예도보통지 권법과는 달리 소림권법처럼 솟구치며 뛰며 분기하여 뛰어넘는 고난도 동작 등도 조선 특유의 독창적인 체계로 호위청의 호위무사들에게 비술[祕術]로 수련되고 전승됐다고 보이며, 이 같은 고난도의 기술도 유추해 적용했다. 무예도보통지 권법체계는 기초기술로서 비술[祕術]의 단서라고 생각한다. 이를 뒷받침할 수 있는 것이 1610년 광해군 2년에 훈련도감 최기남에 의하여 편찬된 무예제보번역속집에 더 확실하게 나타난다. 무예제보번역속집은 중국의 기효신서의 권보50과 새보전서의 송태조 권법 32를 보충하여 새롭게 권보 42로 체계화한 것은 조선 특유의 무예로 발전되어 있었음을 알 수 있다. 이 같은 단서로 기술체계를 재현해 변화된 현대적 환경에 맞도록 새롭게 창안하여 이미 없어지고 잊혀진 우리 민족 전통무예를 계승발전시키고 조선시대에 존재해 왔던 호위청의 호위무사들이 익혔을 비술[祕術]을 100여 년이 지난 지금 호위청의 경호무술을 유추 재현해 오늘날의 현대적 창시 경호무술을 완성하게 되었다.

5. 경호무술 창시 20년사

1986 4. 708특공대(경호부대) 군 복무 중 86서울아시안게임과 88서울올림픽게임 경호작전임무 계기로 창시자장명진선생에 의하여 독자적으로 경호무술연구 시작

1992 2.16 경호무술작명(경호직무수행에 필요한 지식과 기술)교안 완성
2.16 국제경호협회 설립(고유번호 : 204-82-69117)
3.21 국제경호아카데미 설립(사업등록번호 : 216-95-04418 현유지)
5.20 국제경호협회 경호무술 인증기관 지정(지부인증 지정)
8.20 중랑경찰서 신내파출서 형사 및 경찰 경호, 경호무술 사용자제 요청

1993 4.18 학원설치운영에 관한 법률에 경호교육(경호무술)을 포함하는 개정안 교육부에 건의
12. 1 교육부 대학행정지원과 경호교육(경호무술교과) 자문 지원
12. 4 경호실무 연구 보완

1994 4.15 국제경호시스템(경호전문회사-주식회사 탐경 법인전환)설립
4.20 국제경호협회 중랑지부 설립(지부장 변만균)
9.29 국제경호협회 서울특별시 사회단체 신고(신고번호 : 제504호)
10.10 서울지방경찰청 수사과 창시자 연행 대통령경호실법 관명사칭위반 (제5조 경호시: 경호관을 경호원이라 칭한다)조사
10.24 경호무술세미나 1회 개최(무술체육관 관장, 사범대상 24명)
11. 4 출판사 등록(등록번호 : 제18-49호. 국제경호출판사)
11.15 경호실무(경호무술 교과 포함)출판(등록 : 제18-49호, 저작권등록번호 : 제C-2005-000737호)
11.17 경호호신법을 경호운전술법,경호사격술법,경호무술로 재 정립
11.18 실무자 경호무술교수법 연수 개최(국제경호협회본부장, 예비지부장대상)
11.20 국제경호아카데미 경호원중급, 고급 양성과정 경호무술 인증

1995 2.18 국제경호협회 노원지부 설립(지부장 강영재)
2.25 1995년 상반기 경호무술지도자 교육수료(12명)
2.26 국제경호협회 강원본부 설립(본부장 이승일)
3. 7 무술협회, 체육대학에 경호실무책 400여 권 증정
4. 1 국제경호협회 마포지부 설립(지부장 장용진)
4. 4 국제경호협회 충주지부 설립(지부장 이근학)
4.15 월간신동아 5월호 경호무술 기사게재
4.29 국제경호협회 동해지부 설립(지부장 김동준)
5.17 전국치안봉사활동 사업시행(200명 참가)

	5.20	국제경호협회 용인지부 설립(지부장 박장기)
	6. 1	국제경호협회 장흥지부 설립(지부장 박대순)
	7.24	국제경호협회 인천지부 설립(지부장 안창영)
	7.29	국제경호협회 강릉지부 설립(지부장 함동천)
	9. 2	국제경호협회 횡성지부 설립(지부장 신대선)
	9.30	교육부 대학 행정지원과 경호 및 경호무술학과 설립인가 자문지원
	10.12	학원폭력예방운동 봉사 참여(학원폭력예방재단)
	11. 4	청원경찰 보수교육 강사지원 사업시행(6명)
	12. 5	학교폭력퇴치법 경호무술 시범 스포츠서울 7일자 신문기사 게재
1996	1.15	국제경호아카데미 주최 학교폭력추방 호신술대회(4일간)-월드태권도기사게재
	2.14	백혈병어린이돕기 헌혈운동 참여(헌혈증서 250장 적십자사 기증)
	2.20	국제경호협회 아산지부 설립(지부장 차민철)
	3. 4	경호무술세미나 2회 개최(국제경호협회본부장, 지부장대상)
	3.20	국제경호협회 구리지부 설립(지부장 김광기)
	4.15	국제경호협회 강남본부 설립(본부장 석기영)
	4.16	여성경호원 경호무술시범-월간 연합 5월호 기사게재
	4.20	학원폭력상담실 사업운영 시행(콜센터 전국 23개 지부 참여)
	6.17	주식회사 탐경 법인설립(국제경호시스템을 법인으로 전환 및 사명 변경)
	6.24	서울경찰청 경호서비스 제73호 허가 최초
	7. 8	국제경호협회 업무표장 등록(출원번호 제94-000055호)
	7.22	국제경호협회 부산남구지부 설립(지부장 김창남)
	8. 9	경호무술세미나(8.9~8.17 일본 고송싼타빌)무술신문 26일자 보도게재
	9. 4	학원폭력 예방을 위한 경호무술지도(한국학원폭력예방운동재단)
	9. 6	국제경호협회 전주지부 설립(지부장 봉필환)
	9.15	경찰청 경호무술 지도(경찰청 직원, 청원경찰 등)
	9.15	쌍용그룹 경호원 경호무술지도(마포구 쌍용연수원)
	9.23	국제경호협회 인터넷 홈페이지 경호무술교실 개설(동 산업계 최초 ibga,co,kr)
	10. 2	한국 특급호텔 안전관리실장협의회 교류 협정(12개 호텔)
	11. 5	경호실무(경호무술) 개정 출판(등록 : 제10-1307호)
	11.23	국제경호협회 강북본부 설립(본부장 손상철)
	12.10	대학교 및 무술협회, 정부관계기관에 경호실무책 400여 권 기증
1997	1.15	국제경호협회 서비스표등록(출원번호 제94-008342호)
	3. 6	충청대학교, 서일대학교육원, 한서대학교 교육원(경호학과) 등 경호무술 인증기관 지정

4.23 KBS아카데미 경호원 양성과정 경호무술 인증기관 지정
6.20 경호원교육훈련 경호무술시범-범죄예방신문 기사게재
7. 1 국제경호아카데미 경호원 초급(3급) 양성과정 경호무술 인증
8.20 서울지방경찰청 수사과 창시자연행 대통령경호실법 위반 종로경찰서 수감 무혐의처리 (위반 내용 관명사칭 죄 대통령경호실법 제5조 경호사 경호관을 경호원이라 칭한다.)
9.18 중화인민공화국 연길시공안국 보안전문대학 교육훈련 교류협정
11.14 경호학과 및 체육학과 경호실무책 500여 권 기증

1998 3. 1 비영리 경호무술단체발족(가칭 장명진경호무술)
3.13 경호무술아카데미(현, 장명진경호무술지도자연수원) 개설
4. 1 국제경호협회 경호자격제도(경호원, 경호사) 교과 및 자격검정시 경호무술을 전공무술 규정
4. 7 매일경제 Hello Job 취업정보 및 교육훈련 교류협정
6.26 자격증박람회 참가(테크노마트)
9.18 사단법인 한국직능단체총연합회 가입(직능경제인지원에관한법률 법정법인 경제단체)
10.18 경호무술-주간조선 11.5 일자 주간지 기사게재
11.20 대한민국인명록 장명진 창시자 등재(경호무술 창시자 소개-각종 포털사이트 인물검색 제공)
12.15 경호학과 및 체육학과, 무술협회, 경찰, 교도대, 군부대 경호실무책 400여 권 기증

1999 3.20 경호실무(경호무술) 개정 출판(등록 : 제10-1307호)
7.16 종근당 경호원 위탁 경호무술지도(국제경호아카데미)
7.20 경호무술 자격평가제도 신설
7.20 경호무술 승단규정제도 신설
8. 4 아르헨티나 국제시큐리티 세계본부 교류협력 협정
9. 7 국제직업기술교육박람회 참가(무역센터)
12. 3 (주)탐경 경비업법에의거 경비원신임교육위탁기관지정 경호무술교과 인증지정

2000 3. 2 경호무술단증 발급 시작(자격평가제도 실시)
4. 6 장명진창시자 청와대 초청 방문(김대중 대통령 접견)
5.10 경호무술지도자 자격 발급시작(자격평가제도 실시)
7.12 선문대학교 국제경호무도학부 학생 경호무술 위탁교육실시(장명진경호무술원)
10.01 국제경호협회 경호직무전공학과 대상 인증교육기관지정제도 시행을 위한 경호무술 교과 승인협약 (2009년 현재 전국 41개 대학 경호직무전공학과에 경호무술 전공교과 인정 승인-승단&지도자자격)
12. 3 경찰, 군부대, 경호학과 등 경호실무책 500권 기증

2001 1. 9 경호원 경호무술 시범단 시범-유행통신 2001. 2월호 보도게재
4. 3 전국 30개 대학(교)(경호학과)에 경호실무 책 100권 기증

5.17 전국 6개 대학교 사회교육원(경호학과)경호실무 책 20권 기증
6.20 경호실무(경호무술) 개정 출판(ISBN : 89-8337-096-3)
7.14 선문대학교 국제경호무도학부 경호무술교과 채택(국제경호협회 인증교육기관 지정)
7.14 경북전문대학 경찰경호행정과 경호무술교과 채택(국제경호협회 인증교육기관 지정)
9.14 서남대학교 경호학과 경호무술교과 채택(국제경호협회 인증교육기관 지정)
9.20 경북외국어테크노대학 경호레포츠계열 경호무술교과 채택(국제경호협회 인증교육기관 지정)
10.06 인터넷 사이버강의 경호무술 유료 교육서비스 제공(ibga.co.kr)
10.23 서라벌대학 경호레프츠과 경호무술교과 채택(국제경호협회 인증교육기관 지정)
10.23 대구미래대학 경찰행정과 경호무술교과 채택(국제경호협회 인증교육기관 지정)
10.23 대구과학대학 경호과 경호무술교과 채택(국제경호협회 인증교육기관 지정)
10.26 부산정보대학 안전관리과 경호무술교과 채택(국제경호협회 인증교육기관 지정)
12.11 서해대학 경찰경호행정과 경호무술교과 채택(국제경호협회 인증교육기관 지정)

2002 1. 2 경호원이 수련하는 경호무술 시범 - 에꼴 월간지 1월호 기사게재
2. 1 초당대학교 경호비서학과 경호무술교과 채택(국제경호협회 인증교육기관 지정)
3.18 경북과학대학 경호경비경영학 경호무술교과 채택(국제경호협회 인증교육기관 지정)
4. 3 서해대학 경호무술 유단자 특례입학 산학협약 체결(본 사무국)
4. 6 2002한일월드컵 코리아서포터즈 공식후원단체 지정
4.15 국가정보원 직원 대상으로 경호무술 시범(경호무술원)
5.16 진주대학 사회체육경호안전과 경호무술교과 채택(국제경호협회 인증교육기관 지정)
6.26 성덕대학 경찰경호행정과 경호무술교과 채택(국제경호협회 인증교육기관 지정)
7.12 국제경호협회 정기학술세미나 참가 (서울리베라호텔 제우스홀)
7.12 제1회 경호무술세미나(리베라호텔) 개최(전국 경호, 경찰전공 교수 및 무예원로)
7.23 경동정보대학 경호과 경호무술 채택(국제경호협회 인증교육기관 지정)
8.23 영동대학교 경찰경호무도학과 경호무술 채택(국제경호협회 인증교육기관 지정)
8.31 제주관광대학 산학협약 체결(본 사무국)
9. 6 한세대학교 경찰행정학과 경호무술 채택(국제경호협회 인증교육기관 지정)
9. 6 제주관광대학 관광스포츠계열 경호무술 채택(국제경호협회 인증교육기관 지정)
10. 1 제5회 충주세계무술축제 경호무술 홍보 참가
10.10 아시아나항공 경호무술 책 기증
10.16 장명진경호무술 인터넷 홈페이지 회원 온라인 경호무술교실 개설
11.18 혜천대학 산학협약 체결(본 사무국)
11.28 혜천대학 경찰경호과 경호무술 채택(국제경호협회 인증교육기관 지정)
12.31 경호무술창시자 장명진회장님 공적 대통령표창 수상

2003 1. 7 대구미래대학 경찰행정과 경호무술 채택(국제경호협회 인증교육기관 지정)

2.15 경호실무(경호무술개정) 개정 출판(ISBN : 89-8337-096-3)
3. 7 관악구청 청소년대상 경호무술세미나 개최
4.30 동강대학 법률경찰경호계열 경호무술 채택(국제경호협회 인증교육기관 지정)
5. 3 경호무술세미나 개최(무술지도자 8명)
6.25 6·25전쟁기념식 용산전쟁기념관 경호무술 시범
7.14 SBS위기탈출 수호천사 경호무술편 특별출연 방영(시범단 시범 및 지도)
8. 5 경호무술창시자 경호무술시범-세계일보 기사게재
8.10 경호무술 단행본 출판(ISBN : 89-954410-0-3, 저작권등록번호 : 제C-2005-000737-2호)
8.12 경호학과, 체육학과, 경찰, 경호경비회사 경호무술책, 경호실무책 400권 기증
8.30 제2회 국제경호협회 정기학술세미나(학술진흥재단 학술기관코드 : 8B2497) 경호무술 주제발표(서울리베라호텔 15층 피어니스홀)
9.11 ITV 충전100 건강을 잡아라! 경호무술 편 특별출연 방영(시범단 시범 및 지도)
9.18 부산방송국 직업의 세계 특별출연 경호무술 소개
9.21 경문대학 경호무술 인증기관 지정(단증 발급)
9.22 상반기, 하반기 2회 경호무술세미나 개최(무술관장 및 경호학과 교수대상)
9.24 삼성그룹 경호팀 경호무술 교육 (용인 금호연수원 1주일 집체교육 200명)
10. 1 취업교육 및 자격증 정보박람회 참가(코엑스)
10. 6 한·미 친선 사절단 미국 파견(한미동맹 50주년 참가)
10. 6 국립민속박물관 전통무예현황조사 경호무술 장명진 창시자 등재
10.11 통합 웹데이터베이스 NHN 업무협정(포털전문자료 경호무술공개제공)
11. 3 성화대학 비서경호과 경호무술 채택(국제경호협회 인증교육기관 지정)
12.30 대경대학 경찰행정부 경호무술 채택(국제경호협회 인증교육기관 지정)

2004 2. 7 경호실무(경호무술) 개정 출판(ISBN : 89-85272-95-0)
5.20 군장대학 경찰경호과 경호무술 채택(국제경호협회 인증교육기관 지정)
5.27 동의공업대학 경찰경호과 경호무술 채택(국제경호협회 인증교육기관 지정)
6.25 전북과학대학 경찰경호행정과 경호무술 채택(국제경호협회 인증교육기관 지정)
8.14 경호자격규정집(경호무술검정) 출판(ISBN : 89-954410-2-X, 저작권등록번호 : 제C-2005-000739호)
8.25 진주국제대학교 경찰복지행정학부 경호무술 채택(국제경호협회 인증교육기관 지정)
8.28 제3회 국제경호협회 정기학술세미나(학술기관코드 : 8B2497) 경호무술 2편 주제발표(프리마호텔 2층 에메랄드홀)
8.23 진주국제대학교 산학협약 체결
10. 1 제7회 충주세계무술축제 경호무술홍보 참가
10. 5 경호무술 2004 개정판(1704p) 출판(ISBN : 89-954410-1-1, 저작권등록번호 : 제C-2005-000738-2호)
10. 5 청주전국체전 경호무술홍보 참가
10.27 대전엑스포 세계태권도대회 경호무술홍보 참가

11. 5 전통무예세미나 '한국무예의 역사성과 인접학문' 참가(국립민속박물관 대강당)
11.24 전국대학교 대학도서관, 경호관련학과 및 교수 경호무술책 800여 권 증정
12. 6 육군 특수전사령부 경호무술책 증정(교육실장) 및 경호무술 채택 협의
12.17 경북과학대학 산학협약 체결

2005 1. 3 동부산대학 경호과 경호무술 채택(국제경호협회 인증교육기관 지정)
1.13 대통령경호실 경호무술 책 증정
2.11 KBS 세상의 아침 경호무술 시범단 시범 방영
2.17 두산동아백과사전 경호무술창시자 장명진, 정의, 기원, 어원등재
4.19 경동대학교 경호경찰학부 경호무술 채택(국제경호협회 인증교육기관 지정)
4.25 MBC 네 꿈을 펼쳐라 경호원양성과정 경호무술 교육훈련 지도 및 방영(5회 5주)
4.25 경호원자격검정 문제집(경호무술출제) 출판(ISBN : 89-954410-4-6, 저작권등록번호 : 제C-2006-003544호)
8.15 경호직무능력표준(경호무술표준안) 출판(ISBN : 89-954410-6-2, 저작권등록번호 : 제C-2006-003543호)
8.27 제4회 국제경호협회 정기학술세미나(리베라호텔 15층 피어니스홀) 경호무술주제발표
9.20 창신대학 경찰행정과 경호무술 채택(국제경호협회 인증교육기관 지정)
9.30 신성대학 경호무술전공 경호무술 채택(국제경호협회 인증교육기관 지정)
10. 1 제8회 충주세계무술축제 홍보 참가
10. 7 MBC 내 친구들의 세상 제402회 경호무술편 방영(경호무술 어린이 시범단 시범)
10.25 경일대학교 경찰경호학부 경호무술 채택(국제경호협회 인증교육기관 지정)
11.21 전국 도서관 및 청소년 문화시설 경호무술 책 500여 권 증정
11.24 EBS 직업탐구(경호원)자문 및 자료제공
11.27 KBS추적60분 자료제공 및 인터뷰
12. 1 대구산업정보대학 경찰행정과 경호무술 채택(국제경호협회 인증교육기관 지정)
12. 3 전국 경찰행정학생연합회 무술대회 후원
12. 3 국무총리실 국가재난관리본부 창시자 장명진회장님 자문위원 위촉
12. 7 대구산업정보대학 산학협약 체결

2006 2. 1 파스칼세계대백과사전 경호무술 및 창시자 장명진, 정의, 기원, 어원 등재
3.13 초당대학교 창시자 초청 경호무술 강의
4. 1 서강전문학교 경찰경호과 경호무술교과 채택(국제경호협회 인증교육기관 지정)
4.12 브리태니커백과사전 창시자 저술 경호무술 인용 경호무술 등재
4.27 우석대학교 경찰행정학과 경호무술 채택(국제경호협회 인증교육기관 지정)
5.17 대구미래대학 경호무술 교육
5.26 안동과학대학 경호경찰과 경호무술 채택(국제경호협회 인증교육기관 지정)
6. 2 (주)내일신문-대학내일 직업연구(경호원) 기사자료자문 및 자료 제공
7.13 전문직업탐구/소개(경호원)-수원지역 청소년문화의집

8.19 제5회 국제경호협회 정기학술세미나 (프리마호텔 10층 스카이홀)
8. 9 전문직업탐구/소개(경호원)-안성지역 고등학교
9. 1 서라벌대학 경찰복지행정과 경호무술교과 채택(국제경호협회 인증교육기관 지정)
11. 1 경호무술창시자 언론사 소개 및 시범-동아일보 월간신동아 기사게제
11. 2 대학특강-경호산업의 전망과 비젼특강/초당대학교
11. 7 국제방송 아리랑TV 경호원 직업소개 자문 및 자료제공, 인터뷰 협조
-한국고용직업분류 경호원 조사 원고 제공(한국산업인력공단)
-한국고용직업분류 경호원(분류코드 : 4440-2)재정 전문 등재
-한국표준직업분류 경호원 분류코드 포함하여 개정
11.13 문경대학 경찰경호무도과 경호무술 채택(국제경호협회 인증교육기관 지정)
11.24 한국고용정보원 경호원 조사(직업사전, 전망) 원고 제공(등재)

2007 1. 1 주요포털사이트제공(다음백과, 네이버백과, 야후백과, 엠파스백과, 네이트백과, 파란백과, 싸이월드백과 등) 백과사전에 경호무술 및 창시자 장명진 선생, 정의, 기원, 어원, 특징 등재
2. 6 국군기무사령부 868분견대 경호무술 책 기증 및 지도
2.12 국군정보사령부 경호무술 책 180권 기증 및 지도
2.27 경호무술창시자 장명진회장님 경호무술 공적 국무총리표창 수상
3.22 경호전문가(경호원)직무체계 시안 개발 참여
10.10 제10회 충주세계무술축제 홍보 참가
11.23 노동부 직업정보-직업탐색(워크넷) 경호원인터뷰 원고제공
11.27 국방부지원(국방취업센타)직무체계 시안 개발-공통능력 자격제도 4개 종목 개발
12. 2 경호자격규정집 연구출판 신설자격제도(23종) 경호무술 교과 및 검정체계 개발 참여

2008 1.14 무술협회 경호무술 책 300권 기증
3.12 한국고용정보원 직업전망 경호원 조사사업 원고 제공
4.28 위키 백과사전 경호무술 및 창시자 장명진, 정의, 기원, 어원, 특징 등재
5.13 육군수도방위사령부 경호무술시범 참관 교류-프라임경제 2008.5.13 보도
5.28 위키인물백과사전 장명진 창시자 소개(경호무술창시자소개-각종 포털사이트 인물백과 제공)
6.14 국무총리실 경호팀 경호무술 책 기증
6.23 현대그룹 경호팀 경호무술 교육(현대화재 본사 11층 대강당, 50명)
7.10 한국무예포럼 가입
7.21 위키 낱말사전 경호무술 낱말(정의, 어원), 로마자, 예일, 라이샤워 표기 등재
7.28 국제경호협회 자격기본법에의거 경호자격제도 국무총리실 산하 직업능력개발원 공식 등록(경호무술 검정체계)
8. 4 제1회 한국무예포럼 토론 참여(경호무술 책 50권 무료증정) 국회 헌정회관

8.11 사단법인 한국경호무술진흥회로 명칭 변경 및 비영리사단법인으로 전환
8.11 서울특별시 사단법인 설립허가(허가번호 : 제200812호)
8.20 이시종국회의원 주최 무예올림픽추진세미나 참여(국회의원회관-경호무술책 100권 무료증정)
8.29 무인 및 학계전문가 경호무술 책 500여 권 무료증정
9. 4 제2회 한국무예포럼 토론참가(경호무술책 50권 무료증정) 송파구민 회관
9.20 진흥회 경호무술창시자에게 있는 경호무술 권리를 공식적으로 위임받음(약정계약서-등부 제1546호)
10. 2 제11회 충주세계무술축제 경호무술 홍보참가(충주시)
10. 4 2008 충주세계무술축제 학술세미나 참가(경호무술책 50권 증정) 충주시청 대강당
10.25 제3회 한국무예포럼 창시자 경호무술주제발표(경호무술책 50권 증정) 송파구민회관
11. 2 2008전국경호무술세미나 4회 개최(전국지원장, 무술지도자 대상)
11.11 브라질 해외대표부 승인(브라질 대표부장 NUNES LUIZ CEZAR)
11.11 아르헨티나 해외대표부 승인(아르헨티나 대표부장 TAJES FRANCISCO OSCAR)
아르헨티나 북부지부 승인(북부지부장 HEEINZ JORGE ANIBAL)
11.13 러시아국영방송국 경호무술창시자 다큐멘터리제작 취재협조(러시아 전역에 방영)
11.16 문화체육관광부 초청 간담회참가 무예진흥법 시행안 토의(문광부 소회의실)
11.27 국방부초청 간담회 참가(경호무술지도자 양성 및 경호무술원 창업) 전쟁기념관
11.28 문화체육관광부 초청 간담회참가 무예진흥법 시행안 토의(문광부 대회의실)
12. 1 소년소녀 가장 경호무술무료교육 캠페인(전국지원 참여)
12. 1 영남이공대학 경찰경호행정과 경호무술 채택(국제경호협회 인증교육기관 지정)
12. 2 2008년 전국경호무술세미나 개최 중랑우체국 대강당(40명)
12. 4 전국 93개 인증교육기관 및 해외 2개국 국내 및 국제조직화 확대
12.18 초당대학교 산학협약 체결(진흥회 사무국)
12.30 공익성 지정기부금단체(기획재정부공고 제2008-157호)지정-(한국경호무술진흥회)

2009 1. 3 2009년 상반기 경호무술지도자 과정 연수교육실시(2009.1.3~2009.5.30)
2.15 SBS 좋은아침플러스원 방송프로 경호무술 편 창시자 및 시범단 시범 방영
3.20 MBC 스포츠매거진 스포츠팡팡 경호무술 편 창시자 지도 및 시범단 시범 방영
4.29 국방부 전역(예정)간부 취업박람회(서울컨벤션) 참가 경호무술창업소개
5. 4 2009년 국방부주최 취업박람회(서울컨벤션) 참가 경호무술창업소개
5.23 2009년 상반기 경호무술지도자 과정 연수교육 수료(18명)

6.15 태권도진흥재단 경호무술자료 태권도공원 전시용 기증(31종 110개)
7. 1 전통무예원류적통자 모임 결성(진흥회 사무소)
7. 3 육군57기동대대 창시자 초청 경호무술 강의(시범 및 지도)
7. 5 인천광역시 청소년직업체험센터 경호무술 강의(시범 및 지도)
7.18 2009년 하반기 경호무술지도자 과정 연수교육 실시(2009.7.18~2009.12.5)
8. 1 전통무예단체조직정비방안 세미나 참가(토론 및 경호무술책 50권 무료증정)

8. 3 육군57보병사단 사단장으로 부터 감사패
8. 6 경호무술자격제도 자격기본법에 의거 국무총리실 산하 직업능력개발원 등록 제2009-0171호
(자격등록내용 : 경호무술 승단 자격 1단~9단 / 경호무술지도자 자격 1급, 2급, 3급)
8.28 이시종 국회의원 초청 전통무예원류적통자 간담회(외백)
10.20 전통무예원류적통자 정부현황조사팀 초청 간담회 참가(서울대학교)
11.10 우정사업본부 사보 경호무술 기사 게재(전국 15,000지점 배부)
11.11 네이버(naver.com) 경호무술 키워드 바로가기 한국경호무술진흥회 등록
11.21 전통무예단체조직정비방안 공청회 참가(슈페이러 본회의실)
11.25 네이트(nate.com) 경호무술 키워드 바로가기 한국경호무술진흥회 등록
11.27 2009 하반기 경호무술지도자 자격검정 시험시행
11.30 정부수탁연구용역(무예단체실태조사) 공청회 참가(올림픽파크텔)
12. 2 국방부 초청 간담회 참석(전쟁기념관)
12. 5 2009 하반기 경호무술지도자 과정 연수교육 수료(7명)
12. 7 전통무예원류적통자 국회 전통무예진흥법 개정안 제안서 제출
12.11 노동부 고용지원센터 경호무술 기사 소개

2010 1. 5 세계일보 최선의 방어가 최선의 공격 "경호무술" 기사 전면게재
2. 6 경호무술지도자 보수교육실시(중앙연수원)
2. 9 문화체육관광부 전통무예진흥법 기본계획 수립안 건의
3. 3 전통무예원류적통자 정부 전통무예진흥 기본계획 수립 현황과제 자문토의
(정부담당, 정부용역 연구진-체육과학연구원)
3. 6 경호무술지도자 보수교육실시(중앙연수원)
3. 8 전통무예진흥법 일부개정법률(안) 제출건의(전통무예원류적통자 지정 및 지원)
4. 3 지도자 보수교육실시(중앙연수원)
4.21 전통무예원류적통자 국회 문화체육관광방송통신위원회 고흥길위원장 면담
4.23 경호무술 시범공연(인터컨티넨탈호텔 그랜드홀)
4.28 국방부 전역간부 취업박람회 참가(서울무역센터)
5 1 지도자 보수교육실시(중앙연수원)
5. 7 경호직무능력표준 시안 연구개발 경호무술 및 경호무술지도자 표준체계 개발 참여
6. 5 경호무술지도자 보수교육실시(중앙연수원)
6.28 국무총리실, 지식재산기본법 공청회 참가 대정부제안(사학연금회관)
7. 3 경호무술지도자 보수교육실시(중앙연수원)
7.18 경호무술지도자 직업체험 개최(중앙연수원)
8. 7 경호무술지도자 보수교육실시(중앙연수원)
9. 4 경호무술지도자 보수교육실시(중앙연수원)
9. 7 전통무예원류적통자 명칭 위키 백과사전 등재

9.14 국회 문화체육관광방송통신위원회 정병국위원장 외 소속의원 12명 개정법안(전통무예원류적통자 지정제도 신설) 제정요청 방문

10 2 경호무술지도자 보수교육실시(중앙연수원)

10. 4 한국산업교육원 경호무술 강의지원

10.12 전통무예원류적통자 무진법 기본계획 건의안 문화체육관광부 방문 제출

10.24 한국체육과학원 방문 무진법 담당 연구원 성문정박사 전통무예원류적통자 정책 건의사항 전달

10.24 서울 송곡정보산업고등학교 대강당 20명 경호무술시범공연

10.29 국회 방문 한나라당 문화예술특위 정두언위원장 김수철 특보 무진법 전통무예원류적통자 지정 제 신설 개정법률안 국회통과 협조요청

11. 1 부산광역시 기장지회 승인(지회장 장웅진)

11. 6 경호무술지도자 보수교육실시(중앙연수원)

11.24 교육부, 고용노동부가 주최하고 고용정보원이 주관하는 취업진로박람회 참가 및 경호무술시범공연(3일간)

12. 4 경호무술지도자 보수교육실시(중앙연수원)

12. 29 문화체육관광부 주최 전통무예진흥법 기본계획수립 토론회 참가(올림픽파크텔)

2011 1. 8 경호무술세미나 개최(전국지원장 대상 무진법 기본계획 설명회)

1. 8 경호무술지도자 보수교육실시(중앙연수원)

1.12 MBC 표준 FM(95.9MHz) “아이러브스포츠” 경호무술 소개

1.15 경호실무 1권~3권(1167page) 출판(개정7권)-한국학술정보(주)

2.12 경호무술지도자 보수교육실시(중앙연수원)

3. 5 경호무술지도자 보수교육실시(중앙연수원)

3.11 전통무예원류적통자 무진법개정안(전통무예원류적통자 지정제 신설) 국회통과 요청서 전달(국회문화체육관광방송통신위원회 간사 김재윤 의원, 위원 전성호 의원)

3.23 전통무예원류적통자 무진법 정부담당 실무자 미팅(정책건의서 전달-문화체육관광부 체육진흥과)

4. 2 경호무술지도자 보수교육실시(중앙연수원)

4.13 국방부 2011 전역(예정)간부 취업박람회 참가(서울무역센터)

7.15 경호무술 1권~9권 출판(개정7권)-한국학술정보(주)

6. 창시자 연구 활동

저술

1986 4.16 경호무술, 경호실무 연구시작

1992 2.16 경호무술, 경호실무 교안 완성

1994 11.17 경호실무(경호학)저술(국제경호아카데미출판사, 328page)

1996 11. 5 경호실무 저술 개정2권(법연출판사, 493page)

1999 3.20 경호실무 저술 개정3권(법연출판사, 537page)

2001 2.20 경호실무 저술 개정4권(법연출판사, 625page)

2003 2.15 경호실무 저술 개정5권(법연출판사, 741page)

2003 9.13 경호무술(단행본)저술 (국제경호아카데미출판사, 505page)

2004 2. 7 경호실무 저술 개정6권(청호출판사, 749page)

2004 8.18 경호자격제도규정집 저술(국제경호아카데미출판사, 273page)

2004 10. 5 경호무술 저술 개정2권(국제경호아카데미출판사, 1704page)

2005 4.25 경호원자격검정 문제집 저술(국제경호아카데미출판사, 180page)

2005 8.26 경호직무능력표준 저술(국제경호아카데미출판사, 483page)

2011 1.15 경호실무 저술 개정7권(한국학술정보(주), 1권~3권, 1167page)

2011 7.15 경호무술 저술 개정3권(한국학술정보(주), 1권~9권, 2800page)

연구논문

1996 경호산업에 대한 실태 조사-동국대학교 행정대학원

1997 경호산업의 문제분석과 육성책-한국안전교육학회

2001 경비업법에 포함하는 민간경호원 자격증 도입활용 방안연구-국제경호협회학회

2003 경호직무분야의 전문화를 위한 자격제도와 그 방안에 따른 국제경호협회 경호 자격제도의 분석 및 국가공인 도입의 필요성-국제경호협회학회

2003 치안환경에서 요구되는 격기무술과 현대적 무술발달 과정의 생활 경호무술연구-국제경호협회학회

2004 경호자격 국가공인 및 관련내용에 대한 정부지원 국제경호협회 중심으로 연구-국제경호협회학회

2005 경호직무능력표준에 관한연구 및 활용방안-국제경호협회학회

2006 경호산업을 위한 정부지원정책 및 효과연구 경호자격제도를 중심으로-국제경호협회학회

2008 경호무술 전통무예진흥법에 의한 지정-한국무예포럼

2008 경호무술세미나집-한국경호무술진흥회

7. 창시자 설립단체 및 과정

1992 2.16 국제경호협회 설립
(경호원들의 친목 및 권익을 위한)

1992 3.21 국제경호아카데미 설립
(경호무술교육서비스, 경호교육서비스, 경호서비스를 위한)

1994 4.15 국제경호시스템 신설
(경호서비스만을 전문으로 하기 위하여 국제경호아카데미로부터 분사)

1996 6.27 주식회사 탐경
(국제경호시스템을 상호변경 및 법인전환-신변보호법률 제정에 의한 허가제도 시행에 따라)

1998 3. 1 장명진경호무술 신설
(비영리단체설립-자격검증 및 인증제도 시행을 위한)

1998 3.13 장명진경호무술원 신설
(국제경호아카데미 상표신설-경호무술프랜차이즈사업 시행을 준비)

2002 9. 시큐리티잡114 설립
(주식회사 탐경에서 온라인 사업부 분사)

2008 8. 11 사단법인 한국경호무술진흥회 설립
(장명진경호무술을 명칭변경과 법인전환-대외 위상 제고)

8. 창시자 유관기관 활동

1996	사단법인한국경비협회 신변보호분과	운영위원
1996	한서대학교 사회교육원 비서경호학과	강사(경호무술/경호실무)
1996	사단법인한국경호경비학회	운영위원
1996	중국연길시 공안국 보안전문대학	명예교수
1996	한국시큐리티산업경영학회	운영위원
1997	KBS아카데미	강사(경호무술/경호실무)
1997	서일대학교 사회교육원 경호학과	강사(경호무술/경호실무)
1997	사단법인한국경비학회	부회장
1997	사단법인철인3종경기본부	이사
1998	사단법인한국직능단체총연합회	상임부회장
1998	월간보디가드	편집위원
1999	한국안전교육학회	이사
1999	선문대학교 무도학과	외래교수(경호무술/경호실무)
1999	충청대학 태권도학과	강사(경호무술/경호실무)
2000	고려대학교 사범대학원(석사과정)	강사(경호무술)
2000	대구미래대학 경찰행정과	강사(경호무술/경호실무)
2001	제10기 민주평화통일자문위원회	자문위원
2002	UN평화지도자연합회	이사
2003	국립경찰대학 수사보안연수소	외래강사(경호무술/경호전략)
2008	경찰청수사연수원	강사(경호무술)
2004	한국협상학회	회원
2005	국무총리실 국가재난관리본부	자문위원
2006	초당대학교 경호비서학과	겸임교수(경호무술/경호실무)
2008	한국무예포럼	회원
2009	전통무예원류적통자모임	간사
2009	한국표준협회	자문위원
2010	한국산업교육원	강사

9. 경호무술과 창시자 백과사전 등재문

2005 2.17 두산대백과사전(엔사이버) 창시자와 경호무술 사전 등재

2005 4. 2 네이버 백과사전 창시자와 경호무술 사전 등재

2006 2. 1 파스칼 세계대백과사전 창시자와 경호무술 사전 등재

2006 2.12 야후 백과사전 창시자와 경호무술 사전 등재

2006 3. 3 파란 백과사전 창시자와 경호무술 사전 등재

2006 4. 12 브리태니커 백과사전 경호무술 사전 등재(창시자 저술 경호무술책전문 인용)

2006 5. 6 다음 백과사전 창시자와 경호무술 사전 등재

2008 4.28 위키 백과사전 창시자와 경호무술 사전 등재

2008 5. 3 네이트 백과사전 창시자와 경호무술 사전 등재

2008 5.28 위키 인물백과사전 창시자 사전 등재

2008 7.21 위키 백과사전 낱말사전 경호무술 등재

2009 11.11 네이버, 네이트에서 한국경호무술진흥회 키워드 바로가기 등재

2010 9. 7 위키 백과사전 전통무예원류적통자명칭 사전 등재

10. 창시자 인터넷 홈페이지 구축

1996 6. 7 국제경호아카데미(홈페이지 http://www.ibga.co.kr)

1998 2.10 주식회사 탐경(홈페이지 http://www.tamkyung.co.kr)

2002 7.10 장명진경호무술원(홈페이지 http://www.jmjmoosul.co.kr)

2002 10. 1 시큐리티잡114(홈페이지 htpp://www.securityjob114.co.kr)

2008 8.30 사단법인 한국경호무술진흥회로 변경(홈페이지 http://www.jmjmoosul.co.kr)

※ 개설된 홈페이지 현 운영 중

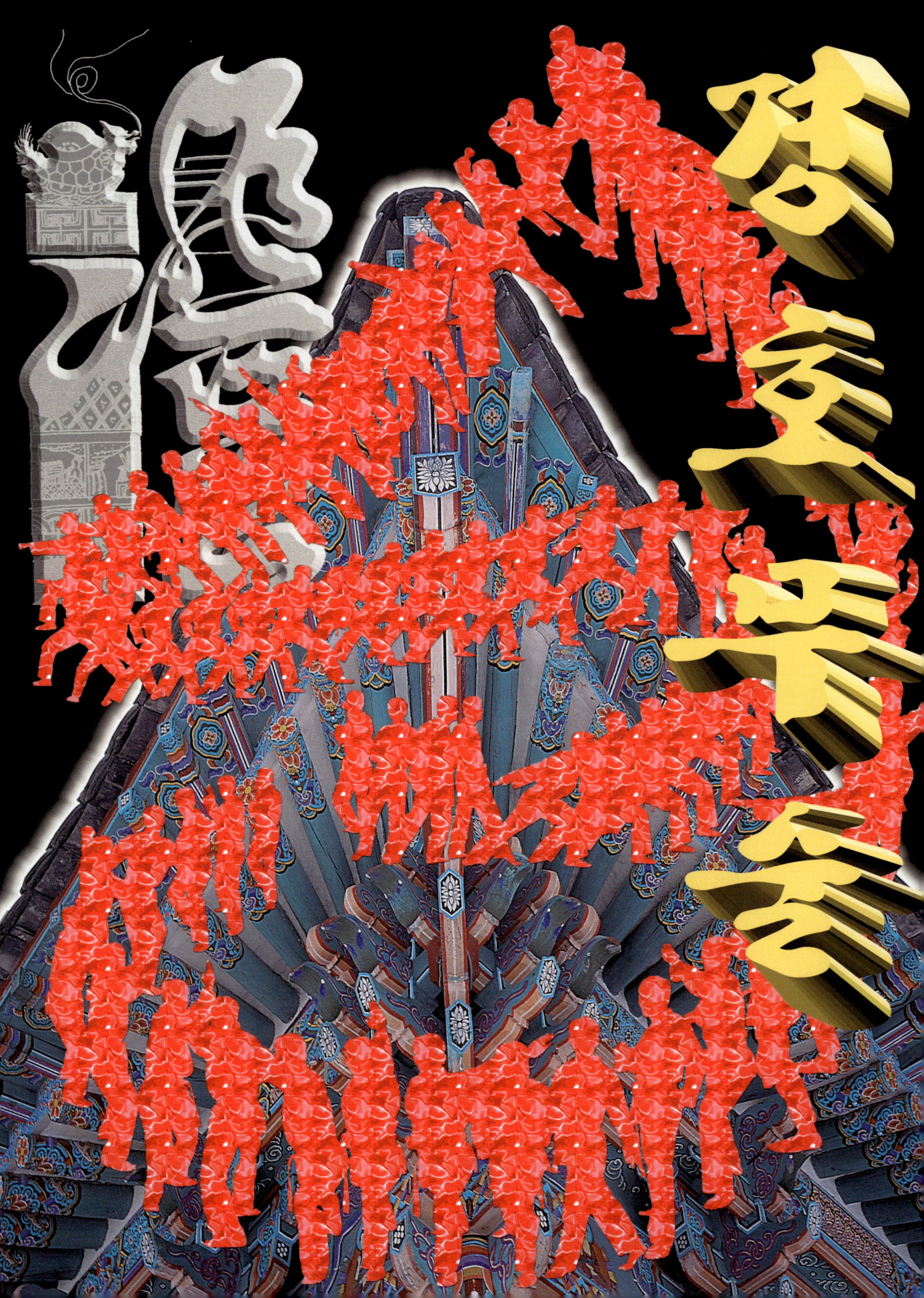
경호무술

I. 경호무술(警護武術) 학문체계

1 경호무술(警護武術)의 정의(正義)

경호무술이란 자신을 포함하여 경호대상에 대하여 가해져오는 공격으로부터 신체 및 생명을 보호해주는 『호위호신무술』이다.

1) 경호무술『警護武術』의 어원

경호무술(警護武術)의 어원은 『호위하여 지킨다』는 뜻으로 경호(警護)자와 무술(武術)자를 가져와 창시자(創始者)인 필자가 합성한 합성어이다. 경호무술이란, 다시 말해 경호원이 보호해야할 경호대상에게 위험이 존재하거나 경호대상에 대한 신체 및 생명에 대한 물리적 공격위험으로부터 효과적으로 공격자를 무력화하여 제압할 수 있는 호위호신 무술이란 뜻에서 명명하게 된 것이다.

2) 경호 『警(경계할 경) 護(호위할 호)』

경호란 경호대상자의 신변에 직접 또는 간접적으로 가해지는 신체 및 생명 위험을 방지하고, 제거하기 위해 경호활동에 필요한 정보, 첩보수집 및 인원, 장비 운영을 통한 경계활동까지를 포함하여 경호대상의 안전을 도모하는 것을 말한다.

3) 무술 『武(굳셀 무) 術(꾀 술)』

무술이란 일반적으로 손·발등의 신체부위 또는 무기를 이용하여 공격해 오는 적을 분쇄하여 무력하게 하거나 제압할 수 있는 싸움·격투기술을 말한다.

2 경호무술(警護武術)의 연구목적(研究目的)

과거 경호원들은 경호환경에 맞는 특화된 실용적 무술이 없어 사회 일반무술인 태권도, 합기도, 검도, 유도와 같은 무술을 익히게 되었다. 이로 인하여 경호원들은 경호 위해 환경에서 요구되는 호위 호신술에 많은 한계점을 안고 있었기 때문에 이에 보완할 수 있는 특화된 무술이 절실히 요구되어 왔었다.

위와 같은 일반 무술들은 호신무술로 자신에게 공격되는 상황에서는 상대방을 별문제 없이 대응할 수는 있었으나, 경호원이 보호해야할 경호대상에 대한 호위개념에서의 대응에서는 많은 약점들이 노출되어, 결국 경호원이 경호대상에 대한 호위에 실패하는 문제점이 있어 왔다. 따라서, 경호 위해 환경에서 보다 효과적으로 경호대상인 요인을 보호하면서 위해 공격자를 저지 또는 제압할 수 있는 보다 효과적인 무술을 새롭게 창안해야 할 필요성을 인식하고, 경호실무를 기초로 한 호위호신무술을 과학적 이론과 실기 차원으로 구분 연구하여 경호환경에 맞는 전혀 새로운 경호무술을 창안 연구하게 되었다.

3 경호무술(警護武術) 목적(目的)

경호무술의 목적은 경호대상(자신의가족, 친구, 사랑하는 사람 등)에 대한 안전을 도모하며, 안전한 사회를 만들어 행복한 삶을 추구하는데 그 목적이 있다.

4 경호무술(警護武術)의 사상

모든 역사와 민족이념을 포함하여 정치적·종교적 사상이나 도덕적·윤리적 사회관념을 초월하여 오로지 보호해야할 경호대상만을 위한 관념만을 최우선 목표로 하는 것이 경호 무술이다.(가족이나 사랑하는 사람들 중 자신이 보호해야할 대상도 포함되는 의미)

5 경호무술(警護武術)의 학문적 배경

경호무술은 일반무도(道)와는 달리 술(術)을 중심으로 하여 학문적 개념으로 적립하였다. 물론 고대로부터 내려오는 무술, 무예, 무도와 현대적으로 스포츠화한 무도에 대하여 호위적·신체적·정신적·기술적·과학적·교육적·학문적·사상적 측면에서의 특성등에 관하여 연구의 기초를 두어 경호실무 환경에서 요구되는 실용무술을 착안, 호위호신무술로 정립된 전혀 새로운 학문으로 경호무술을 이론화하는데 노력했다고 할 수 있다. 따라서, 경호무술은 호위적 본능과 기술의 현대화·과학화 그리고 생활안전 및 체육증진에 가치중심을 두었으며, 더 나아가 세계평화와 안녕을 기원하는 이상의 실현목표를 두고 정립된 학문이라고 그 배경을 설명할 수 있다.

그동안 무술은 학문영역이 아니라는 일반적 인식이 지배적이었으나, 필자는 무술이야말로 학문적 요소에 대한 깊이가 다른 어떤 분야보다도 심오한 이론이 있다고 확신하고 있으며, 이에 관한 이론체계가 절실히 요구된다고 생각한다.

6 경호환경을 기초로 한 경호무술

연구목적에 부합하여 창안된 경호무술은 현대사회의 치안열세 상황과 경호원들의 실전 경호환경 및 임무에 맞추어서 「변화·연구· 발전」 시켜 체계화 시켰다는 점에서 「과학무술」이라고도 할 수 있다.

타인과 자신에 대한 동시 공격이 있을때 공격에 대한 방어기술과 다른 조와 팀을 이룬 방어기술은 과거 도(道)를 목적으로 한 전통적인 무도와는 다소 차이를 두고 있다.

또한 과거와는 달리 현대 사회에서의 공격 수단이 단순히 손발 또는 도·검과 같은 수단에 의해서만 공격되는 것이 아니라 총기류와 같은 첨단 과학 장비를 이용한 공격 수단으로 이루어지는 상황에서 이에 따른 「특별한 방어」 기술이 요구되기 때문에 매우 심도 있는 연구가 필요한 무술이다. 「경호무술」은 자신의 생명을 담보로 한 일촉즉발의 과감한 판단력과 민첩한 행동이 요구된다. 만약, 경호원 자신이 과감하고 빠른 판단력을 바탕으로 행동을 곧바로 발휘하지 못한다면 경호대상과 자신의 안전은 매우 위험해질 것이다. 경호라는 상황에서의 공격자의 공격은 반드시 경호원보다 공격우위에 있다고 판단되었을 때에만 공격하기 때문에 방어를 해야 하는 경호원은 매우 불리한 상황에 처하게 된다. 또한, 경호대상에 대한 공격 행위는 대체로, 기습적상황으로 이루어지기 때문에 경호하는 입장에서는 특정한 시간이나 장소 또는 수단등에 취약할 수밖에 없다. 다시말해, 공격 위해기도자의 무원칙적인 공격으로부터 경호대상과 경호원 자신에게 다가오는 위험을 예지하고 또한 위험이 발생된 경우에는 본능적으로 발휘될 수 있는 반사작용과 같은 초인간적인 능력이 요구된다고 할 수 있다. 수련단계에 있어서도, 일반적으로 모든 무술은 수련단계에 매우 힘든 과정이 요구된다. 그리고, 어떤 무술의 수련이든 일정한 경지에 오르게 되는데에는 많은 수련 시간이 소요 되며, 엄청난 고통을 이겨내어야만 한다. 이러한 고된 수련 과정을 겪어야만 비로소 최고의 경지에 오르게 된다. 그러나 경호무술은 도(道)의 경지에 목표를 둔 것은 아니며 위기의 상황에서 방어와 공격이 일순간에 이루어지면서 경호대상과 경호원자신을 「동시방어」 할 수 있는 기술에 역점을 둔 무술이다. 경호무술은 반드시 경호대상의 생명을 보호·유지해야 하는 특성을 지닌 무술로서 상황에 따라서는 자신의 생명과 바꾸어야 하는 초인간적인 정신을 발휘해야만 하는 무술이라고 할 수 있다. 따라서 경호무술이란 도(道)나 술(術)적 재능만을 익히는 수련을 넘어서 희생정신을 함께 함양하는 무술이라고 할 수 있는 것이다.

이같은 경호무술을 창안·정립하게 된 데에는 필자가 경호업무를 직접 수행하면서 위기시에 느꼈던 문제점들을 보완하기 위하여 경호실무를 이론화하는 연구를 하면서 부터이다. 필자는 이후 1994년 세계 최초로 『경호실무』라는 경호학의 이론서를 저술 출판하게 되었다. 즉, 경호대상을 호위하기 위한 기술체계를 이론화한 것으로 오늘날 많은 교육기관 및 관계기관에서 이론서로 널리 이용되고 있다. 그러나, 부족함이 있었다. 필자의 생각으로는 경호환경중 잠재적 위험이 아닌 물리적으로 직접 가해져 오는 공격 순간 또는 찰나에서 경호원이 경호대상을 호위하기 위한 물리적 방어기술이 그 어떤 경호기술 보다도 중요하다는 사실을 인식하고 그동안 실무적으로 경험해온 상황을 기초로 기술체계를 창안 정립하게 된 것이다.

7 경호무술(警護武術)의 특성

경호무술은 경호(호위), 무술의 하나로서 몇가지 특성이 있다.

특 성	내 용
창 시 면	경호직무나 환경에서 요구되는 지식이나 기술을 경호실무에 착안하여 장명진에 의하여 현대적 경호환경에 맞도록 목적공법기법격투체계를 정립한 무예로서 새롭게 창시된 무술이다.
기 초 면	고도의 훈련된 테러범과 기습범들의 물리적 공격수단 및 유형 등에 대하여 전술적 면을 분석하였으며, 일반적인 경호환경에서 미치는 경호대상의 심리적 영향과 군중심리 등을 분석한 것이 경호무술 연구의 기초가 되었다. 그리고 수련자의 신체 및 체형과 운동기능 등을 고려하였다.
전 통 면	과거의 도(道)적 관점과는 달리 현대적 술(術)의 관점에서 비중을 두고 새롭게 기술체계를 정립되었다.
사 상 면	종교적, 정치적, 사상이나 이념과는 달리 직업적 사상을 갖는다.(직업의식 및 가족이나 가까운 대상 의식)
철 학 면	생명존중과 세계평화 공유 인류사회에 공헌
호 신 면	과거 호신적 기술개념과는 달리 타인을 호위할 수 있는 회위호신적 관점을 토대로 한 호위적 기술을 두게 되었다.
대 상 면	호신적 측면으로 볼 때 일반무예는 자신이다. 그러나 경호무술은 타인이 대상이 된다.
기 술 면	검도나 유도, 태권도와는 달리 기술을 제한하거나 특정하지 않고 형식을 초월한 실용기술 체계 등으로 되어 있다.
예 의 면	전통예법과 현대적 예법을 포함한 예를 의식과 행동으로 갖추었다.
안 전 면	경기방식에서 공격을 허용하고 반격하는 것과는 달리 공격을 전혀 허용하지 않는다.
실 용 면	기술체계를 단순화하고 기술간 혼용과 응용 그리고 결합하도록 하였기 때문에 배우기 쉽고 수련하기 쉽게 되어 있다.
실 전 면	자신의 위험을 전재로 하여 호위호신 실전방어기술로 프로그램화하였다.
체 육 면	신체운동 및 단련으로 체육증진 효과를 갖도록 기초수련 체계를 세웠다.
정 신 면	호위 이념과 체력단련을 통한 정신건강운동 효과 및 겸손한 마음 가짐을 갖도록 하였다.
수련대상	남·녀·노·소에 관계없이 안전욕구에 의하여 필수다.
시간·장소	시간·장소에 관계없이 언제 어디서나 실천 가능하다.

경호무술의 특성을 이해하기에 더욱 접근하기 쉬운 방법으로 표를 이용하여 정립하여 놓았다. 창시자의 정립에 의한 특성을 살펴보면, 경호무술은 우리가 처한 사회환경에서 경호무술은 필수·필요조건을 갖추어 놓은 무술이라 할 수 있다.

- 경호무술의 본질은 우리 스스로 지킨다는 것이다.
- 오늘날 치안환경의 약화가 낳은 무술이다.
- 신체 및 생명의 안전은 국가가 아닌 우리 스스로의 몫이 되었다.

8 경호무술의 교육학적 가치

경호무술은 현대교육학적 가치로 볼 때 매우 중요한 의미를 갖는다.

교 육 면	내 용
안전의식면	위해 공격자 및 우연사고 등에 대비할 수 있는 안전의식과 보호의식을 높인다.
신체안전면	신체운동을 통한 단련과 호신기술의 습득을 통한 안전 정도를 높일 수 있다.
평화 · 평등 공 존 면	부당한 공격에 의하여 평화와 행복은 지킬 수 없다는 인식 전환으로 평등권 수호의식을 높인다.
사 회 면	규칙 · 규범 · 질서 · 준수와 공동체에서의 책임의식 타인에 대한 배려와 인격존중 등 사회성을 익힌다.
정 신 면	긴장, 불안, 초조에 대한 3대의식 극복을 위하여 스스로에 대한 의지적 정신력을 강화시킨다.
사회정의면	위법 부당한 행위에 대하여 타인의 권리를 보호할 수 있는 정의감을 강화시킨다.
인 성 면	무술활동을 통하여 올바른 생활 습관, 태도 등을 바른 인격으로 승화 시킴으로서 인성교육의 질을 향상시킨다.
도 의 면	정신적 · 육체적 단련을 통하여 사랑, 행복, 예의, 성실, 존중, 인내, 겸손 관용, 도덕 및 윤리성의 의리 즉, 정도규범을 향상시킨다.
창 의 면	지식을 기반으로 새로운 것에 대한 인식전환과 응용력을 통하여 신 창조 능력 개발을 지향한다.
신체건강면	적당한 굴신 운동을 통한 근 신전운동효과와 근력강화운동을 통한 신체의 발달은 골격의 교정효과와 근육의 탄력성유지등 신체적 미용적 건강을 동시에 얻을 수 있다.

위와 같이 경호무술의 교육적 가치는 신체의 안전, 건강 그리고 사회일원으로서의 의무와 책임감과 같은 바른 인성교육의 교육학적 가치를 지니고 있다.

9 경호무술의 연구기초와 효과

1. 사지와 사지의 각 관절 그리고 힘을 집중시킬 수 있는 신체의 모든 부위를 사용하여 공격과 방어 기술을 자유롭게 구사할 수 있다.

2. 방어와 동시에 공격하는 적극적인 기술로 구성되어 있어서 희생정신과 강인한 투쟁심을 일으킨다.

3 인체를 직접 공격하면서도 신체 및 생명이 위태롭지 않게 하는 기술로 구사한다. 즉, 생명존중의 원칙을 술기요소에 접목한 무술이다.

4 부드럽고 자연스러운 동작을 기초로 불필요한 근력소모를 최대한 극소화하여 어떠한 상황에서도 일정한 순발력을 유지케 할 수 있다.

5 경호환경에서 요구되는 훈련으로 일반 무술들의 형식위주의 수련이 갖는 기술 및 심리적 한계성을 탈피하여 임기응변의 살아있는 술기 구사가 가능하다.

6 상대의 몸짓과 힘의 흐름에 따라 자신의 율동을 조화시켜 공격과 방어 기회를 극대화시킬 수 있다.

7 공격반경이 넓고 손보다 수배의 위력을 가진 발기술을 이용할 수 있도록 체계화 되어 있다.

8 상대의 선제공격하에서 경호대상을 우선 방어해야 하는 특수한 환경에서 본능적으로 행동 및 심리반사작용이 되도록 프로그램화 되어 있다.

9 자연스러운 인체 기능을 이용하므로 신체의 사용에 무리가 적고 에너지 소비가 적도록 되어있다.

10 몸과 발의 방향전환이 용이하도록 스텝을 몸의 율동에 접목하여 구심력과 원심력을 동시 작용시켜 에너지 발휘의 극대화를 이룬 과학기술의 접목이라 할 수 있다.

11 모든 기본기를 근력·지구력·순발력·유연성·평형감각 반사작용등 6대가치를 우선 익힐 수 있도록 하여 고난도의 수련체계를 자연스럽게 배우도록 했다.

12 타인에 대한 공격위험을 막아주는 기술체계와 반응을 유도할 수 있도록 프로그램화 되어 있다.

13 상대의 급소, 골격, 관절 등이 신체의 약점을 치기, 차기, 던지기, 찌르기, 긋기, 잡기, 누르기 등의 기술로 집중 공격할 수 있는 기술로 체계화되어 있다.

14 경호환경에 적합한 호위호신무술이다.

10 경호무술의 3원리

경호무술은 경호대상을 보호하기 위해 경호원이 경호대상을 중심으로 한 호위원리를 기초로 한 무술이며, 대자연의 원리를 응용한 3원리를 기본원리로 하고 있다. 3원리는 전환(轉換), 역류(易流), 심화(深和)로 이를「3대원리」라고 하며, 다음과 같이 설명할 수 있다. 전환(轉換)은 몸의 회전운동으로 가속을 통해 구심력과 원심력을 생산 발휘할 수 있는 능력을 배가시킬 수 있는 원리를 말한다. 역류(易流)는 힘을 생산하는 것이 아니라 외적 운동을 자신의 운동에 역으로 흐르게 하여 힘을 얻는 원리를 말한다. 심화(深和)는 신체적 행동과 정신적 요소를 순간 또는 찰나에 일치시켜 최적의 합의 상태를 만드는 원리를 말한다.

즉, 경호무술의 기본 원리는 위와 같이 심화의 원리, 역류의 원리, 전환의 원리를 기초로 삼은 것이다. 이 원리는 자연의 원리를 몸의 움직임에 접목 하므로서 놀라운 힘과 민첩성, 유연성, 평형감각 등을 몸에 익힐 수 있다. 따라서 3원리를 이용하게 되면 자신보다 대상이 물리적 힘이 강하든 아니면 상대할 대상이 수적으로 자신보다 많다고 하더라도 그리 어려워 할 필요가 없다. 힘과 기술은 3원리를 통하여 자신의 한계를 극복하여 극대화 할 수 있기 때문이다.

경호무술은 작용에 따른 반작용의 원리라 할 수 있으며 항상 상대의 선제공격으로부터 방어해야 하는 경호환경의 특성과 특히 경호대상에 대한 공격에도 동시 방어를 해야 하는 매우 어려운 상황하에서 대응해야 하기 때문에 정신적·신체적 한계를 극복할 수 있는 그 무엇이 요구된다. 따라서 경호무술은 이런 점을 착안하여 3원리를 고도의 과학적으로 분석 응용하여 체계화하게된 것이다. 그동안 자연 과학은 무술에도 응용되어 왔다. 인간의 신비로운 정신세계와 육체세계는 놀라울 정도로 일치하는 점이 많다. 즉, 일정한 거리를 달리다 보면 매우 빠른 속도로 가속이 붙고 있다는 것과 매우 큰 힘이 실려 있다는 것을 느낄 수가 있다. 또한 신비로울 정도로 매우 균형이 안정되어 있다는 사실을 느낄 수있다. 또한 어떤 행동을 보일 때 반복할수록 익숙해 지기도하고 쉽게 할 수 있다는 사실을 깨닫게 되는 것을 우리들은 일반적으로 생활속에서 경험한다. 그리고 행동을 계속할수록 심리적으로도 자신감이 붙고 더 강한 자신감도 생기는 것을 경험하기도 한다.

이처럼 정신적인 측면이든 육체적인 측면이든,어떤 행동을 표현했을 때, 그 행동이 유형적 무형적인 자연영향 요인을 이용하거나 적응할 때, 보다 극한 자세나 행동을 표현하거나 취할 수 있는 것이다. 최근에는 운동과학 또는 스포츠과학이라고 해서 운동에 미치는 영향을 체계적으로 연구하여 스포츠경기 기록 등을 단축하거나 종목별 기술 등에 접목시켜 동일체격과 체력에서 상대를 이길 수 있는 것들을 과학적으로 분석하여 체계를 만든다. 현대적 용어의 차이가 있을 뿐 무술에서도 있다. 그러나 신체적 행위는 무한하게 표현될 수 있는 것은 아니다. 즉, 인간의 신체는 공존하고 있는 자연과 함께 있으며, 이 자연과 융화되지 않으면 안되는 환경에 있다고 할 수 있다. 따라서 인간은 자연에 일부일 수밖에 없다고도 볼 수 있다. 아무튼 신체적으로 발휘할 수 있는 근력 지구력 순발력 균형감각 등의 증가는 자연 원리를 기초로 했을 때 보다 효과적으로 얻을 수 있다는 사실이다. 이같은 원리의 기본력은 경호무술에서는 태풍의 구심력과 원심력의 공존력에서 생기며, 신체의 행동을 극대화할 수 있다는 사실로 받아들이고 있다.

11 경호무술(警護武術)의 기초

경호무술은 고도의 판단력, 강인한 정신력, 육체적 강인함, 탁월한 기술등 고루 동시에 요구된다.

첫 째 경호무술의 기초는 먼저 공포불안으로부터 시작되는 두려움을 없애고 수치심과 부끄러움으로부터 자기 한계를 극복하는 훈련을 기초로 한다. 경호상 일어날 수 있는 상황은 생명에 대한 두려움으로 필요한 상황에 대한 과감한 대처에 실패함으로써 결국 자신의 임무를 완수하지 못할 수 있다. 따라서 지극히 일반적인 상황하에서 이상적 사고가 우유부단한 사고의 판단으로 유연한 대처에 실패함으로써 비성공적 상황을 낳게 할 수도 있다는 점에서 이를 극복할 수 있는 고도의 담력과 정신력을 요구하는 무술이다.

둘 째 경호무술의 수련은 힘에 대한 운용과 상대에 대한 기선제압을 기초를 두었다고 할 수 있다. 힘의 원천은 전환선법을 통해 배가시키는 방법이 있으며, 전환선법은 지구가 자전과 공존하는 원리처럼 그리고 태풍의 소용돌이와 같이 운동 속에 있는 구심력과 원심력의 힘처럼 전환선법을 통해 몸체를 움직여 자연현상에서 얻는 힘을 발휘하도록 한 것이다. 전환선법과 같은 회전의 효과는 힘뿐만이 아니라 균형감각의 안정에도 크게 도움이 된다. 예를 들어 팽이는 빠르게 회전할수록 균형은 안정되어 간다. 그리고 안정된 자세는 속도를 더욱 빠르게 하며 그 힘은 무한대의 힘으로 발휘할 수 있다. 이와 같은 원리를 응용한 것이라 할 수 있다. 다시 말해 전환선법은 발을 옮기는 동작으로 현대적으로 표현한다면 일종의 스텝이라고 할 수 있으며, 이것이 경호무술의 기본 보법(步法)인 것이다. 경호무술의 전환선법 또한 모든 수련의 기초가 된다. 다시 말해 전환선법은 경호무술의 전부라고 해도 과언은 아니다.

셋 째 경호무술은 상대성이라고도 말할 수 있다. 상대가 어떻게 위협을 가하는가에 따라 방어하는 방법 또한 역학적인 이론에서 출발한다. 위협을 가하는 위해기도자 한 명이냐 아니면 다수의 인원으로 조직된 위협이냐에 따라 다르고 공격 형태에도 수족으로만 공격, 무기를 동원한 공격 유형에 따라 달라진다. 경호무술의 술기에 있어 근력소모 및 순발력 극대화에 대한 기초를 전환법에 두었다면 상대에 대한 실질적인 기선제압 기술은 신체의 약골이나 관절 그리고 급소를 제압하는 기술이라 할 수 있다. 경호무술은 일반적으로 힘에 의한 무술로 연상할 수 있지만 상대의 체력이 월등하다거나 다수의 사람이 동시에 공격해 온다고 했을 때에는 힘에 의한 호신법은 쉽게 그 한계를 느낄 수 있다. 그러나, 신체의 급소점이나 관절의 약점을 익혀두어 공격수단으로 방어한다면 이를 쉽게 극복 할 수 있다. 급소라는 것은 인체에 흐르는 기 경락의 혈로서 이곳을 자극하게되면 일반적인 신체급소 부위보다 3-5배 이상의 감각을 느낀다. 옛 무인들은 이곳을 잘 운용하여 활법(소생술), 살법(살생술)으로 사람을 살리거나 필요에 따라서는 호신술로 이용하였다고 한다. 이처럼 신체의 급소 점은 상대방을 결정적으로 무기력하게 만들 수 있는 매우 치명적인 신체적 약점이라고 할 수 있다. 또한 목 허리 어깨 팔 손목 무릎 관절 등 또한 큰 신체적 약점이 된다. 경호무술은 이 같은 신체적 약점을 정확히 공격하도록 체계화된 무술이다. 그러나 이처럼 급소 점 뼈 관절 등을 노려 상대를 제압할 수 있는 기술은 매우 고도의 기술이 요구되며 연마하는 데에는 많은 고통과 수련시간이 요구된다.

12 경호무술의 과학적 기초

경호무술은 경호대상을 중심으로 한 경호원의 호위형태의 무술로서 매우 과학적인 분석을 기초로 하고 있는 무술이다. 특히 잘 훈련된 테러범들은 수준과 공격특성 등을 연구하였으며, 테러범에 의한 경호환경은 매우 위험한 공격수단에 의하여 근거리, 중거리, 원거리에서 이루어지는 위험과 잘 짜여진 공격계획에 의하여 이루어지는 선제공격 형태이기 때문에 일정한 대응기법을 사전에 익혀두지 않으면, 위기봉착 시에 위해 상황을 극복할 수 없기 때문에 여러 형태의 위기 극복기술을 과학적 기초를 두어 정립시켜 놓았으며, 특히 경호무술은 위해기도자의 공격원인과 공격수단 그리고 공격규모 등을 종합적으로 분석하여 과학적 접근을 통한 이상적인 경호무술로 완성된 현대 과학무술이라고 할수 있다. 즉, 경호환경은 위해 자의 공격수단이 수족뿐만 아니라 개인화기 및 폭발물 등을 이용한 공격수단이 예상되기 때문에 경호대상에 대한 보호적 수단을 과학적으로 강구하였다고 할 수 있다.

위해기도자들의 공격이 대규모적 또는 다수의 인원으로 조직되어 물리적 공격시에 대비하여 동시 대응할 수 있는 술기와 근력, 지구력의 에너지 소모를 최소화하여 체력한계에서 오는 한계점을 극복할 수 있도록 착안된 무술로 경호무술이 지닌 과학적 기초를 둔 종합적 예술의 신비무술이라 할 수 있다.

13 경호무술의 철학

1) 생명존중 및 보존의 경호무술

경호무술의 철학은 어떠한 조건에서도 생명보존을 최우선적으로 실천한다는 데에 그 이념적 목표를 두는 것으로 생명에 대한 존엄성을 존중하고 보호하는데 그 사명감을 가져야 한다.

사람은 물론이고 모든 생명은 신이 주신 선물로서 어떠한 생명이든 무시되거나 멸시의 대상이 되어서는 안된다. 특히 인간의 생명은 그 어떠한 조건에서도 무시되거나 가벼운 대상으로 여기거나 삼아서는 안되며 사람의 신체생명에 대하여 그 누구도 위험하게 다루어서는 안된다. 따라서 경호 환경상 경호원 자신이 고유임무를 수행하는 과정에서 경호대상의 생명을 위협하는 행위를 필요 불가결하게 다루어야 하는 특수성이 있다고는 할 수 있으나 자칫 경호원 자신의 잘못된 판단으로 인하여 생명보존이 가능한 상황에서도 과도한 경호무술로 상대의 소중한 신체생명을 잃게 할 수 있다.

이 같은 결과는 아까운 생명에 대하여 자신 스스로에 대한 죄책감을 갖게 할 수 있다는 것을 잊지 말아야 하며, 위급한 상황에서도 냉철한 사고유지를 통하여 불필요한 살상을 하지 않도록 노력해야 한다.

2) 공존과 평화

경호환경은 늘 생명위협이라는 불안감이 상존 해 있다. 이 같은 조건은 반드시 상대가 있으며, 그에 따르는 원인과 동기가 있기 때문이다. 자신이 어느 쪽에 있느냐 하는 것에 차이가 있을 뿐이며 위해자 또는 피해자가 보는 시각은 상호 적대적 관계로 볼 수 있지만 제3자의 입장에서는 당사자의 시각과 다르게 볼 수 있는 차이가 있다. 상호 적대적 관계를 갖게 한 원인에 대한 근본적인 문제해결을 이룬다면 상호 공존과 평화를 가질 수도 있으며 발전적으로 보면 상호 협력해 나아갈 수도 있다. 따라서 경호무술을 익힌 자라면 이러한 관념을 이해하도록 해야 하며, 나아가 인류평화에 기여하는 역할자라는 생각을 갖고 이에 사명의식을 갖도록 한다.

14 경호무술(警護武術)의 수련

경호무술은 현대 경호여건과 경호원들의 실전경호임무에 맞도록 기술체계를 연구한 무술이기 때문에 경호무술의 수련시 경호실무에 대한 이해가 필요하며, 특히, 경호환경에서 일어날 수 있는 여러 유형의 공격과 수단등을 충분히 알고 시작하는 것이 수련능률을 높이는데 크게 도움이 된다. 또한, 경호무술은 일격 일도의 개념으로 모든 술기가 이루어져 있기 때문에 수련과정에 많은 위험이 따를 수 있으며, 경호원인 경우 임무수행 중 필요이상의 술기 미숙으로 인하여 아까운 인명을 빼앗을 수도 있기 때문에 다른 타 무술과는 달리 한층 더 높은 정신적 사고의 판단력이 요구된다. 그리고, 각 개인의 바른 인성도 매우 중요시된다. 여하튼 우선적으로 경호무술은 경호대상의 신변을 보호함을 목적으로 하는 무술이기 때문에 고도의 수련과정이 필요하다.

경호무술은 정신적 신체적 단련과 경호무술을 통한 경호환경에서 일어날 수 있는 여하한 상황하에서도 가장 적절하고 효과적이며, 이상적인 결과를 얻기 위한 수련 과정이다. 이러한 수련과정을 통하여 만에 하나 일어날 수 있는 경호상 위협에 대처할 수 있는 기술을 연마하는데 있으며 나아가 경호상 필요이상의 술기로 상대에 대한 과실을 가하여 직무상 불필요하게 문제 발생케하는 일이 없도록 하는데 있다고 할 수 있다.

어디까지나 경호상 특수한 상황에서 취해야 하는 어려움이 따르기 때문에 매우 고도의 기술이 요구된다. 또한, 상황 발생 시 최적의 판단을 최단으로 하여, 그에 맞는 대응방법을 강구하며 인원이 부족 시에는 무리한 대응을 피하고 빨리 도움을 청하여야 한다. 그러나, 긴급을 요할 때에는 임기 응변의 조치를 취할 수 있도록 평소 자질향상을 위한 노력을 하도록 해야 하며 또한 실력행사의 한계에 대한 냉철한 사고 판단을 갖도록 노력해야 한다. 물론 오늘날 과학기술의 발달로 인하여 최첨단 경호장비들이 많이 나와 있기는 하지만 그래도 현실적으로 경호무술이 더 요구되는 것이 실무 환경이기 때문에 경호무술을 필수과목으로 배우고 가르쳐야 한다고 생각한다.

15 경호상 임무의 제한

경호상 필요한 임무는 경호대상의 신변안전을 최우선해야 하는 것을 기본 원칙으로 삼아야 하기 때문에 공격자를 추격하거나 체포하려는 자세는 바람직하지 않다. 원칙적으로 공격자를 제압하되, 경호대상의 안전이 확보된 시점에서 안전지대로 이탈하는데 역점을 두어야 한다. 상황에 따라 공격자를 완전히 제압하여 체포한 후라도 상대의 거동 및 주위의 상황 등을 주의 깊게 관찰하여 불의의 사태를 초래하는 일이 없도록 하여야 한다.

상대를 완전히 제압한 후라도 긴장을 풀지 말고 주위를 살펴 흉기의 은닉여부와 증거품의 유무등을 조사하는 동시에 상대의 도주와 저항을 미연에 방지한다. 경호 임무시 어떠한 공격형태의 상대와 부딪치는 경우라 하더라고 고유 직무수행에 필요한 최소한도의 실력행사로서 위해기도자를 제압하여야 한다. 그러나 실제 상황에 처하게 되면 상대의 공격과 저항에 쉽게 흥분하여 평소의 술기와 주의를 순간 잊고 일시 감정을 쏠리어 필요 이상의 과격한 행동을 무리하게 취하기가 쉽다. 그러므로 평소에 어떠한 상황에 부딪쳐도 냉정하고 침착한 마음을 잃지 않도록 명상과 같은 심상수련에 노력해야 한다.

요컨데 상대의 공격과 저항의 정도에 따라서 최소한도의 실력행사로서 최대한의 목적을 달성할수 있는 여유 있는 태세와 정확한 술기를 수련해 두는 것이 필요하다.

위기상황 발생시 상황판단을 신속히 하여 그에 맞는 대응방법을 강구하며 강구의 부족 시에는 무리한 대응을 피하고 빨리 도움을 청하여야 한다. 그러나 긴급을 요할 때에는 임기 응변의 조치를 취할 수 있도록 해야 한다.

 경호무술을 잘하기 위해서는

1) 기초수련 철저히 익히기

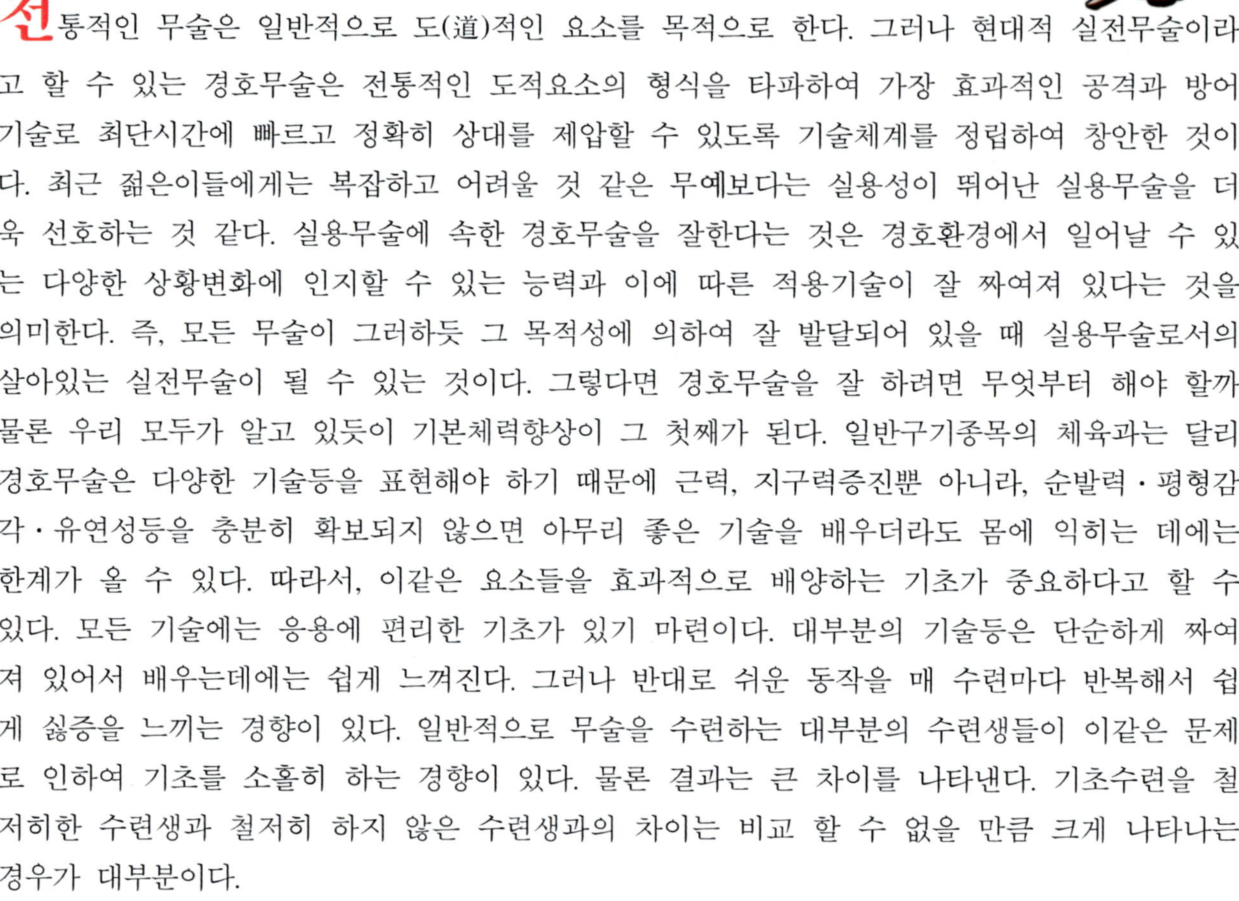

전통적인 무술은 일반적으로 도(道)적인 요소를 목적으로 한다. 그러나 현대적 실전무술이라고 할 수 있는 경호무술은 전통적인 도적요소의 형식을 타파하여 가장 효과적인 공격과 방어기술로 최단시간에 빠르고 정확히 상대를 제압할 수 있도록 기술체계를 정립하여 창안한 것이다. 최근 젊은이들에게는 복잡하고 어려울 것 같은 무예보다는 실용성이 뛰어난 실용무술을 더욱 선호하는 것 같다. 실용무술에 속한 경호무술을 잘한다는 것은 경호환경에서 일어날 수 있는 다양한 상황변화에 인지할 수 있는 능력과 이에 따른 적용기술이 잘 짜여져 있다는 것을 의미한다. 즉, 모든 무술이 그러하듯 그 목적성에 의하여 잘 발달되어 있을 때 실용무술로서의 살아있는 실전무술이 될 수 있는 것이다. 그렇다면 경호무술을 잘 하려면 무엇부터 해야 할까 물론 우리 모두가 알고 있듯이 기본체력향상이 그 첫째가 된다. 일반구기종목의 체육과는 달리 경호무술은 다양한 기술등을 표현해야 하기 때문에 근력, 지구력증진뿐 아니라, 순발력·평형감각·유연성등을 충분히 확보되지 않으면 아무리 좋은 기술을 배우더라도 몸에 익히는 데에는 한계가 올 수 있다. 따라서, 이같은 요소들을 효과적으로 배양하는 기초가 중요하다고 할 수 있다. 모든 기술에는 응용에 편리한 기초가 있기 마련이다. 대부분의 기술등은 단순하게 짜여져 있어서 배우는데에는 쉽게 느껴진다. 그러나 반대로 쉬운 동작을 매 수련마다 반복해서 쉽게 싫증을 느끼는 경향이 있다. 일반적으로 무술을 수련하는 대부분의 수련생들이 이같은 문제로 인하여 기초를 소홀히 하는 경향이 있다. 물론 결과는 큰 차이를 나타낸다. 기초수련을 철저히한 수련생과 철저히 하지 않은 수련생과의 차이는 비교 할 수 없을 만큼 크게 나타나는 경우가 대부분이다.

필자가 수련생들에게 직접 무술지도를 하면서 느꼈던 아쉬움은 수련생들 대부분이 기술습득에만 관심이 높지 이미 배운기술을 자신의 몸에 숙달시켜 자신의 것으로 만드는 노력에는 별 관심을 보이지 않는다는 것이다. 이것은 학교공부의 주입식교육에 의하여 길들여진 습관의 영향이 아닌가 생각되기도 한다. 학교공부와는 달리 무술은 몸으로 익혀야하는 또 다른 관념이 존재한다. 그리고 높은 수준의 수련과정은 자신이 갖고 있는 인내의 한계점에서 극복해야 하는 정신적·육체적 한계와의 싸움을 하는 것이 무술이다.

2) 위급상황 대처본능 익히기

일촉즉발의 상황하에서 최단시간 내에 올바 른 선택 즉, 과감하고 현명한 최적의 판단을 내려야 하는 과감성도 요구되는 것이 경호무술인 것이다. 경호무술은 잘 짜여진 프로그램과 시스템에 의하여 전자동화된 심신의 작용을 반복된 프로그램 훈련을 통하여 의식에서 사고가 아닌 의식에서 행동으로 바로 작용하는 무술이다.

의식에서 사고하게 되는 순간 갈등요인에 노출될 수 있고, 이런 상황에서 필요·적절한 행동이 나올 확률은 크게 감소될 수밖에 없다. 무의식 상태에서의 본능이 경호대상에 대한 위험요소를 제거할 수 있는 행동으로 옮겨지도록 반복하여 자신을 프로그램화하는 것이 중요하다.

무의식 상태의 반사행동(반응)은 생활속에서 많이 경험한다. 예를들어 바늘로 손을 찔렀을 때, 뜨거운 물을 무심코 마셨을 때, 조용한 가운데 갑자기 큰 소리가 날 때 소스라치게 놀라면서 굉장히 빠른 동작으로 반응하는 경험을 해 본 적이 있을 것이다. 이런 무의식 동작은 의식적으로 움직이는 속도보다 더 빠르다는 사실을 아는 사람들은 그리 많지 않다.

이같은 신경작용을 이용하여 의식훈련을 한다면 무의식 상태에서의 행동양식을 얻을 수 있다는 사실이다. 예를들어 크게 놀란 사람은 놀라게 한 유사원인을 접하게 되면 매우 민감하게 반응하는 것을 알 수 있다. 즉, 이와같이 우리 몸에는 매우 많은 근육 또는 근육체계가 존재하기 때문에, 다양한 동작을 통하여 이완시켜 놓으면 신체적으로 가장 빨리 움직일 수 있는 속도로 자연적 반응·반사 작용을 보일 수 있게 된다.

경호무술의 완벽한 완성도를 위해서는 관념을 초월하는 것이 또한 중요하다. 예를들어 의사가 병자를 고치기 위해 수술을 한다고 할 때 의사는 부상의 환부만을 생각한다. 또한 군인은 전쟁에 나가 자신과 특별한 원한관계가 없는 상대를 향해 총의 방아쇠를 당긴다. 즉, 국가안보적 차원의 직업적 본능인 것이다.

경호무술을 잘 하려면 기술적 요소를 가미시키는 것이 아니라 경호환경에서 본능적으로 얼마나 빠르게 직업적 본능을 발휘하는가 하는 것이 더 중요하다. 경호무술은 필자가 이모든 술기들을 실무적으로 잘 적용하도록 구성·프로그램화한 무술이다.

3) 호흡과 기(氣)운용 익히기

경호무술은 호흡과 기(氣)운용등을 들 수 있다. 우리는 끊임없이 호흡을 하며 산다. 무의식 상태에서 취하는 호흡을 무술에서는 별의미가 없다. 무술은 어느 특정 순간에 또는 특정대상에 대하여 힘을 집중시켜야 한다고 할 때에는 얘기가 달라진다. 오래도록 앉아 있다가 일어날 때에나 무거운 물건을 들어 올려야 할 때는 무의식적으로 취하던 호흡을 멈추고 본능적으로 심호흡하여 크게 숨을 들이마신 후 복부에 힘을 주어 일어나거나 무거운 물건을 든다는 사실을 안다.

호흡과 행동작용은 어떤 관계에 있을까? 우리가 마시는 무색, 무취, 무형의 성질인 공기가 순간 작용케 하는 것은 무슨 원리인가? 한번쯤은 누구나 생각해 보았을 것이다. 굳이 의학적 전문 지식을 동원하지 않더라는 공기를 마시지 않으면 수분 내에 죽을 수 있다는 것은 다 아는 사실이다. 그리고 순간 호흡을 통해 근 섬유질 내의 공기 압력에 의하여 근육의 팽창을 갖게 하여 순간 근력을 높일 수 있다는 사실도 무술이나 스포츠를 해 본 사람이라면 경험적으로 모두 알고 있는 사실들이다. 어떤 동작과 호흡의 일치를 주장하기 시작한 것은 고대의 도인(導引)이나 오금희(五禽戲)등인데, 한 나라의 마왕퇴(馬王堆) 3호한묘(三號漢墓)에서 출토된 도인도(導引圖)는 특히 유명하다.

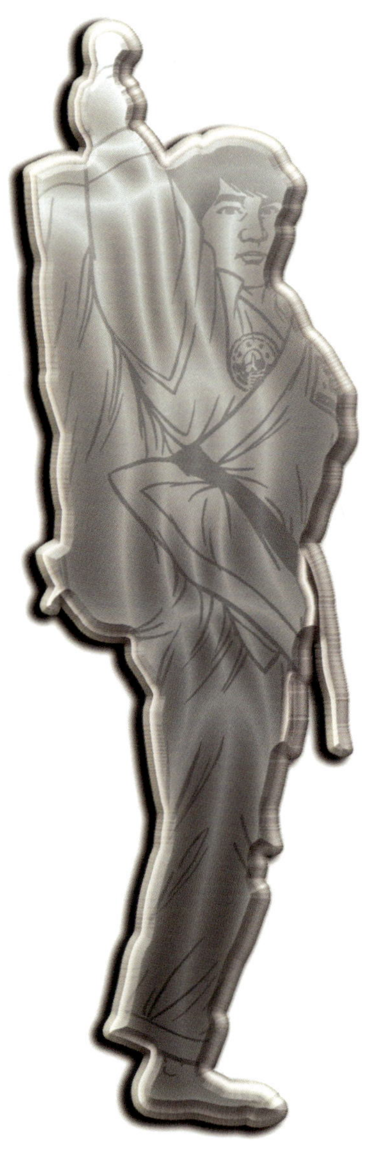

그리고 불가에서 전해 내려오는 명상 호흡법은 심신 건강을 위한 심신 수양 호흡법으로 전통적으로 이용되어온 점을 보면 아주 오래 전부터 호흡법의 중요성을 익히 알고 있었던 것으로 보인다. 인간의 신체구조와 신경구조는 언제나 평형과 균형을 이룰 수 있게 되어 있지는 않다. 교감신경, 부교감신경이 서로 끈질기게 밀고 당겨서 평형을 찾도록 노력한다. 자율 신경계나 인체 내부에 이상이 생기면 외부에서는 볼 수도, 만질 수도, 움직일 수도 없다. 그래서 약을 투여하고 침이나 뜸으로 기를 변화시켜 치료를 했으며 호흡을 조절하여 자율신경을 지시하고 지배할 수 있는 방법을 찾게 되었으니 이것이 한의학과 기공인 것이다. 이 같은 호흡에는 어떤 비밀이 숨겨져 있는 것인가? 동작과 호흡을 일치시켜서 얻을 수 있는 것은 무엇인가? 단전호흡은 몸과 정신에 어떤 영향을 주는가? 등의 현실적 효과의 의문을 갖는다. 그러나 경호무술을 보다 체계적으로 잘 배워 하려면 호흡기술을 익혀야만 한다는 사실은 분명하다.

호흡은 몸의 율동과 아주 밀접한 관계를 유지하고 있다. 즉, 몸이 빠르게 움직이면 몸안에 있는 에너지(기력)가 소진하게 된다. 이어 매우 빠르게 호흡을 하게 된다. 이러한 현상이 당연하다고 할 수도 있지만, 불필요한 몸의 율동을 유발하거나 불필요한 자세로 인하여 호흡이 불안정 할 수 있다는 것을 알아야 한다. 우리가 보통 걸음으로 걸어도 발과 팔이 호흡동작과 맞지 않을 때에는 호흡이 쉬 가빠지는 것을 느낄 수 있다. 그리고 이어 동작도 부자연스럽게 느껴지는 것을 알 수 있다. 특히 순간 동작을 취하려는 시기에 자세가 불안하면 심호흡이 유지되지 않는 것을 알수 있다. 모든 호흡은 무의식중에 취하여 지지만 결국 자세가 불안하면 호흡도 불안해 지기 때문에 필요한 기술발휘가 어렵게 된다.

따라서 불안정한 자세에서도 호흡을 자유자제로 할 수 있는 호흡법을 경호무술 수련 과정에서 같이 익히도록 노력하는 것이 중요하다. 그리고 기(氣) 에너지의 운영이다. 현대과학기술이 아무리 발전했어도 기의 실체에 대하여 뚜렷한 실체를 밝힌 바는 없다. 그러나 동서를 막론하고 기(氣)에 대한 실증적인 존재를 입증하지 못했지만 우리 인간이 지닌 오감의 인지능력으로는 감지 할 수 없지만 4차원적으로 실체가 존재 할수 있는 것으로는 대체적으로 인정한다.

전통적인 무술에서는 기에 대한 접근을 하나의 수련법으로 이해하고 있으며 그 과정의 끝을 도가 즉, 신선의 경지로 영생의 길이라 믿고 수행하기도 한다. 그러나 필자는 영생과 같이 높은 이상에 대한 욕심은 없다. 여기에서 필자가 말하려는 부분은 기(氣)의 실체라고 느낄 수 있는 체험적 수련법을 조금 소개하려는 것이다. 무술 수련은 심신을 단련시키는 일종의 행위이다. 이 같은 행위는 어느 순간 초자연적인 현상을 경험케 한다. 사람의 마음이 무심(無心), 무념(無念)의 상태에서 우주 자연에 맡겨질 때 기(氣)는 자연의 이치대로 인체와 동화되어 흐르게 된다.

예를들어 명상을 하는데 무의식 상태에서의 수분이 수시간으로 지나온것 같거나 아니면 수시간이 지난것 같은데 수초에 지나지 않는다든지 꼭 꿈에서나 경험할 수 있는 일들을 순간 경험한다. 무슨 이유 때문일까 필자는 이렇게 생각해 본다. 우리가 즐겁고 행복한 순간들은 짧게 느껴지면서 경우에 따라 아쉬움마저 느낀다. 반면에 힘들고 고통스러운 순간은 수분 또는 수초에 일어난 일인데도 엄청나게 많은 시간이 흐른 듯한 경험을 한다.

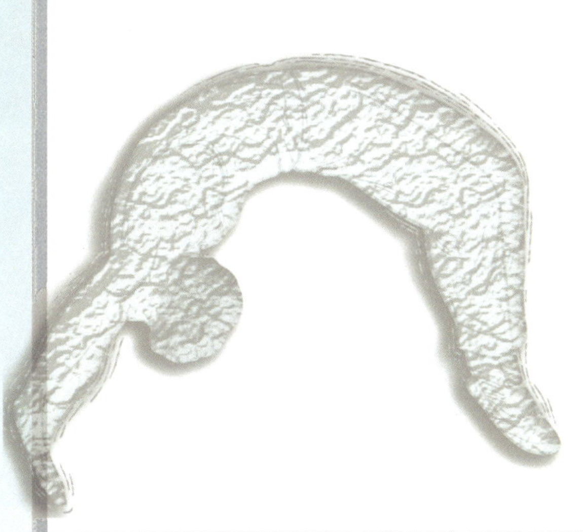

그리고 즐겁고 행복한 순간은 힘이 솟는 것을 느낄 수 있다. 그리고 반면에 힘들고 고통스러운 순간에는 힘이 빠지고 몸이 천근 만근이 된 듯한 알 수 없는 무게감에 눌린다. 이 경험은 누구나 한번쯤은 경험해 보았을 것이다. 그리고 정신이 강하다라고 하는데 정신은 물체가 아니다. 그러나 영적으로 존재하는 것이 사실이다. 이와 같이 몇 가지 사례를 들더라도 알 수 없는 그 무엇인가 존재하고 있음을 우리가 쉽게 알 수 있다.

즉, 정신이 기(氣)의 요체라고 할 수 있다. 따라서 육체가 존재하는 한 정신은 있는 것이된다. 다시 말해 정기는 우리의 육체를 단련시키고 육체는 정기를 단련시키고 생명수처럼 상호작용을 시키면서 건강하고 강하게 만들며 순간 위난시와 같은 상황에서는 일반적으로는 최소한 물리적 법칙으로는 이해 할 수 없는 일들이 일어날 수 있는 것이다. 이 같은 상황이 가능한 것은 무술이나 특별한 훈련을 통해 가능했다고 하기보다는 우리 인간 내면에 어느 순간에 작용 할 수 있는 물리적 능력이 잠재되어 있어 발휘된 것으로 보인다.

이 같은 잠재능력은 개발에 따라서 그 확률을 높일 수 있다는 것이 필자의 주장이다. 무술 수련 중 필자는 고도의 집중력을 갖기 위해 무의식 행위를 시도해 보았다. 단전호흡과 명상 등을 해 보았으며 순간 집중력을 높이기 위해 고난도의 기술을 시도해 보았다. 이 과정에서 기(氣)라고는 확신할 수 없었지만 특정한 곳으로 힘을 순간 집중할 수 있었으며 이 같은 흐름은 기(氣)의 흐름으로 이해하고 있다. 몸의 동작 역시 기와 함께 움직여 마음이 집중된 특정 신체부위에서 기와 일치되어 강한 기력(氣力)을 발휘한다. 앞으로 더 많은 무술수련을 해 보아야 알겠지만 무술수련의 기술적 요소를 넘어 초보적인 수련단계에 접어든 것이 이것이 아닌가하여 소개한 것이다. 아마도 여러분들 중에서 이미 경험한바가 있는 사람도 있었을 것이다. 그리고 경험한 적이 없는 분이라도 필자가 한 대로 따라한다면 언제든지 경험할 수 있을 것이라 생각한다. 바로 이런 형태를 체계적으로 정리한 것이 경호무술이며 수련단계의 '본(本)' 의 형태이다

'본' 은 '본 받다' 라고 할 때의 '본' 과 같은 뜻이다.
보다 유리한 기술의 기본적인 형태와 용법을 익힌다. 여기서 기술의 형태란 그 기술을 쓰는데는 기본이 있고, 이 기본은 경험주의에서 기인한 것으로 상대방의 움직임에 반응을 위한 정확한 자세와 감각, 적절한 종류의 힘을 올바르게 쓸 수 있는 움직임을 말한다. 바꾸어 말하면, 본을 반복 숙달함에 따라 쓸모 없는 동작을 자연스럽게 버릴 수 있다는 뜻이기도 하다.

끝으로, 경호무술은 호신의 상대성이 아닌 호위의 상대성이다. 행위작용이 직접 전달되어지지 않기 때문에 아무리 좋은 무술이라고 해도 실제로 그 기술을 쓸 수 있는 상황으로 끌어들이는 법을 모르면 아무리 좋은 경호무술 기법을 가지고 있어도 소용이 없다. 즉, 경호환경에서는 심리적 변수에 따른 고도의 전술적 요소를 포함하여 무술을 익히지 않으면 안된다.

17 경호무술을 잘하는 법 12가지

(1) 경호환경과 경호실무(기법)를 이해하고 시작하라

(2) 무술 수련은 가능한 매일 하라(4시간 이상)

(3) 기초체력을 길러라(근력, 지구력, 순발력)

(4) 기본기술을 철저히 하라

(5) 호흡법을 잘 익혀라

(6) 기 운행법을 익혀라

(7) 심리전과 전술적 요소를 겸하라

(8) 의식을 행동으로 옮길 수 있도록 무의식화하라

(9) 실전능력을 갖도록 모든 상황에 대한 프로그램을 시스템화하라

(10) 고도의 집중력을 익힐 때에는 외부로부터 방해받지 않는 장소를 선택하라

(11) 한 단계 수준을 높일 때에는 평소수준의 3배로 수련에 임하라

(12) "심신한계수준의 강화 수련법은 자신을 이기는 법을 터득하는 원천이다." 익히기

18 경호무술의 수련단계

경호무술의 수련단계는 기초체력강화단계, 기초기술연마단계, 응용기술연마단계, 무기사용기술연마단계 등 총 4단계의 수련단계로 이루어진다. 물론, 각 단계는 수준별로 요구되는 정신집중력강화수련도 병행된다. 기술체계의 수련단계는 기본을 배운 후 혼용기술을 배운다. 그다음으로는 응용기술을 배우고 그다음은 기술간 결합기술을 배운다.

19 경호무술 원복

원복을 입는다는 것은 몸에 걸친다는 의미이지만 단순히 입는다는 의미만 있는 것은 아니다. 경호무술이 갖고 있는 생명존중의 이념과 생명보존의 사상 그리고 사회 윤리와 도덕적 관념을 함께 입는다는 의미가 있으며 자신의 자아실현을 위한 이상과 현실에서의 심신의 건강을 위한 수련원복을 입는다는 복합적인 목적이 함께 있다고 할 수 있다. 따라서 원복을 입고, 접는 전 과정이 모두 경호무술의 수련과정으로서 바르게 입고 접는것이 중요하다.

1) 원복입기(입는 순서 설명)

하의를 입고 상의를 입는다. 그리고 왼쪽의 깃이 오른쪽 깃 위로하여 겹처 두르고, 띠를 돌려 매는데, 띠를 반으로 접은 중앙을 배꼽 위치에 대고 뒤로 돌리는데 이때 왼쪽으로 돌린 띠가 오른쪽으로 돌린 뒤 위로하여 교차시켜 앞으로 돌린 다음 다시 왼쪽으로 돌린띠가 위로하여 먼저 돌려진 띠를 겹쳐 아래 끝부분을 잡고 힘차게 양쪽으로 당겨 매듭을 단단히 하여 풀리지 않도록 원복을 입는다.

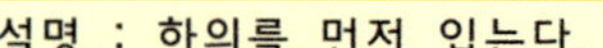

설명 : 하의를 먼저 입는다.

설명 : 상의를 입는다.

설명 : 오른쪽 깃을 왼쪽깃 안으로 넣는다.

설명 : 오른쪽 깃위로 돌려 겹친다.

설명 : 띠 중간을 명치 부분에 위치한후

설명 : 좌우로 뒤로 돌려 앞으로 한다

설명 : 왼쪽띠가 오른쪽 띠 위로 올려 안으로 맨후

설명 : 좌우수로 띠의 양끝을 잡아 힘껏 당긴다.

설명 : 뒤쪽은 그림과 같이 엇갈려 돌린다.

2)원복개기(접는 순서 설명)

원복상의를 먼저 앞부분이 보이도록 바닥에 바르게 편다음 양깃을 바르게 겹쳐 끝깃을 일치시킨 다음 양팔깃을 안으로 수평되게 겹쳐 접는다. 다음으로는 하의를 옆으로 겹쳐 접은 다음 기장을 반으로 다시 접고 다음으로 접힌 무릎 부위가 상의 팔접힌 부위 중앙에 겹쳐 놓은 다음 상의 몸통 양부위를 하의 중앙 위치로 접어 겹치게 한 다음 다시 반으로 접는다. 그리고 측면으로 돌려 상하를 반으로 접어 겹쳐 띠를 돌려 매는데 이때 띠를 반으로 접어 두줄로 겹친 다음 줄 중앙을 원복 가운데에 일치 시킨 다음 뒤로 돌려 앞으로 맨다.

院 復
(원 복)
「생명·안전·평화를
담은 원복」

Ⅱ. 경호무술(警護武術) 체계(體系) 정립(定立)

경호무술(警護武術) 연구 체계(體系)

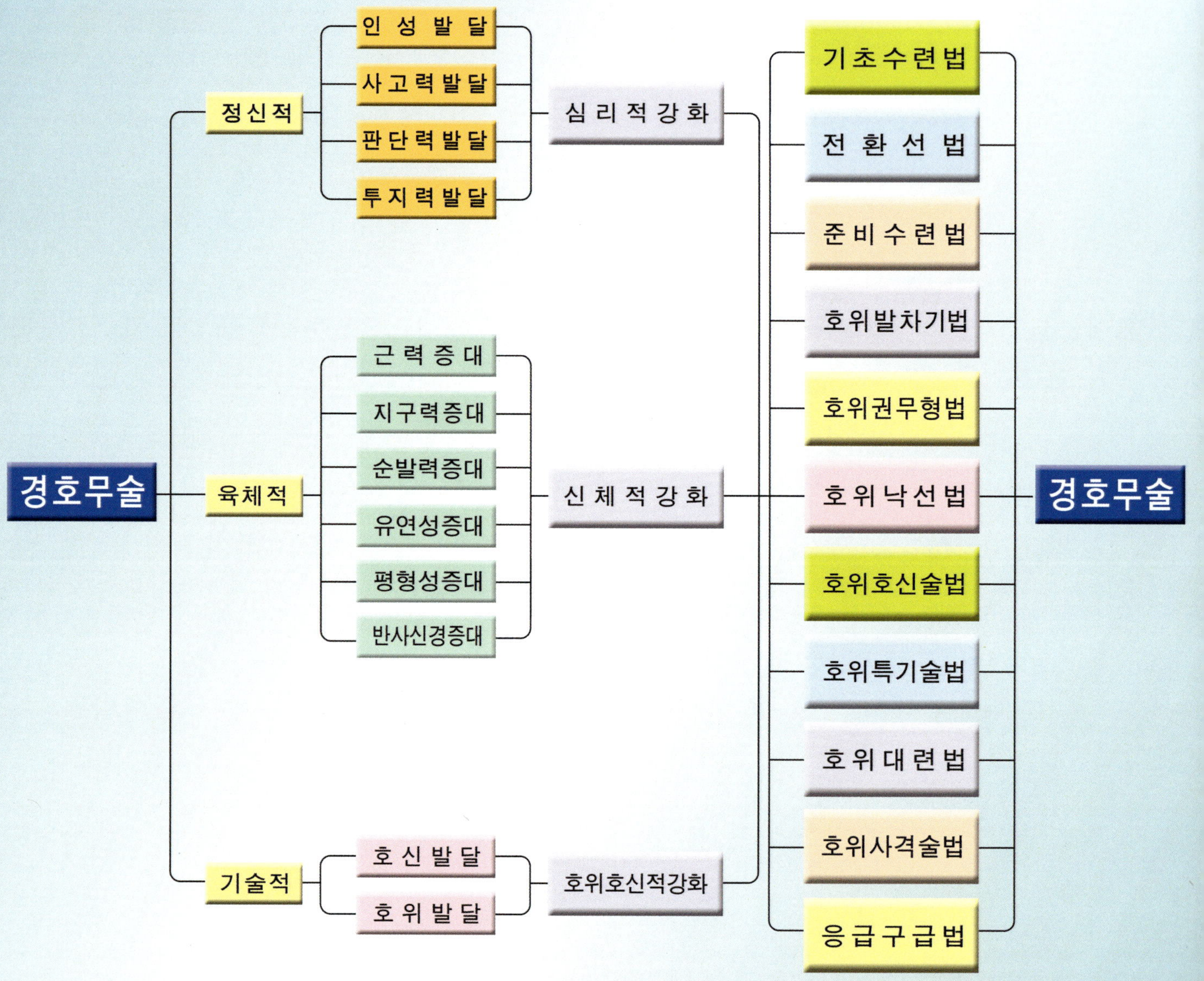

- 경호무술
  - 정신적
    - 인성발달
    - 사고력발달
    - 판단력발달
    - 투지력발달
    - → 심리적강화
  - 육체적
    - 근력증대
    - 지구력증대
    - 순발력증대
    - 유연성증대
    - 평형성증대
    - 반사신경증대
    - → 신체적강화
  - 기술적
    - 호신발달
    - 호위발달
    - → 호위호신적강화

심리적강화 · 신체적강화 · 호위호신적강화 →

- 기초수련법
- 전환선법
- 준비수련법
- 호위발차기법
- 호위권무형법
- 호위낙선법
- 호위호신술법
- 호위특기술법
- 호위대련법
- 호위사격술법
- 응급구급법

→ 경호무술

<< 경호무술 >>

경호무술의 수련체계는 자신을 포함하여 경호대상을 호위하기 위한 여러형태의 기법이 동원되어야 하는 특징과 경호환경에 대한 위해 수단 및 수준등에 의하여 고도의 수련과정이 요구되기 때문에 정신적, 기술적 요소를 기초로 수족 및 각종 무기를 이용해 경호대상을 효과적으로 호위할 수 있도록 수련체계를 정립해 만들어 놓는 것이 경호무술체계이다.

1 기초수련법(基草修鍊法) 체계(體系)

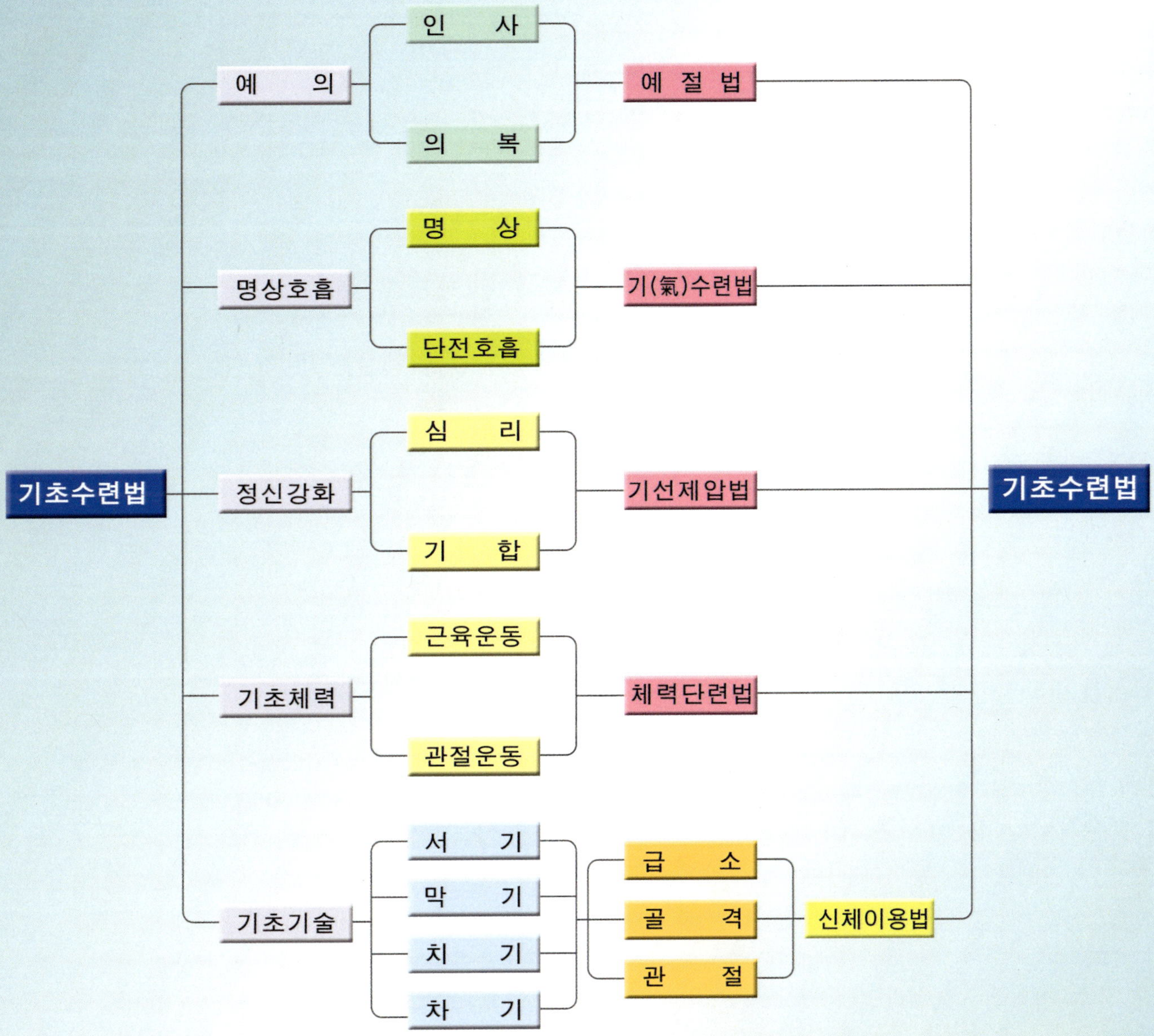

- 기초수련법
  - 예 의
    - 인 사
    - 의 복
    - → 예 절 법
  - 명상호흡
    - 명 상
    - 단전호흡
    - → 기(氣)수련법
  - 정신강화
    - 심 리
    - 기 합
    - → 기선제압법
  - 기초체력
    - 근육운동
    - 관절운동
    - → 체력단련법
  - 기초기술
    - 서 기
    - 막 기
    - 치 기
    - 차 기
    - → 급 소 / 골 격 / 관 절 → 신체이용법
- → 기초수련법

<< 기초수련법의 종류 >>

1. 예절훈련법
2. 명상훈련법
3. 단전훈련법
4. 정신강화훈련법
5. 기초체력강화훈련법
6. 기초기술연마훈련법
7. 신체이용훈련법

<< 기초수련법 >>

경호무술을 수련하는데에는 여러가지 목적성을 갖는다. 예를 들어 인성교육, 신체 및 정신적요소, 기술적요소 발달 등이 대표적이라고 할 수 있는데, 이같은 목표를 위해 기본요소를 포함시켜 기초체계를 만들어 놓는 것이 기초수련법이다.

2 전환선법(前換旋法) 체계(體系)

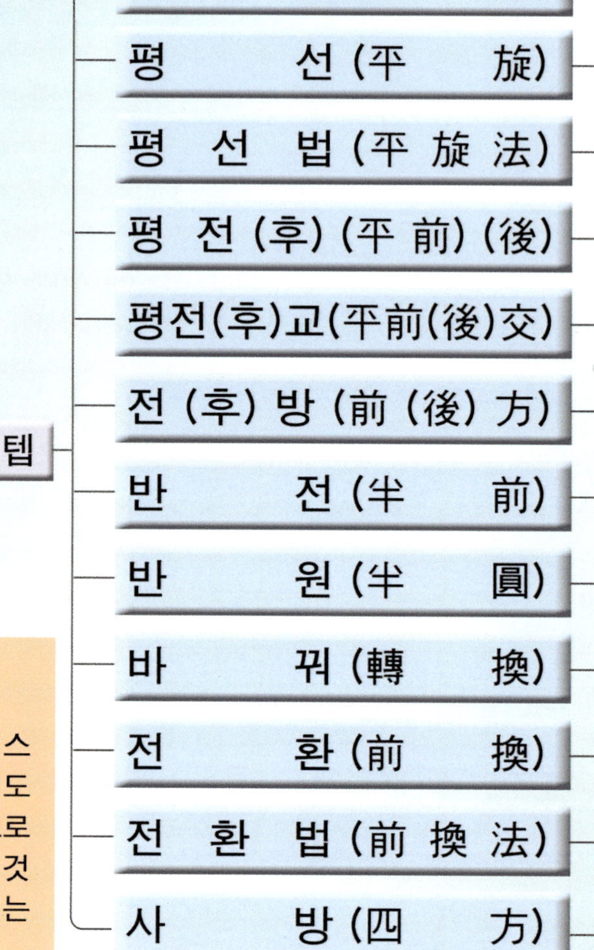

<< 전환선법 >>

전환선법은 발의 움직임 즉, 스텝의 체계로서 고서 문헌에서도 찾아볼 수 없는 필자가 처음으로 60여개의 동작으로 체계화한 것이다. 경호 무술의 근간이 되는 것이라 할 수 있다.

<< 전환선법의 종류 >>

1. 평교
2. 평교앞전환
3. 평교뒷전환
4. 평전(전방)
5. 평후(후방)
6. 평전교(A형)
7. 평전교(B형)
8. 평후교(A형)
9. 평후교(B형)
10. 평좌교(A형)
11. 평좌교(B형)
12. 평우교(A형)
13. 평우교(B형)
14. 대각평전(후)
15. 대각반원바꿔앞전환(B형)
16. 대각앞반원바꿔뒷전환
17. 대각평후앞반원바꿔뒷전환
18. 대각평후앞반원바꿔앞전환
19. 대각평후앞반원바꿔앞전환
20. 후방대각평후
21. 후방대각앞반원바꿔뒷(앞)전환
22. 대각반원 뒷전환 앞반원 바꿔 앞전환
23. 평선(A형)
24. 평선(B형)
25. 반앞전환
26. 반뒷전환
27. 후방반앞전환
28. 후방반뒷전환
29. 반원앞전환(A형)
30. 반원앞전환(B형)
31. 반원뒷전환
32. 반원뒷전환평선
33. 앞반앞전환
34. 앞반뒷전환
35. 앞반원앞전환
36. 앞반원뒷전환(A형)
37. 앞반원뒷전환(B형)
38. 반원바꿔앞전환
39. 반원바꿔앞전환평선
40. 앞반원바꿔앞전환
41. 앞반원바꿔앞전환평선
42. 전방반원앞전환
43. 전방반원뒷전환
44. 후방반원앞전환
45. 후방반원뒷전환
46. 전방반원바꿔앞전환
47. 전방앞반원바꿔앞전환
48. 후방반원바꿔앞전환
49. 후방앞반원바꿔앞전환
50. 후방앞반원바꿔앞전환후방반원앞전환
51. 전환법
52. 전환선법
53. 전진전환법
54. 좌우전진전환선법
55. 4방전환법(A형)
56. 4방전환법(B형)
57. 4방전환법(C형)
58. 8방전환법
59. 좌우전환법
60. 평후전법

3 준비수련법(準備修鍊) 체계(體系)

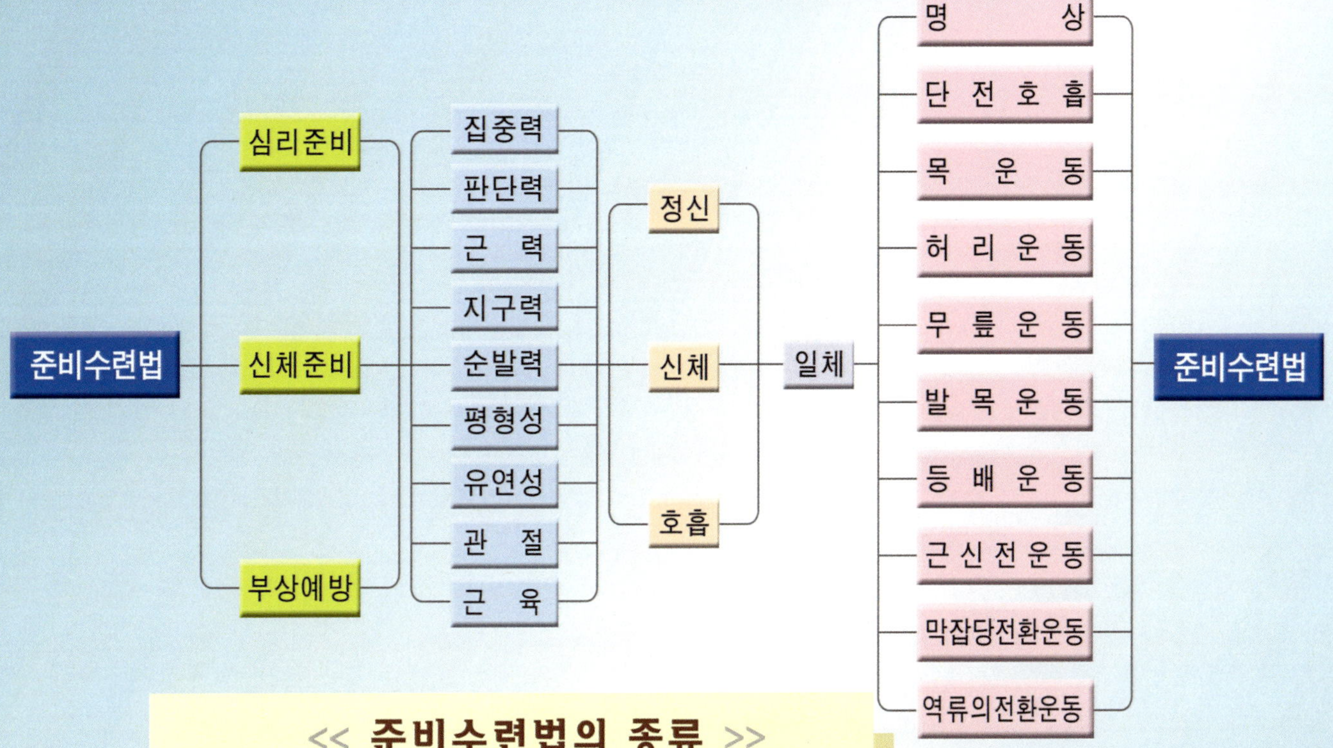

<< 준비수련법의 종류 >>

1. 묵념(명상)
2. 단전호흡법
3. 무릎돌려주기
4. 무릎굽혀주기
5. 좌우무릎잡고 다리짧게 벌려 눌러주기
6. 좌우무릎잡고 다리길게 벌려 눌러주기
7. 허리굴신 등배운동
8. 양손내려 올려 허리 돌려주기
9. 좌우몸통 돌려 손끝 찍어주기
10. 허리잡고 허리수평 돌려주기
11. 다리교차 벌려주기
12. 옆으로 다리 벌려 앞가슴 대주기
13. 양다리 모아 앞가슴 대주기
14. 발목관절 돌려 주기
15. 족도잡고 무릎관절 펴주기
16. 반누워 상단 옆 차 지르기
17. 팔짱끼고 무릎 꿇고 누워 몸통 좌우 돌려주기
18. 무릎펴고 코 지면에 닿도록 밀어주기(머리들어 버티기)
19. 등배신전운동
20. 막잡당 전환법
21. 해제부 역류법
22. 마무리 호흡

<< 준비수련법 >>

경호무술은 무술수련의 효과를 극대화하고 준비 부족으로 인한 신체부상을 예방하기 위한 근신전운동, 관절운동, 단전호흡 및 명상등으로 짜여진 준비수련법을 체계화한 것을 말한다.

4 호위발차기법 체계(體系)

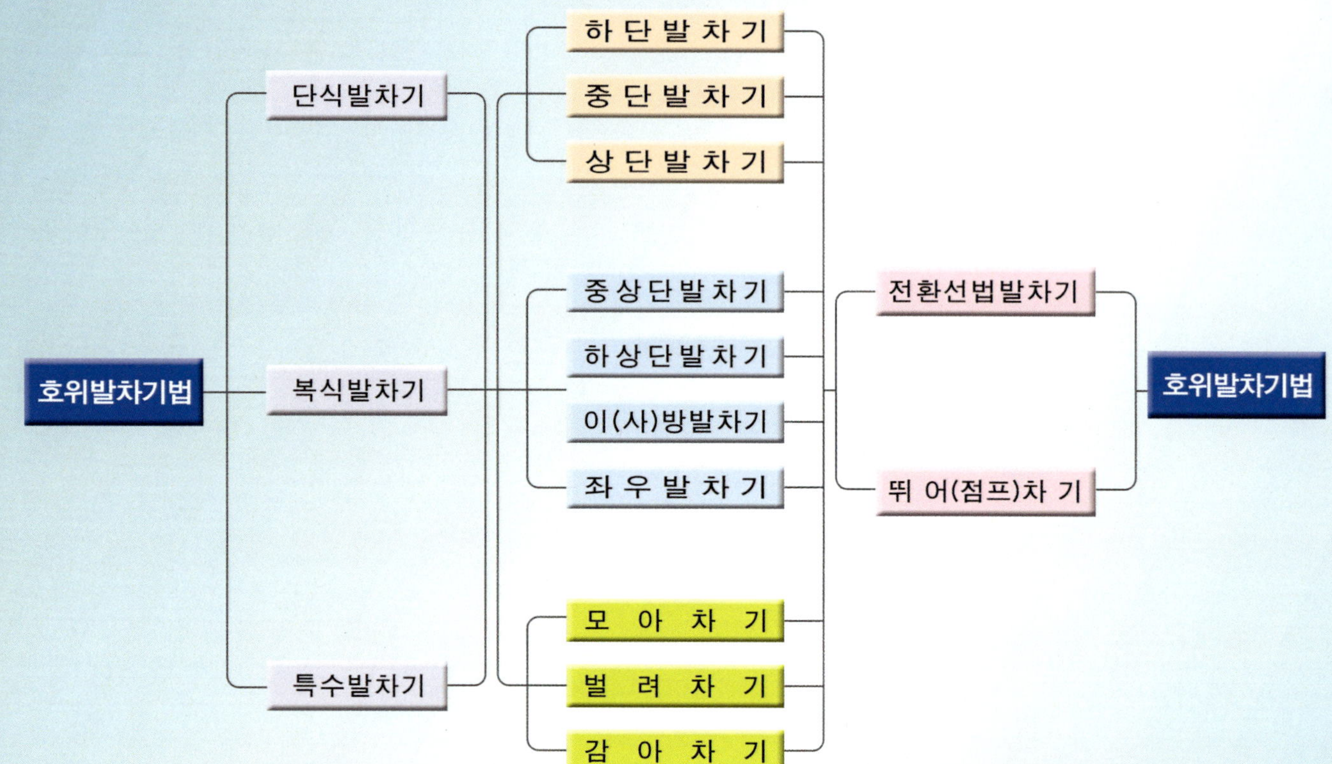

<< 호위발차기의 종류 >>

1. 단식발차기법
2. 복식발차기법
3. 이(사)방발차기법
4. 하단발차기법
5. 특수발차기법
6. 전환선법발차기법
7. 호위발차기법
8. 응용발차기법

<< 호위발차기법 >>

공격자가 경호대상을 목표로 한 공격이 이루어지는 상황에서 비교적 손이 닿지 않는 원거리 위치시 공격과 방어의 반경이 손보다 넓은 발을 이용한 발차기가 보다 더 유용할 것이다. 이때 경호대상의 몸통을 가로막으며, 공격하는 공격자를 초기에 제압시킬 수 있도록 고안된 여러 형태의 발기술로 단식발차기, 하단발차기, 복식발차기, 특수발차기, 전환선법발차기, 호위발차기등의 단계로 수련할 수 있도록한 호위발차기 체계이다.

5 호위권무형법 체계(體系)

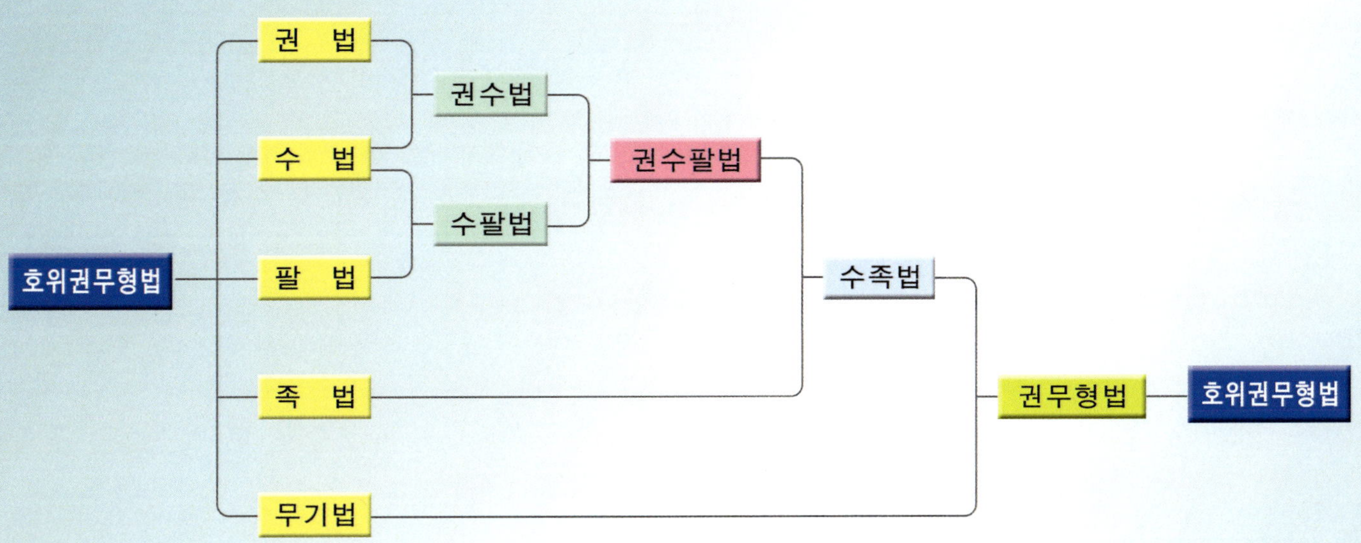

<< 호위권무형법의 종류 >>

1. 권법 - 기본 - 전진 - 전후 - 4방 - 8방 - 좌우전진, 응용권법
2. 전환선법권법 - 수족무형 - 무기형법
3. 수족무형법 - 수족 - 족수 - 수족수 - 족수족
4. 무기형법 - 봉 - 검 - 급조
5. 응용권법 - 수족 - 무기

<< 호위권무형법 >>

경호대상에 대한 위협이 동시 다발적이고 계속성있게 이루어지고 있을 때 주먹, 손날, 팔꿈치, 발부위 등으로 공격자에 대한 방어와 동시에 공격하는 기술로 손만을 이용하는 방법과 무기를 이용하는 방법, 수족을 동시에 이용 하면서 경호대상을 중심으로 안전을 확보하면서 취하는 공방기술로 체계화된 호위권무형법 기술체계이다.

6 호위 낙선법 체계(體系)

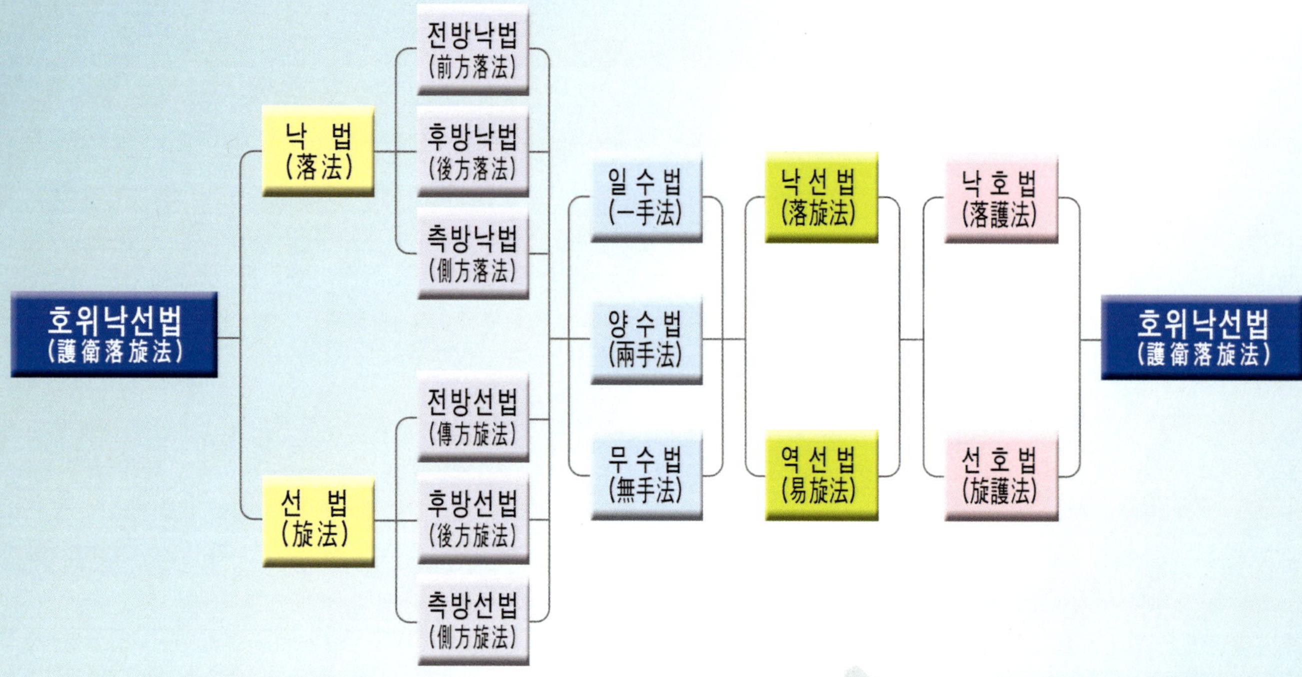

<< 호위낙선법의 종류 >>

1. 전방낙법(점프)
2. 후방낙법(점프)
3. 측방낙법(점프)
4. 전방양수낙선법(점프)
5. 전방양수낙선측법(점프)
6. 전방일수낙선법(점프)
7. 전방일수낙선측법(점프)
8. 후방양수선법
9. 후방일수선법
10. 무수선법
11. 전방낙호법
12. 후방낙호법
13. 측방낙호법
14. 전방선호법
15. 후방선호법
16. 측방선호법
17. 전방호위낙선법
18. 후방호위낙선법
19. 측방호위낙선법
20. 호위무수선법
21. 응용낙선법

<< 호위낙선법 >>

자신이나 경호대상이 외부의 충격이나 충격 직전의 상황에서 안전하게 지면에 착지 또는 유도하거나 신속히 일어나 안전한 장소까지 이탈하여 신체 및 생명을 보호하는 기술로 체계화된 것을 호위낙선법이라고 한다.

7 호위호신술법 체계(體系)

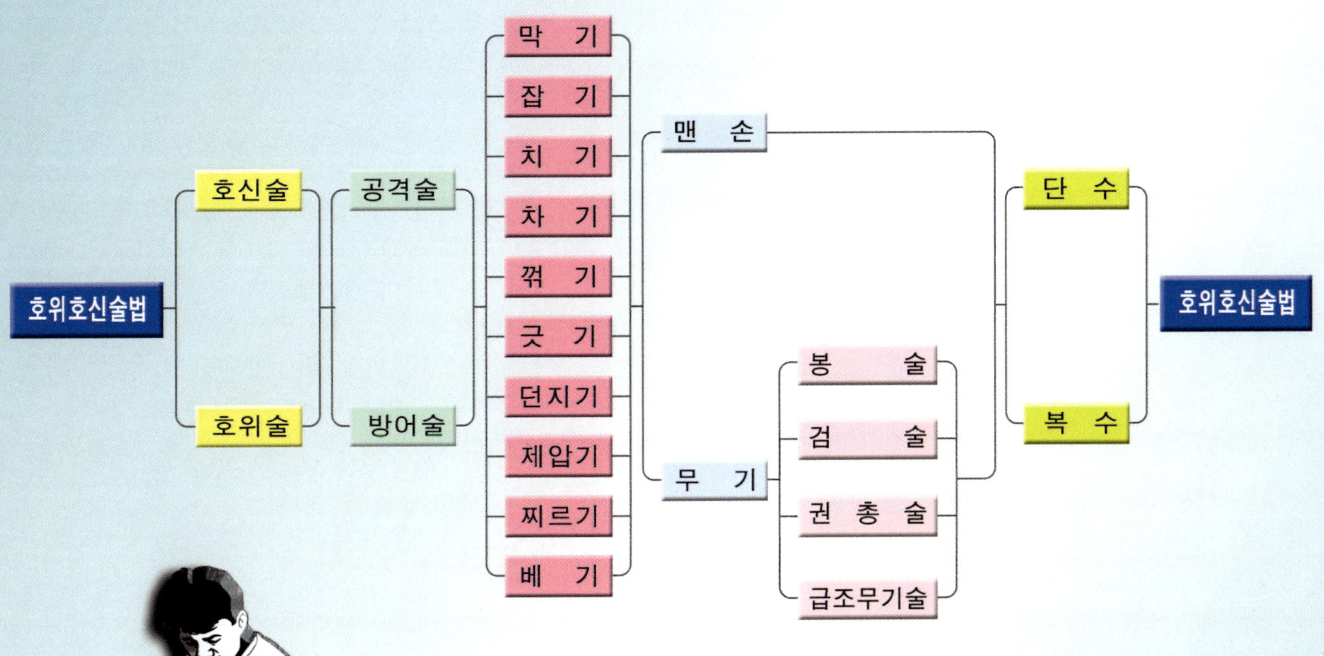

<< 호위호신술법 >>

공격자가 수족 및 무기등을 이용 경호대상에 대하여 신체 및 생명을 위협하려는 순간 치기, 차기, 꺾기, 던지기, 긋기 또는 무기등을 이용 상대를 제압 무력화 시켜 자신을 포함하여 경호대상을 보호하는 호위호신술 체계이다.

<< 호위호신술법의 종류 >>

1. 막기법
2. 치기법
3. 차기법
4. 잡기법
5. 꺾기법
6. 긋기법
7. 던지기법
8. 제압법
9. 제압해제술법
10. 무기제압방어술법
11. 급조무기제압방어술법
12. 호위술법
13. 호위해제술법
14. 응용호위호신술법

8 호위 특기술법 체계(體系)

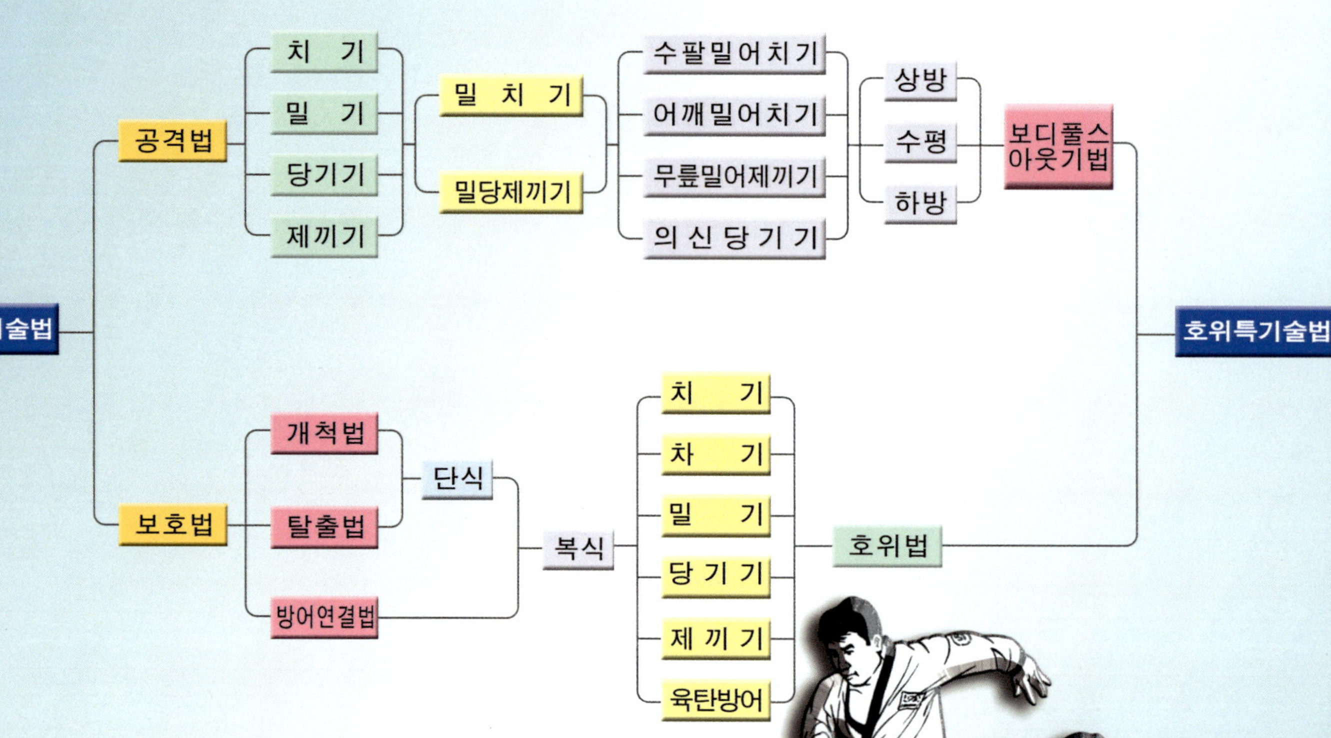

호위특기술법의 종류 >>

1. 일수밀치기법
2. 양수밀치기법
3. 수팔밀치기법
4. 수팔제끼기법
5. 무릎밀치기법
6. 무릎제끼기법
7. 어깨밀치기법
8. 의신당기기법
9. 개척법(위난극복법)
10. 탈출법(긴급피난법)
11. 연결법(인벽구축법)
12. 응용특기술법

<< 호위특기술법 >>

호위호신특기술은 일반적인 호신술과는 달리 상대방을 제압하는 것이 아니라 저지하는 수준에서 보디풀스아웃기법과 같은 테크닉을 이용하는 것이다.

상대방에게 과도한 통증이나 상처를 주지 않으면서 자연스럽게 경호대상의 신체보호 및 행동반경을 확보하는 특기술등을 말한다.

9 호위대련법 체계(體系)

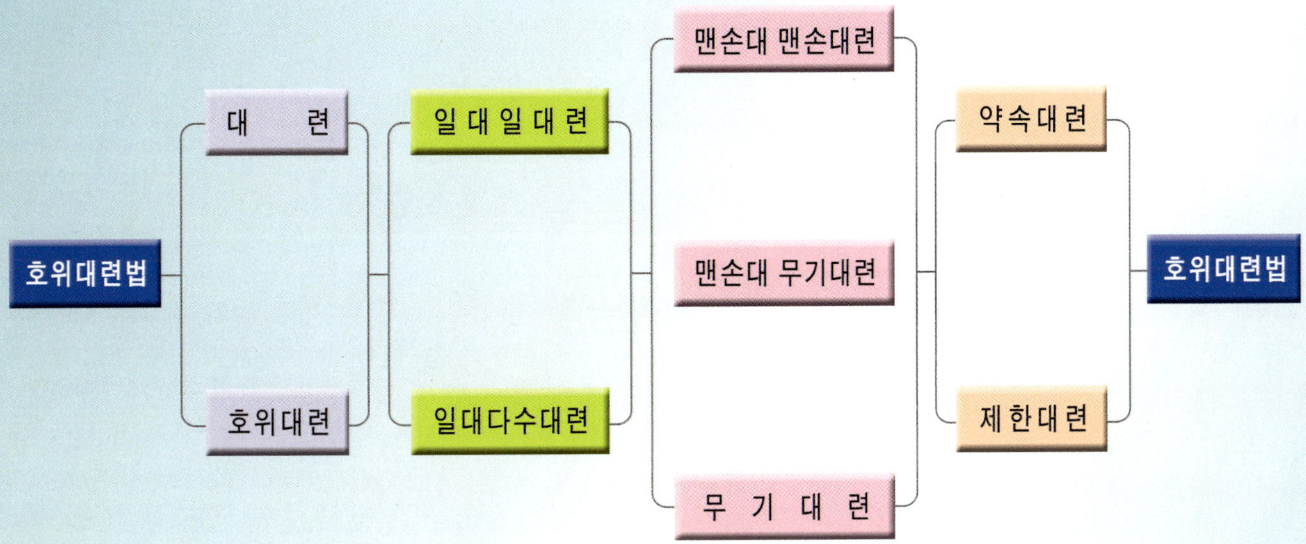

<< 호위대련법의 종류 >>

1. 일대일 대련법
2. 일대 다수 대련법
3. 무기대련법
4. 약속대련법
5. 제한대련법
6. 호위대련법
7. 호위무기대련법
8. 응용대련법

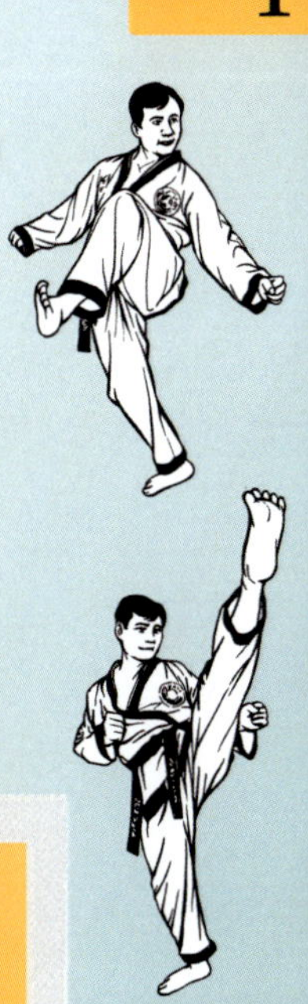

<< 호위대련법 >>

다양한 경호무술 체계를 통해 익힌 기술을 실무환경에서 적용되도록 하는 가장 효과적인 수련법의 하나로 일대일, 일대다수, 맨손대 무기, 무기대무기, 호위대련 등의 단계로 수련단계를 높여 최적의 실무능력을 배양하도록 체계를 만든 것이 호위대련 체계이다.

10 호위 사격술법 체계(體系)

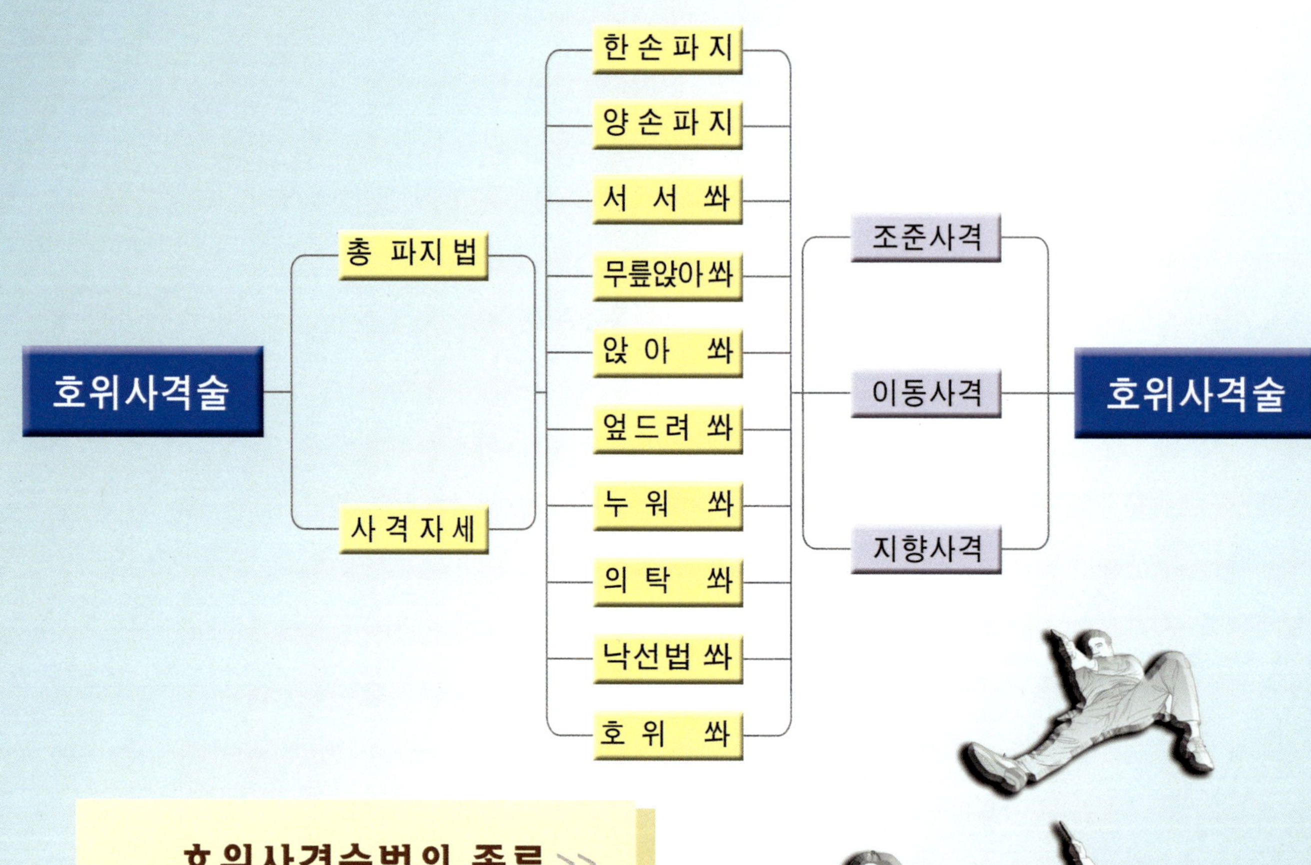

호위사격술법의 종류 >>

서서 사격법
무릎앉아 사격법
앉아 사격법
엎드려 사격법
누워 사격법
의탁 사격법
낙선법 사격법
호위 사격법
응용 사격법

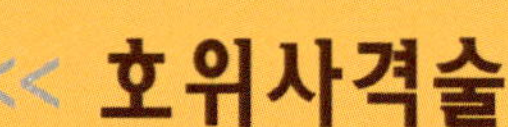

<< 호위사격술 >>

총 사격술은 현대적 위협수단에 대응하기 위하여 매우 중요한 호신장비라고 할 수 있다. 또한 옛날에는 투창이나 활 등의 위협수단에서 현대적으로 발전된 것이 총이라고 할 수 있다. 이같은 총을 현대적 경호환경에서 크게 위협수단으로 이용되고 있으며, 반대로 총을 이용해서 경호대상을 호위하는 호신장비로도 이용되는 것이 오늘날의 경호환경이기 때문에 총의 제원 및 사격(사격법)자세등을 익힐 수 있도록 한 것이 호위사격술법이라고 할 수 있다.

11 응급 구급법 체계(體系)

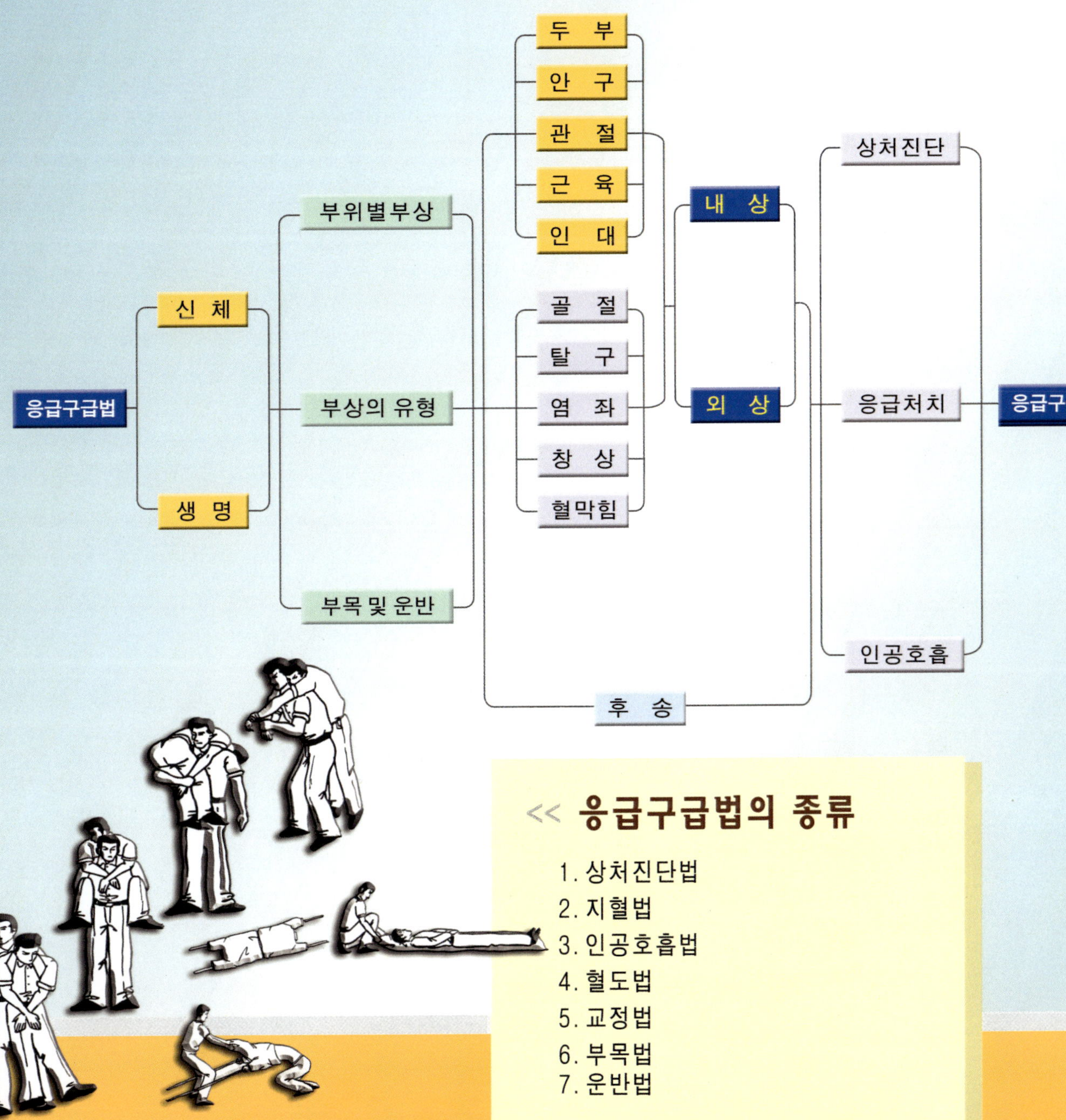

응급구급법의 종류

1. 상처진단법
2. 지혈법
3. 인공호흡법
4. 혈도법
5. 교정법
6. 부목법
7. 운반법

응급구급법

경호무술수련단계 및 실무환경에서 일어날 수 있는 부상에 대하여 신체 및 생명 위협으로부터 보호하는 방법을 말하는 것으로서 옛무인들은 활법이라하여, 사람을 소생시키는 방법등을 살법과 동시에 익혔다고 한다. 오늘날에서는 응급구급법이라하여 근육손상, 탈골 및 탈구 치유법 및 심폐소생술등을 익힌다. 아울러 전통적인 활법으로 기혈 및 기혈점을 풀어 기를 회복시키고 신체 교정법등을 통해 틀어진 골격을 교정하거나 근육등을 바로잡아 주는 비술등을 응급구급법이라고 한다.

장명진
경무술

1) 수팔치기 기술체계

TRAININGSTEP

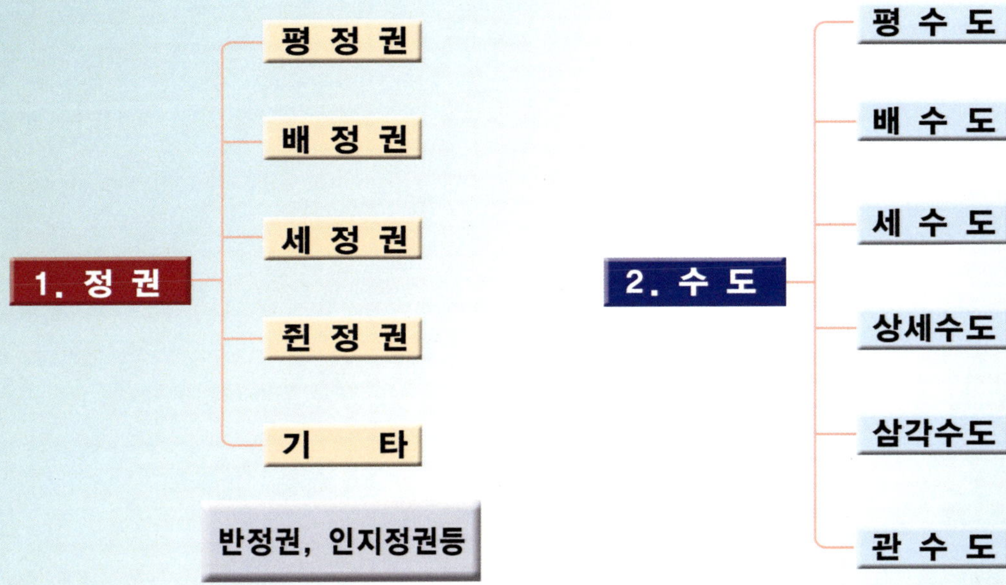

- 3. 손목장
  - 손 목 장(굽)
  - 내 손 목 굽
  - 외 손 목 굽
  - 내 손 목 굽 장
  - 외 손 목 굽 장
  - 쥔 손 목 굽 (장)
- 4. 팔목장
  - 평 팔 굽 (장)
  - 배 팔굽 (장)
  - 외 팔굽 (장)
  - 세 팔 굽 (장)
  - 삼각팔굽(장)
  - 팔 굽 장

2) 호위발차기 기술체계

TRAININGSTEP

- 단식발차기법 — 중, 상
- 하단발차기법 — 하
- 복식발차기법
  - 일족복식발차기
  - 좌우족복식발차기
  - 이방복식발차기
    - 이방전측복식발차기
    - 이방전후복식발차기
    - 이방전측좌우족복식발차기
    - 이방전후좌우족복식발차기
    - 이방좌우측좌우족복식발차기
  - 사방복식발차기
  - → 상, 중, 하
- 특수발차기법
- 전환선법발차기법
- 호위발차기법
  - → 상, 중, 하

3) 호위권무형법 기술체계

TRAININGSTEP

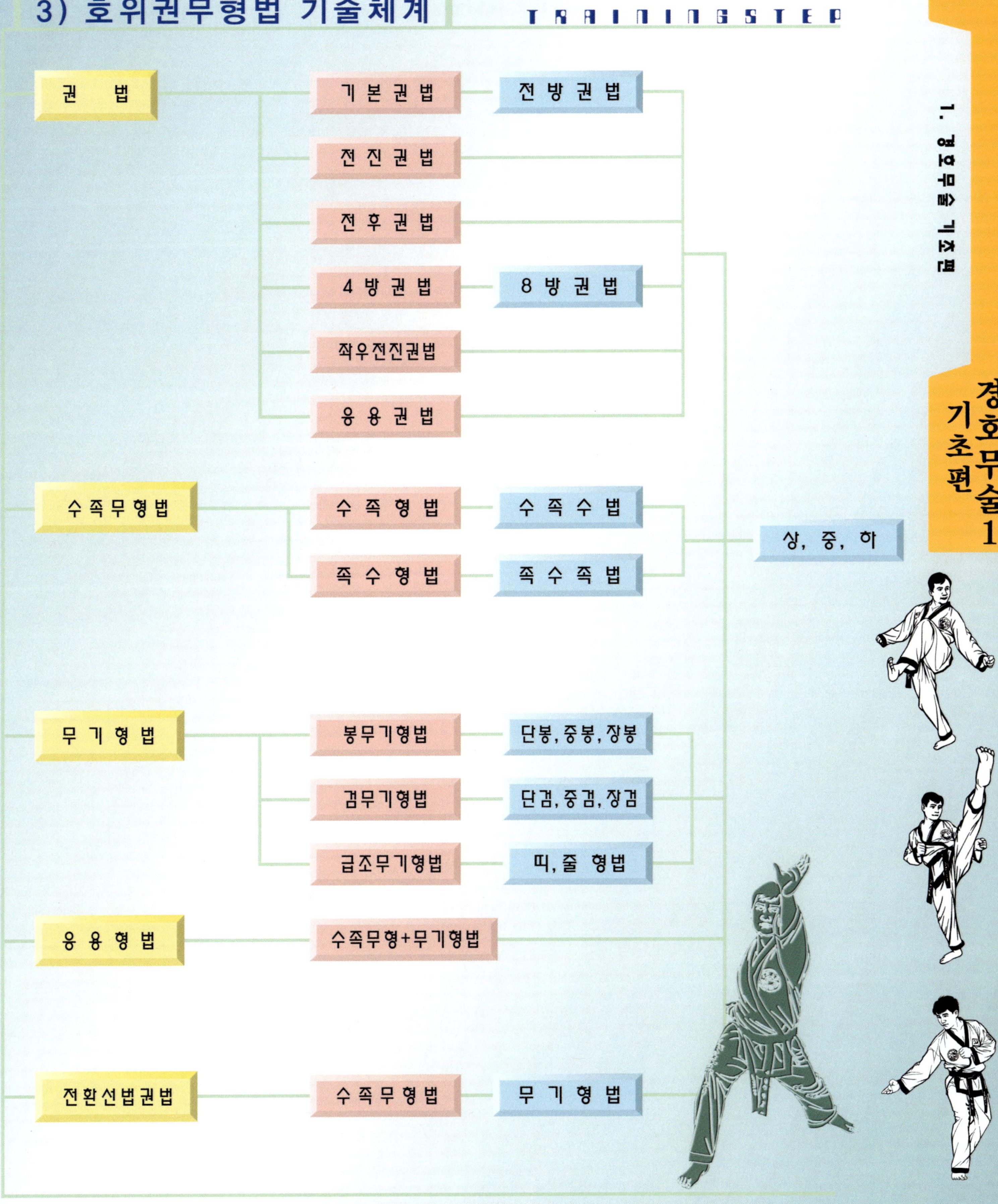

4) 호위호신술법 기술체계

TRAININGSTEP

- 호신술기초기술자세
  - 맨 손
    - 잡 기
    - 치 기
    - 차 기
    - 꺾 기
    - 던지기
    - 막 기
    - 무기막기
  - 무기공격법
    - 봉공격
      - 단 봉
      - 중 봉
      - 장 봉
    - 칼(검)공격
      - 단 검
      - 중 검
      - 장 검
    - 총공격
      - 탈취법
      - 치 기
      - 차 기
- 제 압 술
  - 머리, 목제압
  - 손팔제압
  - 다리제압
  - 몸통제압
  - 혼용제압
- 호신술기본15수
- 수족공격시
  - 잡혔을 때
    - 일수로 잡혔을 때
    - 양수로 잡혔을 때
    - 안겨서 잡혔을 때
    - 앉아서 잡혔을 때
    - 누워서 잡혔을 때
    - 엎어져서 잡혔을 때
    - 업어치려 할 때
  - 치려할 때
  - 차려할 때

- 무기공격시
  - 봉공격시
  - 검(칼)공격시
  - 총공격시
- 제압해제술
  - 기초해제술
  - 수팔기초해제술
- 호위호신술
  - 경호대상을 잡고 있을 때
  - 경호대상을 수팔로 치려할 때
  - 경호대상을 발로 차려할 때
  - 경호대상을 검(칼)로 공격할 때
  - 경호대상을 봉으로 공격할 때
  - 경호대상을 권, 소(총)으로 공격할 때
  - 경호대상을 투척물로 공격할 때
  - 경호대상을 제압하고 있을 때
- 팀웍호위술
  - 호위호신술
    - 보행시
    - 회의시
    - 차량경호시
- 급조무기공격술
  - 급조무기
  - 공격기술

5) 호위특기술법 기술체계

TRAININGSTEP

- 무증공법
  - 수팔 밀치기
  - 수팔 밀어치기
  - 수팔 걸어제끼기
  - 수팔 당겨치기
  - 어깨 밀어치기
  - 무릎 걸어제끼기
- 호위잡기법
- 탈출해제법
- 진로개척법
- 연결방어법
- 육탄방어법

6) 호위낙선법 기술체계

TRAININGSTEP

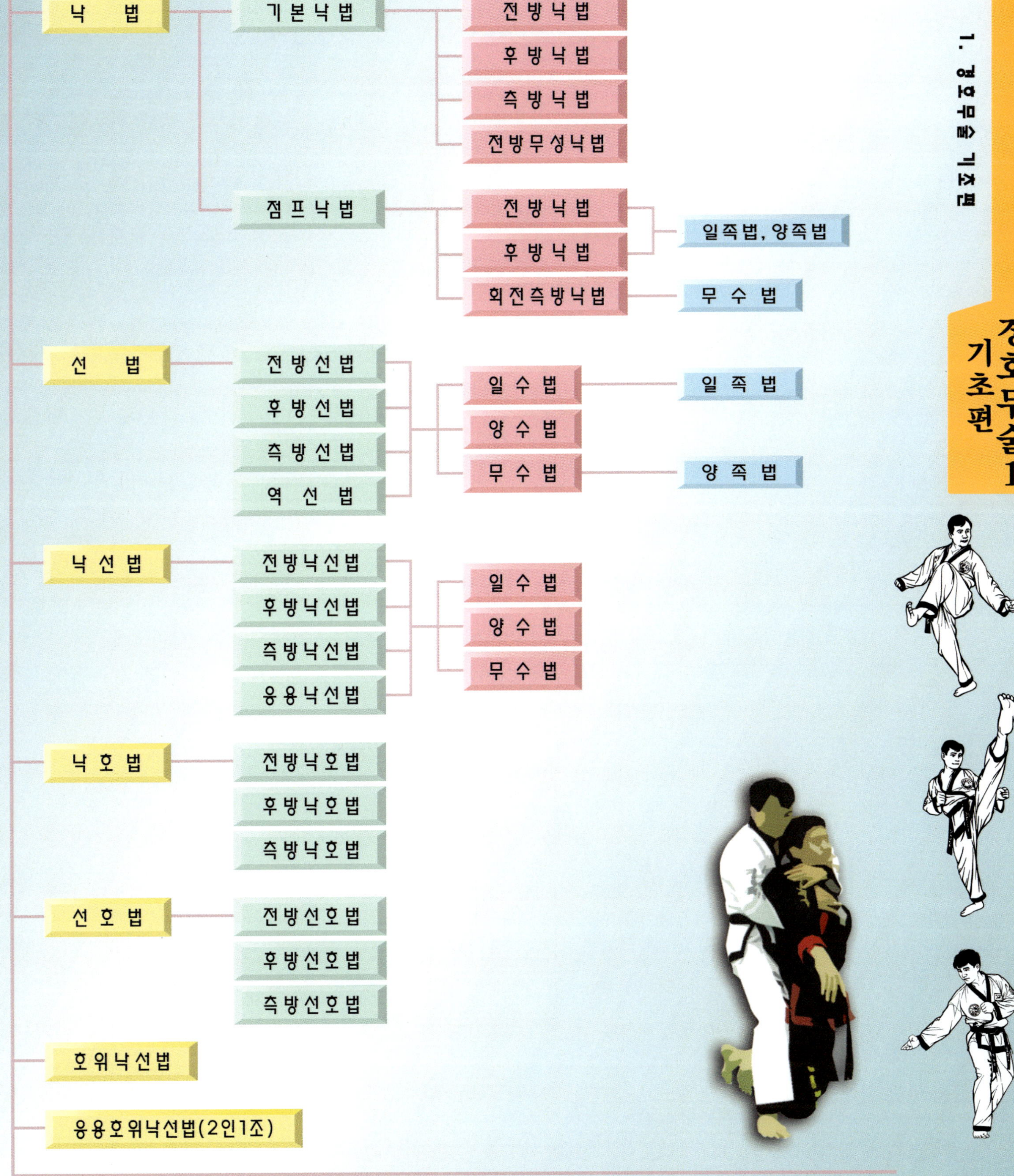

7) 호위대련법 기술체계

TRAININGSTEP

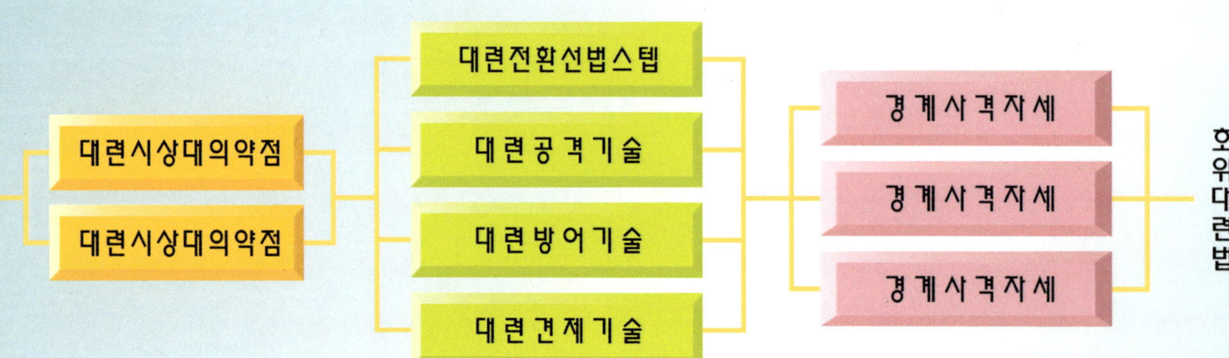

8) 호위사격술법 기술체계

TRAININGSTEP

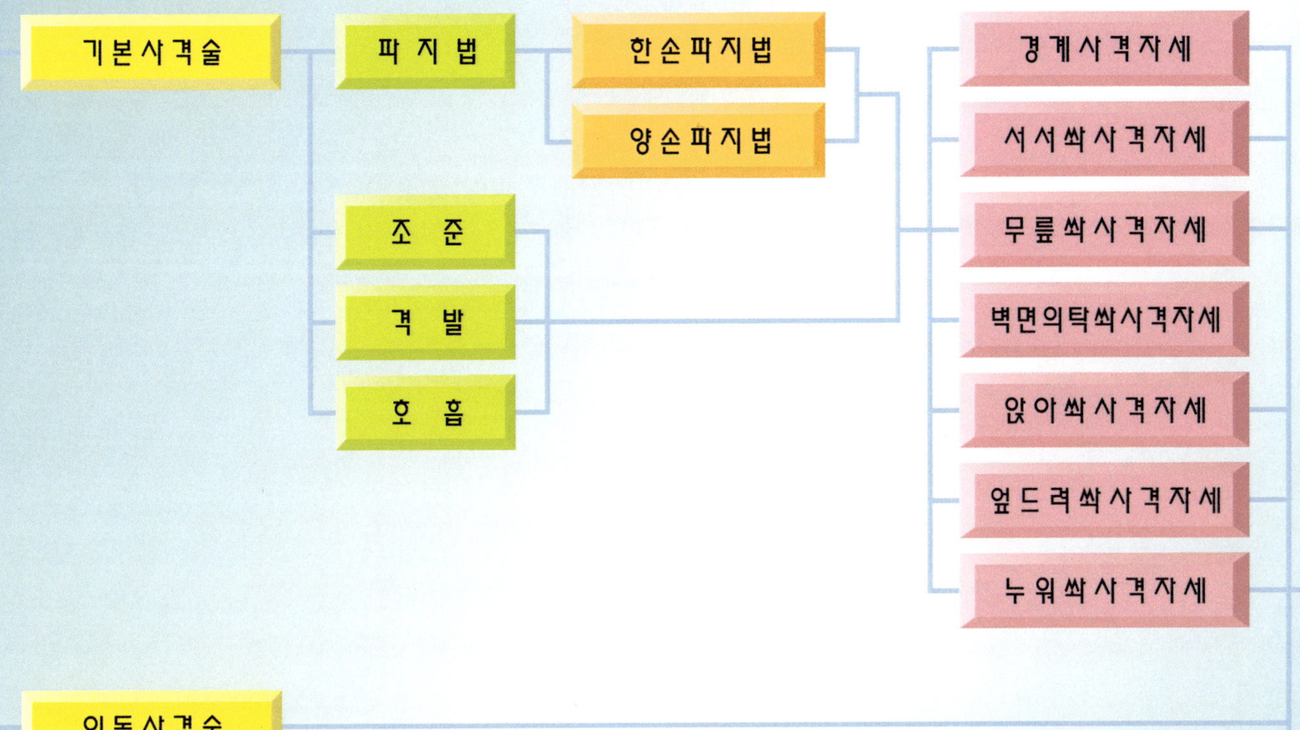

- 이동사격술
- 전환선법 사격술
- 낙선법 사격술법 — 낙법사격술 — 선법사격술 — 낙선사격술
- 의탁사격술 — 특수사격술
- 호위사격술

Ⅲ. 기초수련법(基礎修鍊法)

1 기초수련(基礎修鍊) 의의(意意)

기초수련법이란 경호무술을 수련하기 위한 기초기술로서 예의, 기합, 명상, 단전호흡, 기초체력, 기초기술등을 말한다.

이같이 기초기술은 모든 고난도 기술을 익히거나 실전에서 요구되는 싸움기술을 실현하는데 최적의 상태를 만들어 줄 수 있는 기초로서 본 수련에 앞서서 반드시 익혀야 하는 기초수련법인 것이다.

2 명상훈련(瞑想訓鍊)

명상 훈련의 기법은 불교문화에서 유래된 것으로 전해지고 있다. 특히 인도의 요가로 훈련기법이 전수되어 오늘날 더 많은 수련기법들이 개발되어지고 있다.

최근 만다라라는 그림을 보면서 깊은 명상에 들어간 티뱃의 수도자들을 대상으로 실시한 뇌파 검사 결과 매우 느리고 안정되어 있다는 것이 확인됐다.

수도자들의 뇌파는 대부분 알파파(휴식, 이완시의 뇌파)였으며, 수면상태의 뇌파인 세타파, 델타파까지 나타났다. 이는 명상을 하면서 무아지경에 빠진 것으로 풀이된다. 일반인들도 취미삼아 명상, 요가를 해도 호흡수, 심장박동수가 약간 떨어진다는 연구결과도 있다. 그리고 명상을 하면 온몸의 세포가 활성화되고, 뇌가 휴식상태에 놓이게 돼 정신건강에 좋다는 연구결과도 있다고 한다.

다시 말해 명상이란 무(無)의 상태로 유(有)를 얻는 훈련으로 인간은 본래 정신세계에서 초자연적인 신비의 힘을 창조할 수 있다는 확신을 갖고 있으며 이러한 확신은 여러 연구결과로 밝혀진 바 있다.

미국에서는 정치, 경제, 사회에 걸쳐 잠재능력의 개발 수단으로서 명상을 활용하고 있으며, 일본과 우리나라 기업들도 일과전 명상으로 업무 효율에 증가를 가져 왔다는 보고가 있다. 또한 러시아는 일찍이 명상 훈련을 도입해서 우주개발에 접목하고 있으며, 첨단무기 개발에도 응용하고 있다. 명상을 통하여 무아의 정신세계에서 절대불변의 존재와 합일됨으로써 인간은 모든 사고에서 벗어나 시공간을 초월하여 현실적 사고에서 완전히 분리되어 육체와 정신을 초월하는 초현실적인 이상이 되어 자기가 원하는 정신적 이상을 실현할 수도 있다.

이러한 명상훈련을 통하여 경호상 위해에 대한 예지력, 판단력, 집중력 등을 크게 향상시킬 수 있다.

1) 훈 련 법

명상훈련은 신체의 몸놀림은 전혀 필요없이 실시할 수 있다, 우선 명상을 하기 위해서는 마음을 가지런히하여 의식 집중을 할 수 있는 자세를 갖추고 호흡법을 병행하면 된다. 명상훈련에 있어서 가능한 의식 집중하기 좋은 시간과 장소 등을 고려한 다음 방법에 따른 실시를 한다, 물론 수련정도에 따라 다양한 몸놀림을 보이며 실시할 수도 있다.

명상에는 집중형 명상과 정신 충만형 명상으로 대별된다. 집중형은 호흡이나 어떤 이미지 소리에 정신을 집중해 정신을 고요하게 하고 더욱 명료하게 하는 것이다, 또 정신 충만형은 감각적으로 느껴지는 이미지, 생각, 소리, 냄새 등에 대해 더 이상의 해석, 분석 등 생각없이 그대로 느끼며 쫓아가는 것을 말한다.

명상훈련시 의식 집중에 가장 방해 요소는 시각, 청각, 후각, 미각, 촉각 상념 등이며 시간이 갈수록 체력저하로 인한 신체적, 정신적 피로가 가장 큰 원인이 된다. 따라서 훈련양은 점진적으로 늘려 나갈 수 있도록 하는 것이 좋으며, 최초에는 무리하지 않는선에서 시작하도록 해야만 한다.

2) 실시방법(준비)

(1) 심신의 환경조건을 정비한다.

방해받지 않는 공간과 장소를 확보한다.(시계의 촉 소리에도 방해받을 수 있으며 작은 빛에 의하여 방해받을 수도 있다.)

(2) 자세를 바로 잡는다.

반듯한 몸의 자세는 정신집중에 도움을 준다. 그러나 초보자들은 반듯한 자세를 갖추기가 매우 어렵다. 따라서 가장 쉬운 방법으로는 양 무릎을 모아 꿇고 앉아 등을 곧게 세우는 것이 가장 쉬운 방법이다.

(3) 마음을 정돈한다.

잡념이 없는 무상의 정신을 유지하기란 매우 어렵다. 특히 감정의 기복이 큰 경우에는 심리적 안정을 유지하기란 더욱 어렵다. 따라서, 이 경우에는 무의미한 형상을 떠올려 의식을 고정하여 집중하도록 노력한다.

(4) 정신 통일을 기한다.

정신을 통일한다는 것은 그 무엇에도 방해받지 않고 하나의 목표에 심신이 함께 움직이도록 혼연일체를 이루는 것이다.

정신통일은 곧 시공간에서 요구되는 순간의 판단력을 강화시키는 효과가 매우 높다.

GUARD MILITARY

경호무술

3) 실시방법(의식)

(1) 지(地) 원소에 대한 의식 집중하는 방법

원이나 점을 그려 의식 집중하던가 물체에 대한 촛점을 맞추어 의식 집중하는 방법

(2) 수(水) 원소에 대한 의식집중 방법

강, 호수, 바다 등에서 그 수면에 대해 의식 집중하는 방법

(3) 화(火) 원소에 대한 의식집중 방법

촛불, 태양(떠오르는 석양)에 대한 의식 집중하는 방법

(4) 풍(風) 원소에 대한 의식집중 방법

공기의 접촉이나 호흡의 호기와 흡기에 대해 의식 집중하는 방법

(5) 공(空) 원소에 대한 의식집중 방법

바람소리, 물소리(폭포, 파도등) 또는 크게 소리내거나 입속에서 송창하는 성음에 의식을 집중하는 방법

4) 반복성을 통한 집중력 4각 강화 훈련법

(1) 물체에 대한 집중력 강화(시각)

① 가까운 물체를 본다.(이미지를 빨리 확인)
② 멀리 있는 물체를 본다.(이미지를 빨리 확인)
③ 움직이는 물체를 본다.(이미지를 빨리 확인)
④ 문자나 기호를 본다.(이미지를 빨리 확인)
⑤ 빛이나 이미지에 의한 착시현상을 본다.(사실 이미지를 빨리 확인)

(2) 듣는 방법의 집중력 강화(청각)

① 가까이에 있는 소리를 듣는다.(소리의 변화 방향까지)
② 멀리 있는 소리를 듣는다.(소리의 변화 방향까지)

(3) 행동의 반복성으로 심신 강화(촉각)

① 기초 체력 강화(근력 지구력 순발력)
② 기술적 강화 운동(치기, 차기, 꺾기, 던지기, 조르기 등)
③ 정신적 강화 운동(긴장, 불안, 공포로부터 극복)

(4) 상상력에 대한 집중력 강화(예각)

① 과거에 대한 상상
② 현재에 대한 상상
③ 미래에 대한 상상
④ 이상에 대한 상상
⑤ 모든 가능성에 대한 상상

※ 명상을 통한 기대 효과

① 과거 기억력의 배가 효과
② 순간 집중력의 배가 효과
③ 위해 징후의 예지력 배가 효과
⑤ 신체적, 정신적 피로에서 오는 심신 회복의 배가 효과
⑥ 근력, 지구력, 수발력 등 신체기능의 초인적 능력 배가 효과

3 극기 훈련(克己 訓鍊)

일반적으로 극기훈련이란 정신적 육체적 한계점에서 오는 고통으로부터 이겨내고자 하는 심리적 한계선을 높일 수 있는 다양한 육제적 정신적 극기 훈련법을 말한다.

예를 들어 난 할 수 없어 라는 부정적인 고정관념의 사고에 대하여 난 할 수 있어 라는 긍정적인 사고의 의식전환 훈련이라든지 또는 체력한계에서 오는 문제들을 운동량을 늘려 심리적, 체력적 한계선을 극복하는 다양한 극기훈련 접근법 등을 말한다.

1) 심리 3감 극기법

행복(기쁨)감 수치(모욕)감 공포(불안)감

인간에게는 심리적 한계점이 존재한다. 따라서, 기쁘다거나 슬프다거나 불안하다거나 또는 두려움과 같은 심적 상태에 놓이게 되면 마음의 평정을 유지하기 힘들다. 이 같은 심적 상태에 놓이게 되면 위기에 직면하는 순간에는 더 많은 허점이 노출되게 되며 노출된 허점은 돌이킬 수 없는 패배의 결과를 낳게된다.

일반적으로 사람들이 좋은 일 기쁜 일이 생기면 행복감을 느낀다. 그러나 지나치면 흥분하게되고 이로서 실수하는 경우가 많으며 또 자신의 결점이나 약점이 노출된 경우에는 극도의 수치심과 같은 모욕감을 느껴 실수하는 경우가 있다. 그리고 죽음과 같은 위기상태에서 직면해있는 경우에는 극도의 심리적 불안과 공포감으로 인하여 순간 무기력감에 빠져 상대방에게 기선이 선제압 당해 실수하는 경우가 있다.

인간에게는 공통적으로 누구에게든지 마음이란 것이 있다. 본래 이 마음에는 어려움에 처하면 처할수록 더 강한 정신력으로 어떻게든 이겨내려는 적극적인 사고방식의 소유자와 반대로 어려움에 처하면 처할수록 무기력한 상태로 물러나 포기하는 소극적인 사람이 있다. 그렇다면 적극적인 마음은 무엇에 의하여 육성되며, 우리 자신도 익힐 수 있을까? 그것은 매사 모든 사물을 좋은면과 바람직한 방향만을 발견하여 긍정적인 사고를 가진 다음 행동으로 옮기는 마음가짐에서 시작된다. 인간은 모두 그 나름대로의 인생 체험을 통해서만이 강인한 정신을 육성시켜 나갈 수 있다. 이런 체험들을 어떻게 받아들이고 적용하느냐에 따라서 인간은 살아갈 정신력을 강하게 단련시킬 수도 있으며 그 반대의 경우에 처하게도 된다. 어느 연구결과에 의하면 95%에 가까운 사람들이 마이너스 사고형의 인간이라고 한다. 즉, 타인에게 해를 끼치는 악한 사고방식의 소유자는 아닐지라도 자신에게 플러스를 초래하지 못하는 사고방식을 지닌 사람인 것이다. 마이너스적인 사고력은 그 어떠한 문제도 해결할 수 없으며, 매사를 나쁜 쪽으로 문제를 이끌어 가게 된다. 그러나 플러스적인 사고를 지닌 사람은 긍정적으로 이끌어 간다.

사람의 마음은 어느 정도 부모로부터 물려받는 선천적인 성격이 존재하는 것이 사실이다. 그러나 부모로부터 물려받은 성격보다도 살아온 환경에 의하여 후천적으로 형성되는 성격이 비중이 높다. 다시 말해 사람의 마음, 성격이라는 실체는 필요에 의하여 또는 훈련에 의하여 새롭게 형성 될 수 있다는 사실이다. 그리고 처해진 환경에 따라 교차되는 마음은 자신과 다른 인격체처럼 느껴질 때가 있다. 이것은 이성과 감성의 두 마음이 존재하기 때문이다. 즉 훈련의 기초는 이성이 감성을 어떻게 지배 할 수 있도록 할 것이냐 하는 것이다.

이성은 자신이 조절하고 지배 할 수 있지만 감성은 자신이 조정하거나 지배의 대상이 아니다. 따라서 이성이 감성을 조절하도록 하는 의식훈련 즉 체력단련이나 명상법과 같은 훈련을 해야만 한다. 슬픔 불안 공포감 또는 기쁨 환희 행복감등 다양한 사람의 마음은 환경의 지배를 받기 때문에 자신의 마음을 스스로 조절할 수 있는 능력을 갖춘 사람에게는 도통한 사람이라고 말하기도 한다.

2) 체력단련을 위한 극기법

(1) 기초운동 효과

준비운동은 본 운동에 들어가기 앞서 긴장된 근육과 관절을 풀어주고 긴장된 마음을 가볍게 정리시키는 기본 운동으로 반드시 본 운동에 들어가기 전 기초운동으로 이루어져야 한다. 본 운동은 격렬한 운동으로 자칫 근육 경직이나 근육파열과 같은 결과를 낳을 수도 있으며 관절의 탈구 또는 골절을 가지게 할 수도 있기 때문에 이러한 부상을 극소화하기 위한 기초운동이 꼭 필요한 것이다.

준비운동을 통하여 굳어있는 심신을 풀어 주는데 있어 가벼운 동작이 효과적이다. 너무 무리한 동작은 오히려 근육을 경직시키거나 심리적으로 압박감을 가질 수도 있기 때문이다. 가벼운 동작을 취하여 얻을 수 있는 신체적 효과는 근육 운동의 유연성 증강과 운동 신경을 자극 내분비 기능을 통한 건강한 근력, 지구력 등을 강화할 수 있으며 지속적인 반복운동 효과로 심폐기능의 증가 효과와 심신 피로의 해소로 본 운동에 대한 심리적 의욕과 흥미를 자연스럽게 유발시켜 운동 연속에 대한 효과를 갖게 할 수 있다.

착안사항

① 반드시 무리한 동작은 피한다.
② 운동과 호흡을 맞추어 실시한다.
③ 관절운동보다는 근육운동부터 한다.
⑤ 가벼운 동작부터 약간 무리인 동작순으로 한다.
⑥ 끝으로 심신을 일치하도록 노력한다.

(2) 체력강화 훈련

체력단련은 경호무술 수련에 기초가 된다. 아무리 우수한 기술의 묘를 구사한다 해도 근력, 지구력, 순발력 등에 기본체력이 보강되어 있지 않다면 아무런 기능을 발휘하지 못한다. 따라서 모든 경호무술 수련에 체력단련이 병행되어야 하는 것이다. 체력 단련은 자신의 정신적, 육체적 한계를 경험하고 극복해야만 발전할 수 있으며 체력단련은 신체 발전에 균형 있는 발전이 되도록 다양한 훈련방법이 필요하다. 이러한 훈련방법은 크게 나뉘어 근력강화, 지구력강화, 순발력 강화 등으로 집중 훈련해야 하며 중장기 훈련 계획이 필요하다.

근력 강화에는 반복된 동작을 연속적으로 취해 줌으로 써 얻을 수 있으며, 이 같은 동작은 운동기구를 이용한 방법으로 병행 할 경우 효과를 극대화 할 수 있다. 다음으로 지구력 강화는 일정한 동작을 시간을 두고 하는 것으로 장거리 마라톤을 들 수 있으며 많은 양의 짐을 지고 산악등반운동을 하는 것을 들 수 있다. 끝으로 순발력 증가 훈련에는 근육의 수축력강화와 유연성에 달려 있다. 근육 팽창의 한계 또는 근육의 경직 현상은 신체의 순발력을 갖게 할 수 없다. 이 같은 순발력은 근력 운동과 지구력 운동, 유연성 운동을 균형 있게 했을 때 얻을 수 있는 것으로 매우 많은 운동량과 노력이 요구된다.

따라서, 기초가 되는 근력강화운동으로 이두근, 삼두근, 목근, 배근을 중심으로 하지근 순으로 단련해 간다. 가장 효과적인 근력강화운동으로는 팔굽혀펴기, 윗몸 일으키기, 쪼그려 뛰그를 들 수 있으며 운동기구를 이용한 근력강화운동을 통해 배가 훈련을 할 수 있다. 앞서 말한바와 같이 체력을 강화시킬 수 있는 운동기법은 반드시 지켜야 운동효과를 볼 수 있다. 그러나 이보다 중요한 점은 계속성 있게 꾸준히 하는 노력이 매우 중요하다는 점을 인식해야만 하며 일정한 운동 규칙준수 또한 중요하다는 사실을 알아야 한다. 일반적으로 이같은 습관이나 규칙을 준수치 않아 체력강화의 효과보다도 신체 부상등을 쉽게 입는 경우가 더 많다.

3) 근 신전운동(스트레칭)

근 신전운동(stretch)이란 펴고 잡아당긴다는 뜻을 가지고 있으며 신체 각 부분의 근육이나 건(腱)을 얼마 동안 펴거나 늘리는 것을 가리킨다.

가령 일상생활 속에서 인간뿐만 아니라 소,말과 같은 동물들도 하품이나 기지개를 하는데 이것도 하나의 스트레칭으로 볼 수 있다. 잠자리에서 일어나 두 팔을 위로 뻗치며 기지개를 했을 때의 상쾌함, 개운함을 느끼는 것도 좋은 근 신전운동 예로 볼 수 있다.

근 신전운동은 일반적으로 반동이나 충격을 가하지 않고, 자연스럽게 근육이나 건(腱)을 천천히 늘리는 방법을 말한다. 요가에서 보여주는 기술이 대표적이라고 할 수 있다.

(1) 근 신전운동의 효과

① 바른 자세에 도움을 준다.
② 혈액순환을 촉진시킨다.
③ 근육의 부상을 막아준다.
④ 신체 지각력을 발달시킨다.
⑤ 관절과 근육의 가동범위를 확장시킨다.
⑥ 근육의 긴장을 완화시키고 육체를 더욱 편안하게 한다.
⑦ 보다 자유롭고 쉬운 동작을 가능하게 함으로써 조정 능력을 도와준다.
⑧ 준비과정으로 격렬한 경호무술 수련을 더 쉽게 할 수 있도록 해준다.

(2) 근 신전운동의 방법

① 편한 근 신전운동

가. 근육에 부드러운 긴장을 느낄 정도의 편안한 자세를 10~30초간 신체부위에 따라 유지한다.

② 호 흡

가. 호흡은 천천히 신체 및 심장 박동 리듬에 따라 실시한다.
나. 근 신전운동으로 인해 자연스러운 호흡이 불가능하다면 편한 근 신전운동이 될 수 없다.
다. 근 신전운동을 하는 동안에는 자세와 통증강도에 따라 조정하여 자연스럽게 실시한다.
라. 호흡은 공기를 흡입하여, 근육을 확장시켜, 순간 근력을 강화시켜주는 효과가 있다.

③ 시간 헤아리기

가. 마음속으로 수를 조용히 센다. 적당한 긴장은 오랫동안 유지하는데 도움이 된다.

나. 호흡의 리듬에 맞춰 시간을 헤아린다면 편안한 호흡과 더불어 알맞은 시간을 느낄 수 있다 .

다. 근 신전운동에 익숙해진다면 느낌만으로도 시간을 감지하게 될 것이다.

④ 진전된 근 신전운동

가. 편한 근 신전운동 후 약간의 긴장감을 근육에서 느낄 수 있을 정도로 10~30초 동안 유지 한다.

나. 진전된 근 신전운동은 유연성을 증가시키는데 크게 도움이 된다.

⑤ 신장반사의 원리

가. 반동을 이용하거나 과도한 근 신전운동을 하게되면 자신의 의지와 관계없이 근육이 과도하게 되어 부상을 입게 된다.(뜨거운 것을 만졌을 때와 비슷한 반사 작용)

나. 반동이나 과도한 근 신전운동은 근 섬유 조직의 미세한 파열로 육체적 손상과 고통을 유발시킨다.

다. 이러한 손상은 근 섬유에 상처섬유를 형성시킴으로써 점차적으로 근육의 탄력성을 상실시키고, 근육에 고통을 느끼게 된다.

라. 통증은 무언가 잘못되고 있다는 신호이다. 적당한 근 신전운동은 고통스럽지 않고 편안함과 상쾌함을 느끼게 해준다.

(3) 기본적 근 신전운동

① 종아리 근 신전운동

가. 발의 뒤꿈치 부분이 지면에 닿도록 하여, 종아리 근육 부분이 신전되는 각도를 유지 하여 허리와 상체를 발 부분으로 구부려 신전 시킨다.

나. 서서하는 방법과 앉아서 하는 방법을 병행하여 실시하는 것이 보다 효과적이다.

다. 약 10~20초간 편안한 긴장을 유지한다.

라. 시간을 짧게 하여 근육을 신전시키는 경우에는 길게하는 경우보다 수회 더 반복한다.

② 호 흡

가. 앉은 상태에서 발바닥을 모은다.

나. 서혜부가 편안할 만큼의 거리를 유지한다.(부드러운 긴장)

다. 근 신전운동의 느낌이 들 때까지 엉덩이부터 앞으로 천천히 숙인다.

라. 약 20~30초간 유지한다.

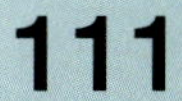

③ 누운 상태에서의 서혜부 근 신전운동

가. 발바닥을 모은 채 눕는다.
나. 체중이 서혜부 부분에 아주 가벼운 근 신전운동을 가하도록 엉덩이의 힘은 뺀다.
다. 약 30~40초 유지, 수련정도에 따라 30~50g이상 유지하는 방법으로 늘린다.
라. 일부러 그 어떤 것도 하지 말고 긴장이 없어지는 것에 집중한다.

④ 누운 상태에서의 온몸 근 신전운동

가. 팔을 머리 위쪽으로 뻗치고, 서서히 양다리를 곧게 펴면서, 발가락을 쭉 편다.
나. 약 5~10초간 유지하고 쉰다. 이어 3~10회이상 반복한다.
다. 근 신전운동 할 때마다, 몸의 중앙을 가늘게 하기 위해 복근을 적당히 수축한다. 이때 느낌이 가장 좋을 것이다.
라. 팔과 어깨, 척추, 복근, 발목, 흉곽의 늑간근을 근 신전운동 시켜준다. 근 신전운동은 정확히, 규칙적으로 시행될 때 좋은 느낌을 준다. 근육의 기장을 감소시키고 보다 자유스러운 움직임을 위한 것이므로 자신의 한계를 지나치거나 늘릴 필요는 없다.

4 기선제압 훈련(氣先制壓 訓鍊)

기선제압이란 상대방의 사기를 꺾는 것으로 공격자로 하여금 과감한 공격형태를 갖지 않도록하여 방어 및 공격 시에 유리하도록 유도할 수 있는 것으로 위급한 상황 즉 기술적으로 열세하던가 또는 근력이나 기타 체력조건과 비교해서 열세하던가 했을 때에 위기를 극복할 수 있는 유일한 수단으로 매우 중요한 심리전의 하나로 꼽을 수 가 있다. 이 같은 기선제압 심리전은 무엇보다도 자신의 자신감이 가장 중요하게 요구된다.

상대방의 기선을 제압하고도 순간 주저한다던가 해서 그 기회를 놓치는 일이 없도록 사고의 순간 판단력과 몸놀림으로 민첩한 행동을 취해야 한다. 즉 상대방이 무력공격을 한다던가 긴급 피난을 하려 할 때에 용기 백백한 위용으로 상대방의 정신을 압도하여 기를 꺾는 방법을 쓰는 것이며 상대적으로 도피하려는 상대방을 과감한 액션이나 기합으로 상대방의 사고능력을 완전 제압하는 것 등을 들 수 있다.

상대방의 기선을 제압하는데 가장 효과적인 것은 강한 정신력으로 상대방의 정신적인 면을 압도하는 것이다. 이 같은 효과를 위해서는 외적으로 표현되는 다양한 표현이 상대방보다 강인하고 빈틈이 없도록 보여지게 해야만 된다.

1) 정신적 기선 제압

① 상대를 이길 수 있다는 심적 자신감 표출(표정)
② 당당하고 위엄 있는 기합소리 표출(음)
③ 빈틈없는 안정감과 과감한 의식 표현(자세)

2) 기술적 기선 제압

가. 선제 공격을 통하여 상대의 공격을 초기에 제압
나. 상대의 다양한 공격을 역술로 제압
다. 허수를 이용 상대의 공격력을 약화 유도하여 제압
라. 급조 무기술을 이용하여 선제압

이상의 기선을 제압하는 방법은 그 변화되는 상황에 적절히 맞추어 제압해야 한다. 그러나 이 기선 제압도 상대에 대한 지나친 공포심리를 갖게되면 기선제압에 실패하게 된다.

3) 공격의 원리

(1) 신체 급소 및 신체 골격의 약점

신체의 급소 및 신체 골격의 약점에 대한 사전 지식은 경호무술에 그 무엇보다도 중요하다고 할 수 있다. 즉, 신체급소 및 골격은 부위에 따라 약점이 될 수 있으며, 치기, 차기, 꺾기, 던지기, 찌르기, 긋기, 잡기 누르기와 조르기 같은 방법으로 상대방 공격시 효과를 배가시킬 수 있다.

(2) 상대방의 신체적 3대 약점 공격

급 소

전신에 걸쳐 각 부위에 따라 크고 작은 신체의 급소가 있는데, 이곳을 가능한 치거나 차거나 찌르는 방식으로 공격하면 보다 효과적으로 제압할 수 있다. 급소 공격의 효과는 통증, 순간부분신경마비, 관절의 비틀림, 근육경련, 뇌쇼크등으로 나타나며 공격의 방법 즉, 치거나, 찌르거나, 누르는 깊이, 각도, 시간에 따라서 다르게 나타난다.

관 절

전신에 걸쳐 206개의 뼈로 구성되어 있는데, 이 뼈들은 각 관절로 이어져 있다. 그리고 신경 및 혈관등이 근육보다 적어 외부에 가장 많이 노출되어 있어 상대적으로 공격 받을 경우에는 취약한 약점이 된다.

약 골

우리 인체의 골격 대부분은 매우 단단하게 구성되어 있으나 코, 귀, 목, 낭심, 늑골 쇄골, 손가락, 발가락 등은 매우 부드럽거나 얇게 구성되어 있어 작은 충격에도 큰 부상을 입을 수 있는 취약한 약점이 된다.

4) 신체 급소 그림

일반적으로 신체의 급소는 근육이 많은 부위 또는 움푹 들어간 부위가 많다.

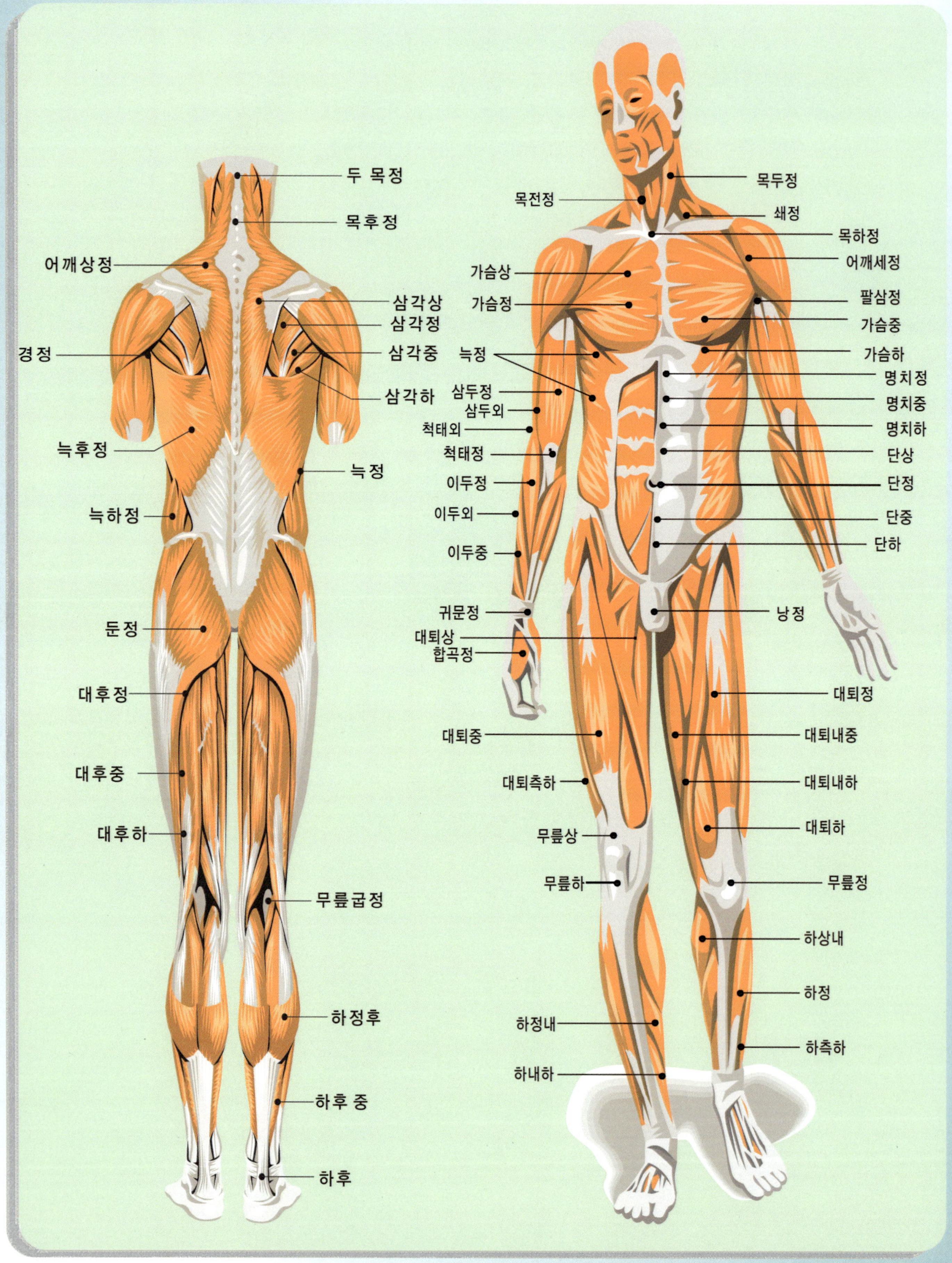

두 목정
목후정
어깨상정
삼각상
삼각정
경정
삼각중
삼각하
늑후정
늑정
늑하정
둔정
대후정
대후중
대후하
무릎굽정
하정후
하후 중
하후

목두정
목전정
쇄정
목하정
어깨세정
가슴상
팔삼정
가슴정
가슴중
늑정
가슴하
명치정
삼두정
명치중
삼두외
명치하
척태외
척태정
단상
이두정
단정
이두외
단중
단하
이두중
귀문정
낭정
대퇴상
합곡정
대퇴정
대퇴중
대퇴내중
대퇴측하
대퇴내하
대퇴하
무릎상
무릎하
무릎정
하상내
하정
하정내
하측하
하내하

5) 신체 관절 및 골격 구조 그림

골격이 일반적으로 약한 부위로는 얇고 가는 부위 또는 물렁한 뼈나 관절부위 등이다.

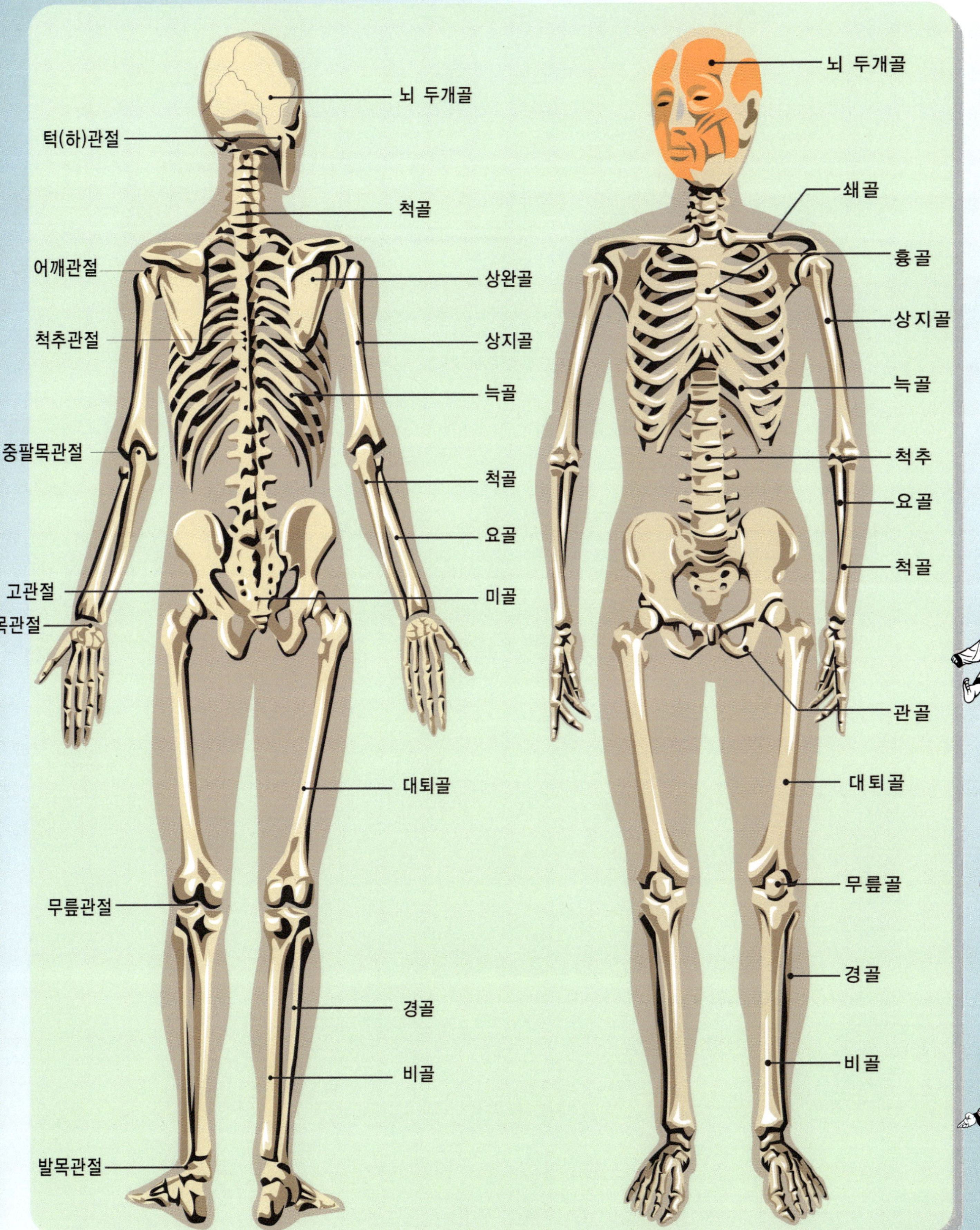

6) 공격자 진압 기술

가. 상대가 도검류 도는 총기류와 같은 무기로 무장을 했다면 먼저 무장해제를 시킨 후 진압하여야 한다.

나. 경호대상 쪽으로 달려가는 상대방을 막으려 할 때에는 상대가 몸을 홱 돌리거나 팔을 내뻗지 못하도록 주의를 한다.

다. 무장을 했거나 사격을 하고 있는 상대방을 향해서 경호원이 돌진을 해야 하지만 경호원은 지나친 노출을 피하며 가능한 공격자 즉, 상대방을 교란시켜야 한다.

7) 소형 무기소지자 진압 기술

가. 공력자를 즉각 진압 및 무장 해제하여 최소한의 위험을 감소시킨다.

나. 공격자를 진압시키는데 총기류와 같은 화기를 사용해야 한다면 빠른 동작으로 피해를 최소화시키면서 목표를 진압하도록 만전을 기해야 한다.

8) 원거리 무기 소지자 진압 기술

가. 원거리 사격에 의한 공격시, 최우선 사항은 경호대상을 엄폐, 은폐시키는 일이다.

나. 야간공격시에는 공격자의 사격 조준 능력을 방해할 수 있다.
경호대상이 있는 지역의 조명을 재빨리 소등 조치한다.
경호대상을 빠른 동작으로 어두운 지역으로 이동, 은폐한다.
공격자와 경호대상 사이에 인위적 장애물을 설치한다.
사격 방향에 강력한 조명등을 사용한다.

다. 상대방을 향해 화력을 집중시켜 조준사격을 방해하여 경호대상을 보호한다.

9) 폭발물소지 및 투척자 진압 및 경호대상 보호기술

가. 폭발물을 투척하려는 자는 근거리로 접근하려하기 때문에 주의깊게 보면, 특징을 잡아낼 수 있으며, 경호대상은 은폐 및 엄폐될 수 있도록 하는 동시에 폭발물 안전핀 또는 휴즈 작용을 하지 못하도록 손을 저지한다.

나. 이미 폭발물을 투척된 때에는 손으로 주어 던지거나 발로차 경호대상으로부터 멀리하도록 한다.

다. 2번과 같이 취할 수 없는 상황일 때에는 인벽을 구축경호대상을 보호토록 한다.
이때 폭발물이 경호대상이 위치한 거리보다 가까운 곳에 위치한 경우에는 폭발물의 폭파비산물을 막을 수 있도록 폭발물을 몸으로 덮쳐 경호대상을 보호한다.

10) 고속강습 위협시 경호대상 보호기술

가. 자동차, 오토바이, 충돌 및 낙하물 공격시에는 일단 몸을 안전하게 피한다. 가능한 견고한 시설물이나 지형을 이용하여 피신한다.

나. 주행시 고속강습식 공격이 있을때에는 상대방차가 클 경우에는 고속이탈하고, 차체가 비슷한 경우에는 적극 대응하는 것이 바람직하다. 다만 오르막인 경우에는 안쪽으로 하며 내리막인 경우에는 뒤쪽에 위치하여 대응하는 것이 훨씬 유리하며 상대방을 제압하기에 효과적이다. 도보시 지형을 이용해 유리하게 전개하는 원리는 같다.

5 공격, 방어자세

1) 공격자세

공격자세는 순발력을 최대한 발휘 할 수 있고 손쉬운 자세를 유지한다. 즉, 발의 보폭을 50cm에서 80cm이내를 유지하며 무릎관절을 15°에서20°를 넘지 않도록 한다. 그리고 상대방으로부터 공격역습을 받지 않도록 상체를 낮추고 손의 모양은 손가락을 정권 모양으로 가볍게 말아 쥐는 것이 좋으며, 손의 높이는 가슴높이 이상으로 눈높이로 유지하는 것이 바람직하다. 또한 몸의 중심은 2/3을 앞발에 두는 것이 가장 좋은 자세라 할 수 있다. 이 같은 자세는 자주 바꾸는 것이 좋으며 자세변화를 줄 때에 노출되는 단점을 생각하지 않으면 안된다. 또한, 상대방에 대한 공격시에는 최단시간에 가격할 수 있는 최단거리를 순간 확보하는 것이 무엇보다 중요한 공격자세라고 할 수 있다.

2) 방어자세

방어자세는 상대방에게 노출되는 신체부위가 가능한 축소시켜 약점이 노출되지 않도록 자세를 최대한 낮추는 것이 좋다. 또한 방향전환 시에 동작이 민첩하고 몸의 균형이 안정될 수 있도록 발의 보폭을 70cm에서 100cm 를 유지하며 몸의 중심은 2/3이 뒷발에 오도록 하며 손의 높이와 모양은 상대방의 눈 높이로 유지하면서 손은 가볍게 편 상태가 좋다. 그러나 한 손은 상황에 따라 중하단 또는 측면 공격을 대비하여 위치를 변경하도록 해도 무방하다.

수팔견제 기술체계

TRAININGSTEP

- 견제자세
  - 정권견제자세
    - 상팔정권자세
    - 중팔정권자세
    - 하팔정권자세
  - 정도견제자세
    - 상팔정도자세
    - 중팔정도자세
    - 하팔정도자세
  - 수도견제자세
    - 상팔수도자세
    - 중팔수도자세
    - 하팔수도자세
  - 도정견제자세
    - 상팔도정자세
    - 중팔도정자세
    - 하팔도정자세

3) 공방 손(팔) 견제 자세

상 팔 정 권 자 세

중 팔 정 권 자 세

하 팔 정 권 자 세

상팔수도자세 A형

중팔수도자세 A형

하팔수도자세 A형

상팔수도자세 B형

중팔수도자세 B형

하팔수도자세 B형

상팔정도자세

중팔정도자세

하팔정도자세

상팔도정자세

중팔도정자세

하팔도정자세

발(다리)서기 기술체계

TRAININGSTEP

- 서기자세
  - 평서기자세
    - 평서기
    - 무릎반평서기
    - 무릎평서기
  - 평교서기자세
    - 앞서기(뒤)
    - 반앞서기(뒤)
    - 앞굽서기(뒤-A, B형)
  - 전교서기자세
    - 전교서기자세
    - 전교반앞굽서기자세
    - 전교앞굽서기자세

4) 공방 발(다리) 서기자세

평 서 기

평서기옆모습

무릎반평서기

무릎반평서기옆모습

무릎평서기

무릎평서기옆모습

앞 서 기

반압굽서기

압 굽 서 기

뒤 서 기

반뒤굽서기(측면)

뒤 굽 서 기(후면)

무릎전교자세(정면)

무릎전교자세(측면)

뒤 굽 서 기(정면)

뒤 굽 서 기(측면)

반뒤굽서기(정면)

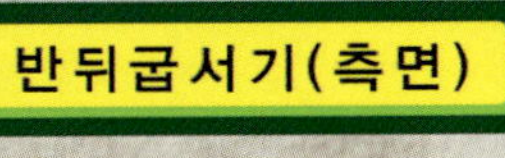

반뒤굽서기(측면)

5) 수 족 공 격 자 세

공격이란 수족에 의한 수단이 가장 많이 이용되며, 손과 발의 모양을 적정하게 변화시켜 하나의 무기도구처럼 사용케 할 수도 있다. 따라서 이 같은 모양을 수족으로 구분하여 手의 공격자세와 足의 공격자세로 구분하여 보았다. 이 같은 모양을 자유롭게 변화시킬 수 있도록 해야만 비로소 제 기능을 발휘할 수 있으며 공격과 방어의 효과를 극대화 할 수 있다.

6) 수 족 공 격 형 태

손의 모양은 다양하게 변화시킬 수 있으며 공격상황에 따라 다양한 모양으로 상대의 급소점 또는 골격의 약점 등을 정확히 가격함으로써 상대방을 무력화시킬 수 있다.

공격시에 가장 중요한 것은 공격 및 타격부위에 따라 手의 공격도 달라지게 되는데 경호실무에 있어서는 일격일도의 개념에서 상대를 초기에 제압해야 하며 가장 중요시해야 하는 것은 필요 이상의 액션과 힘을 쏟아 부어서는 안된다는 것이다.

모든 공격은 상대방을 필요이상의 상해를 입게 할 수도 있으며 상황에 따라 정당방위를 넘어서 과실이 되는 경우도 있을 수 있으며 때로는 고의로 문제삼는 이들로 낭패를 당할 수도 있는 것이 업무상 특이 사항이다. 따라서 가능한 증거 및 증인이 생기지 않도록 하는 처세술도 크게 요구되는 것이 현실이다. 따라서 특별한 경우를 제외하고는 공격은 원칙적으로 방어 공격으로 상대를 무력화시키는 것으로 그쳐야 한다.

(1) 정 권

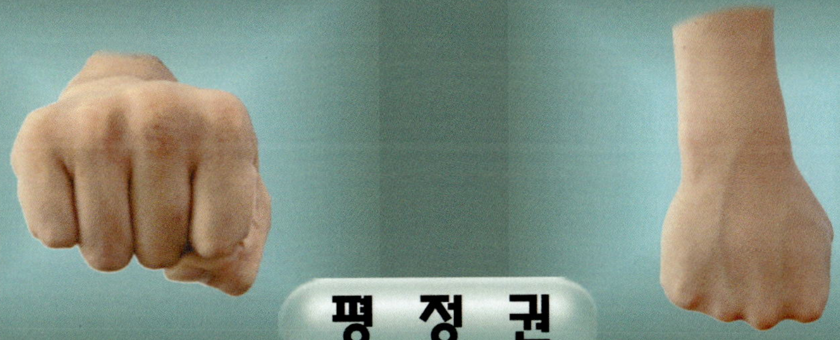

평 정 권

배 정 권

세 정 권

쥔 정 권

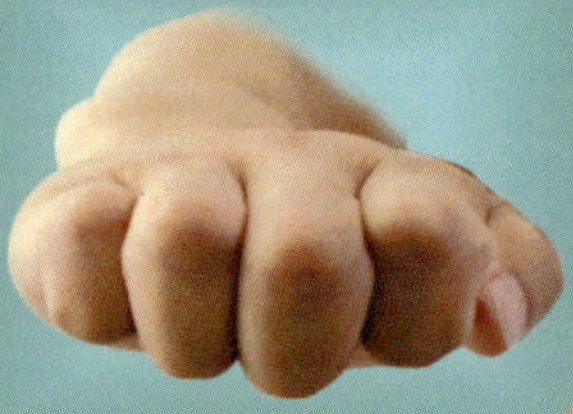

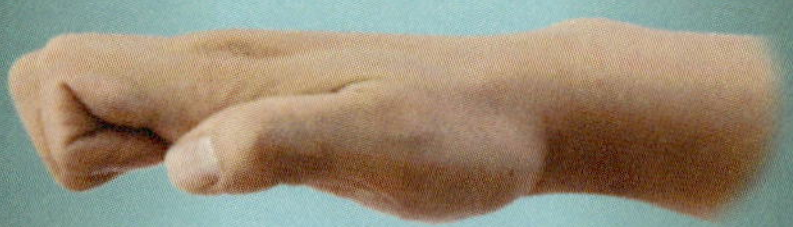

반평정권

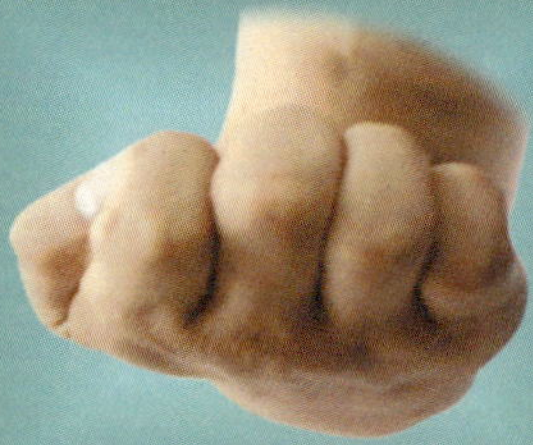

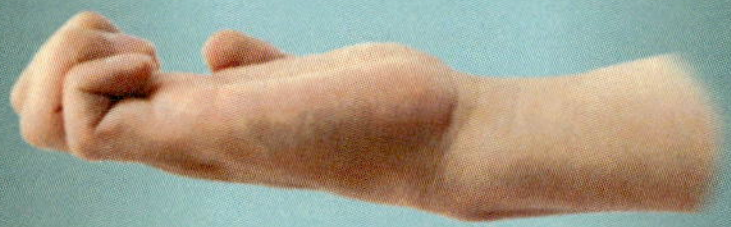

반배정권

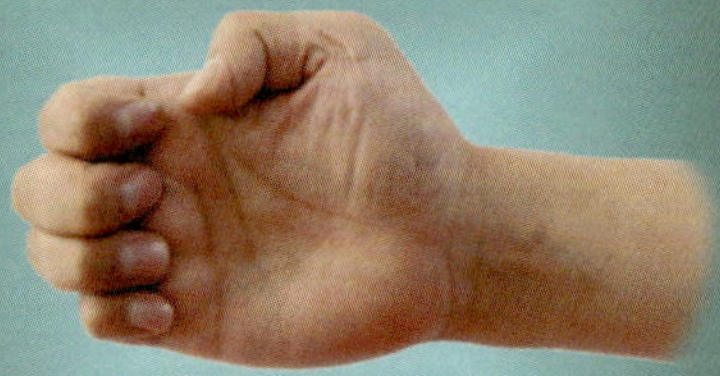

반세정권

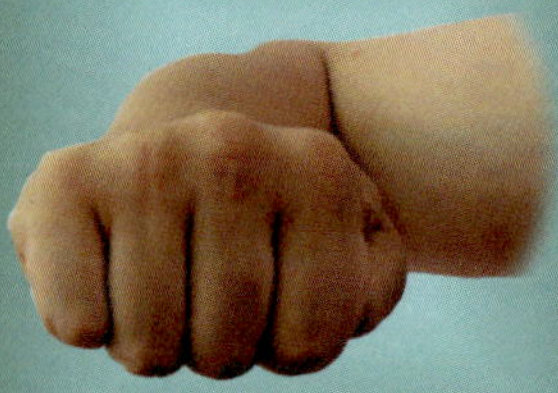

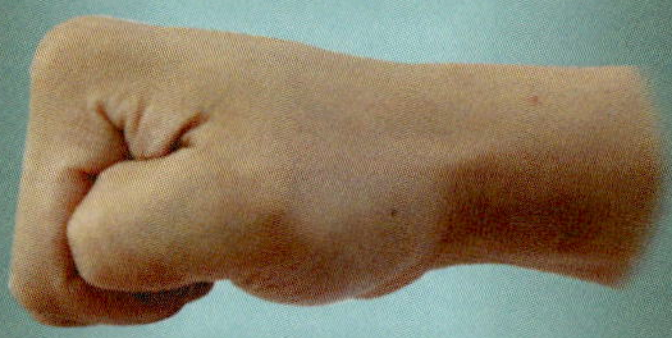

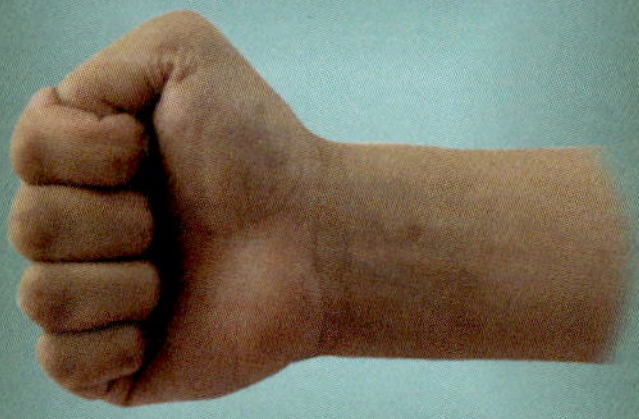

모지정권

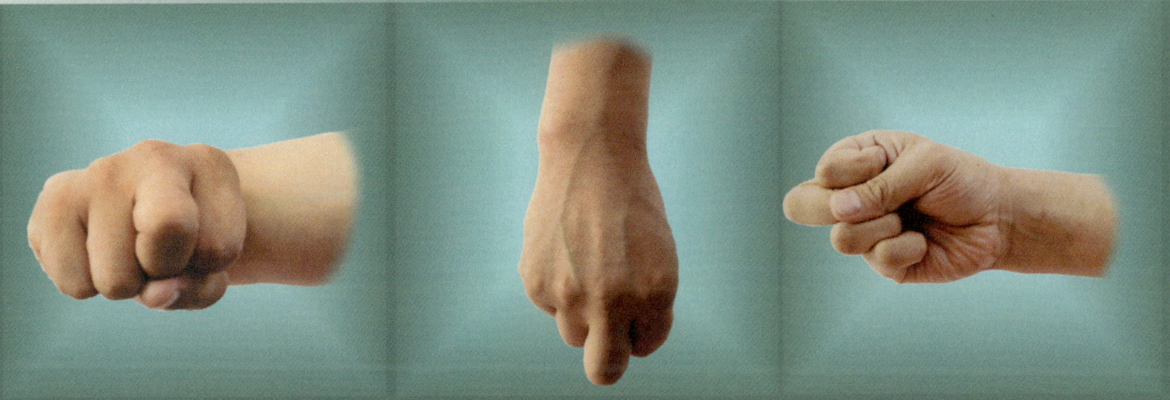

중지정권

인지정권

이지반중정권

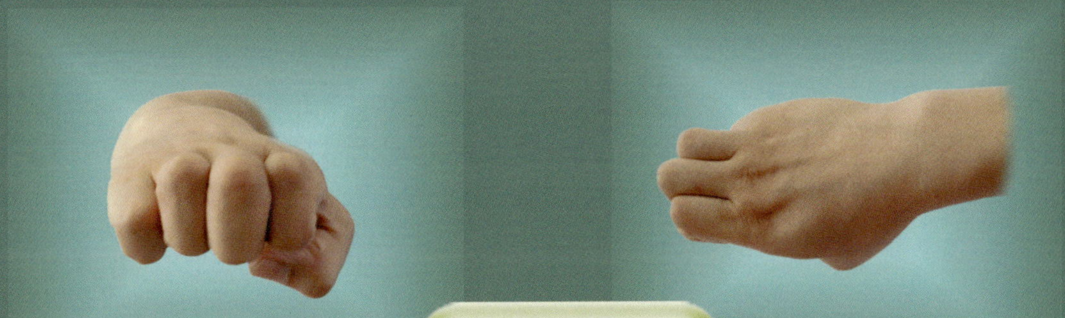

삼지반중정권

(2) 수 도

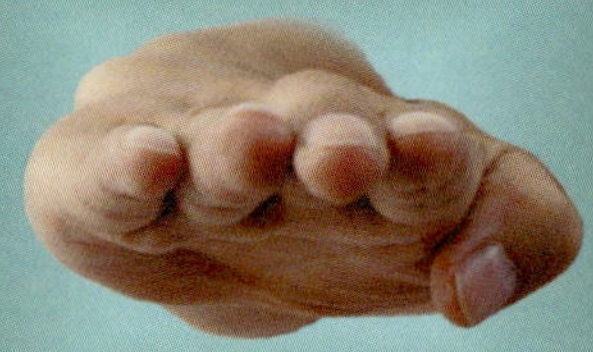

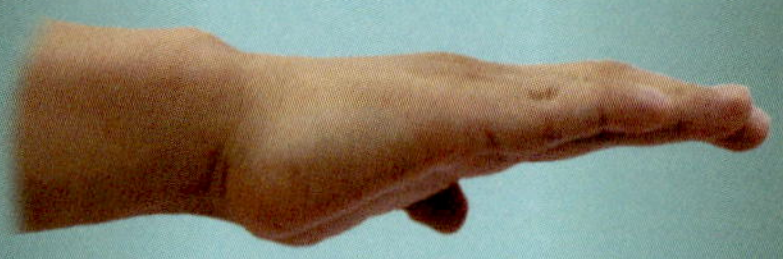

평 수 도

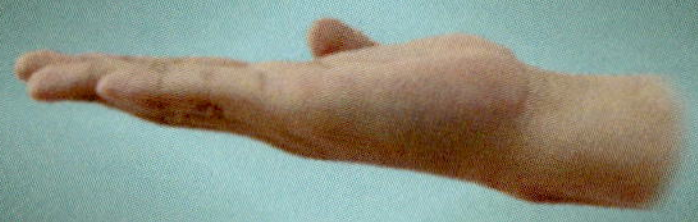

배 수 도

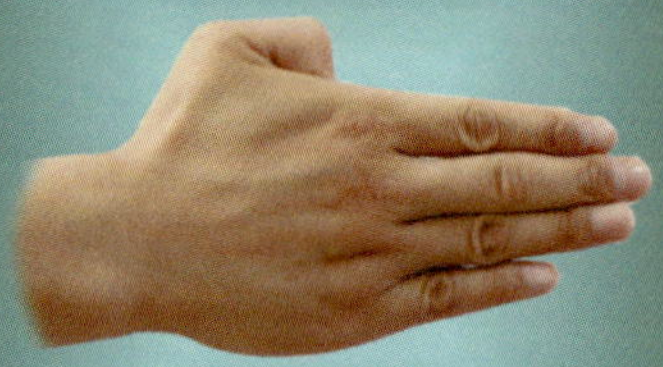

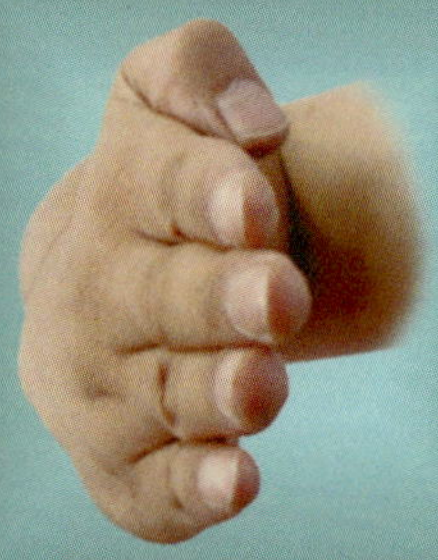

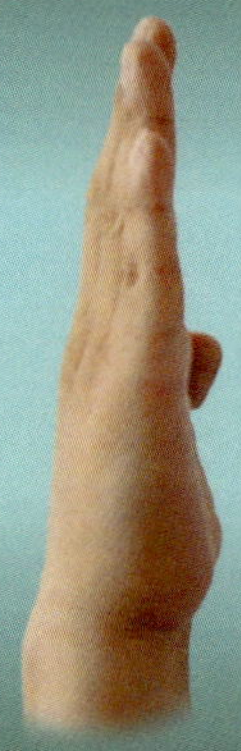

세 수 도

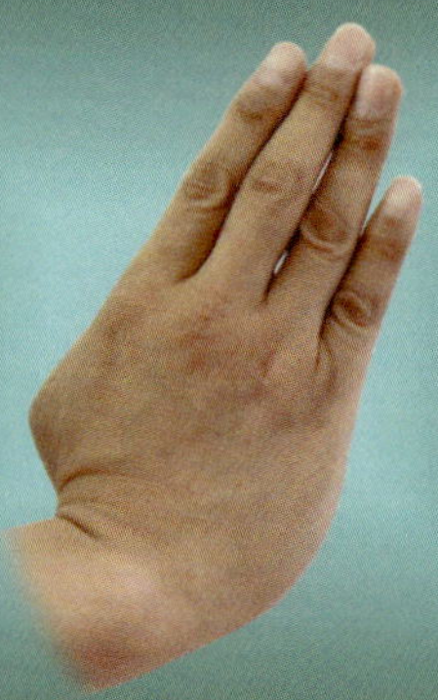

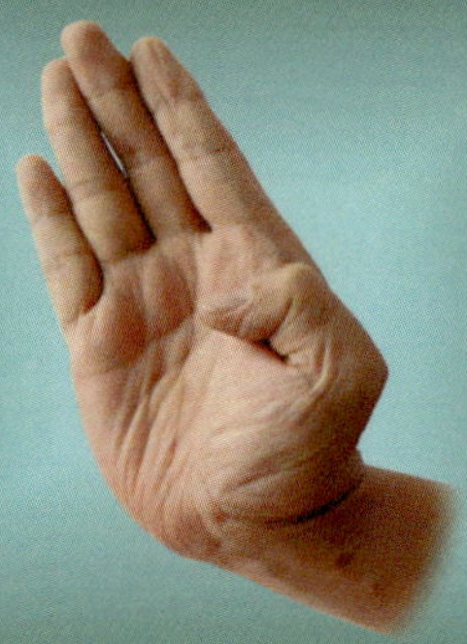

상세수도

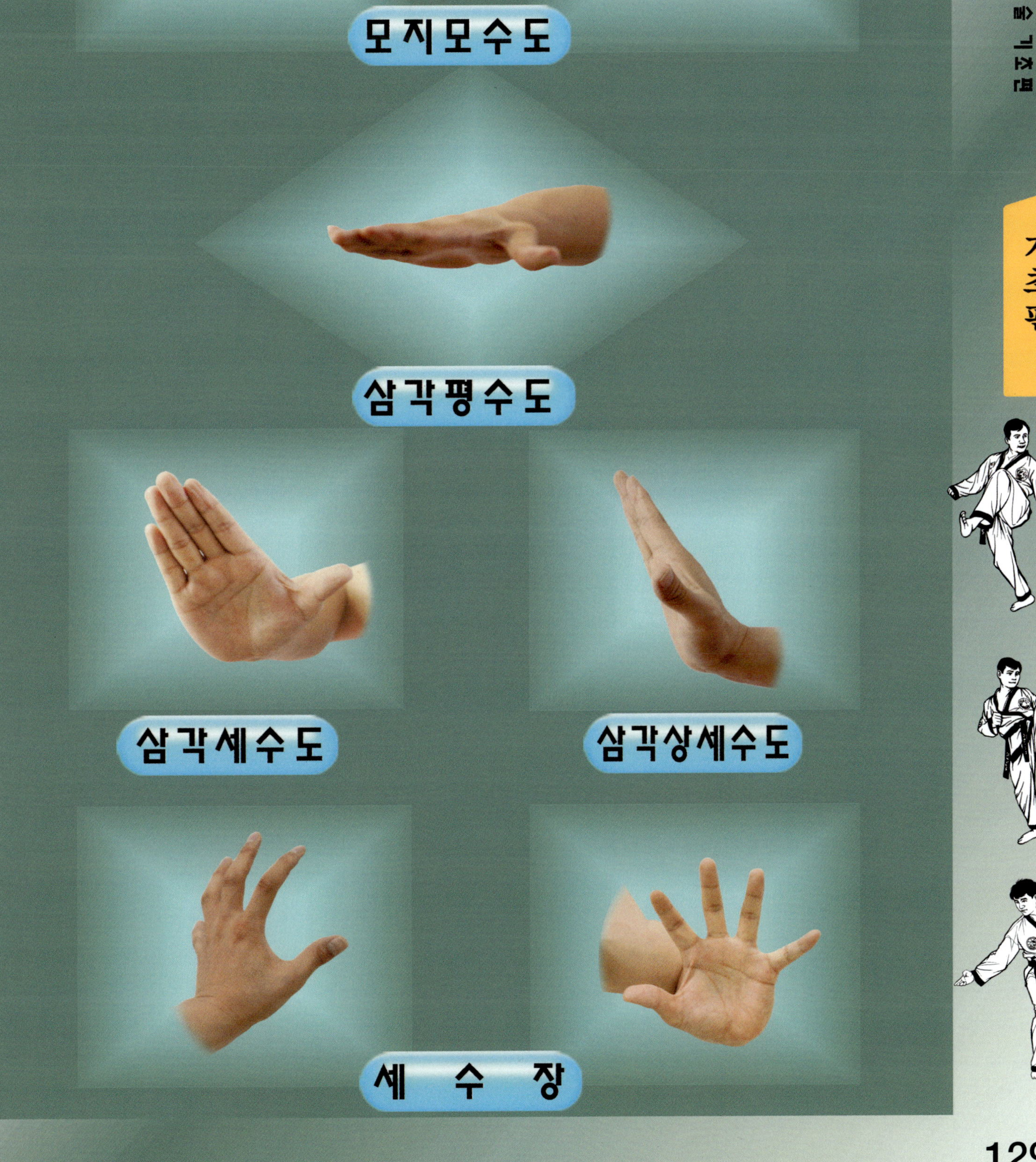
모지모수도
삼각평수도
삼각세수도
삼각상세수도
세 수 장

(3) 관 수 도

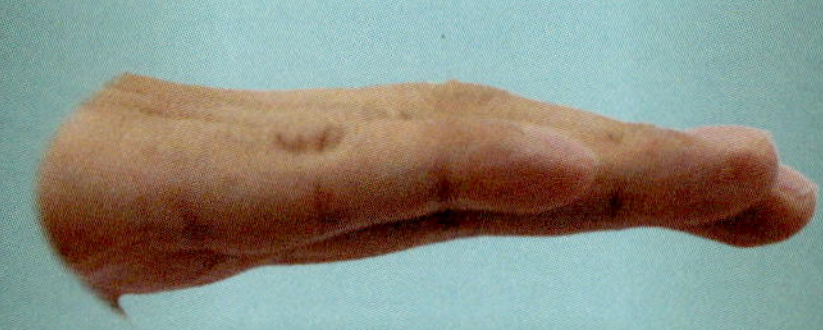

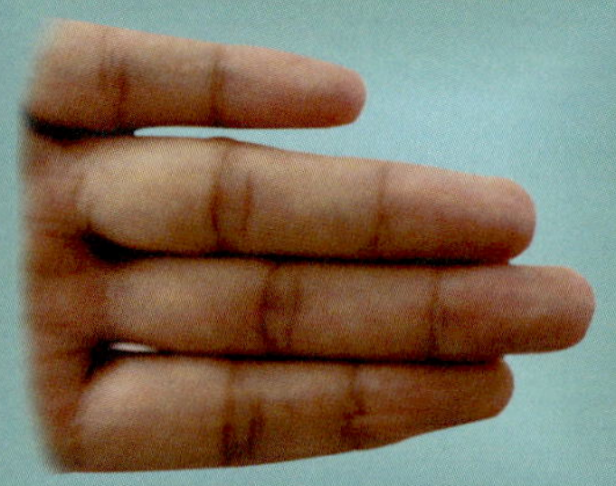

평관수도

평관수도

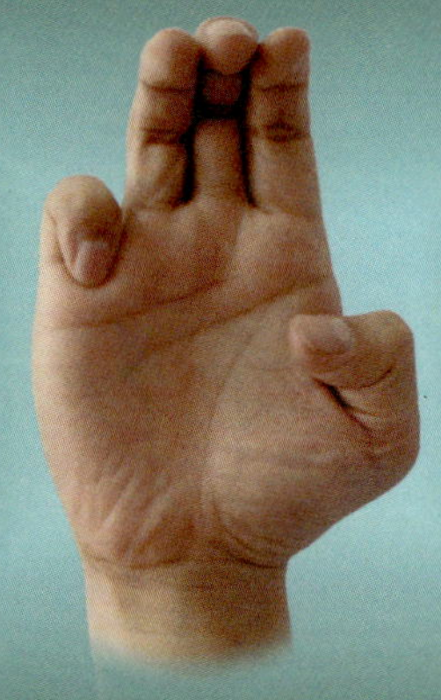

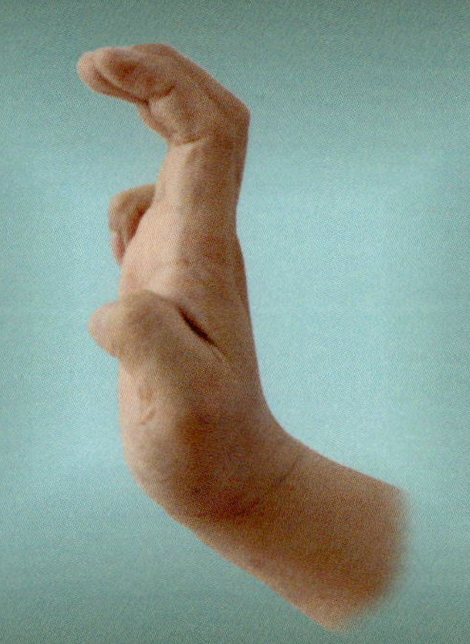

삼지반관수도

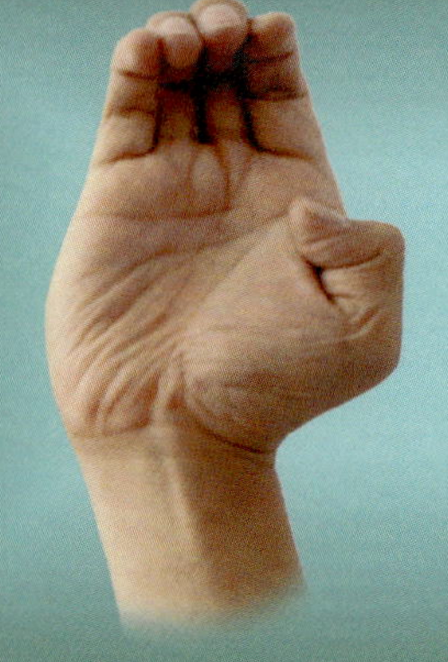

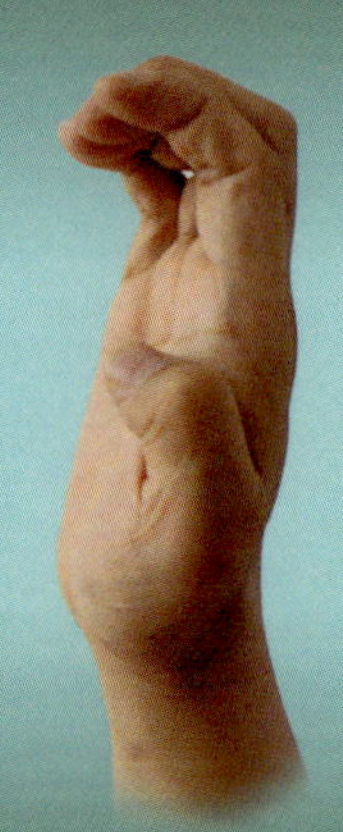

사지반관수도

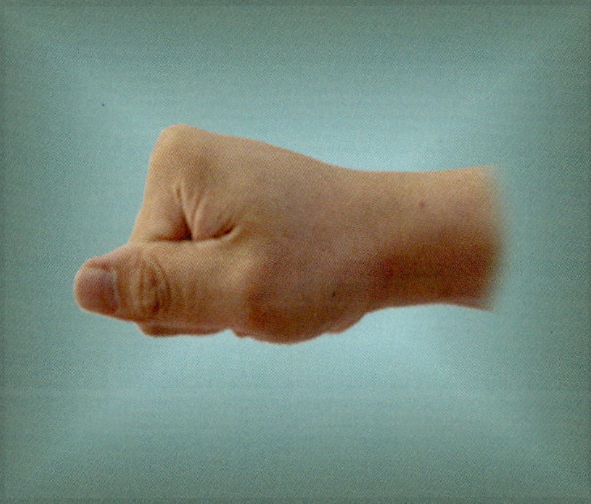

모지편관수도

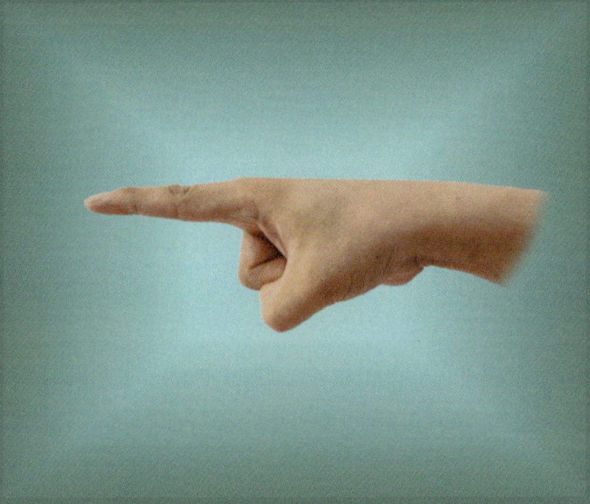

인지관수도

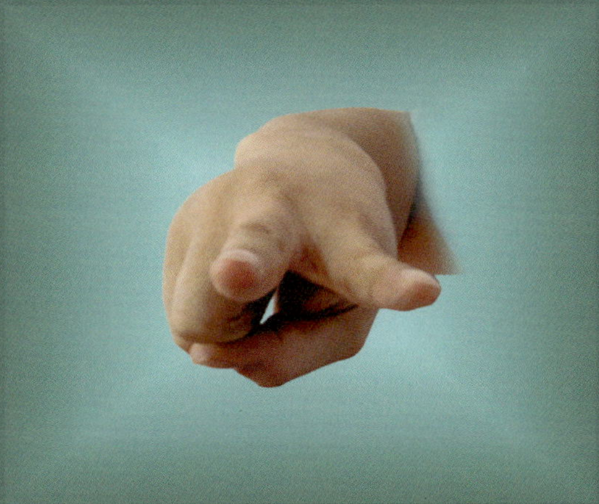

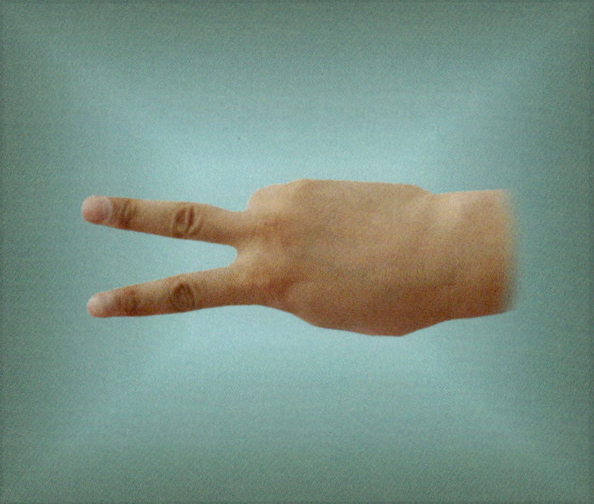

이지편관수도

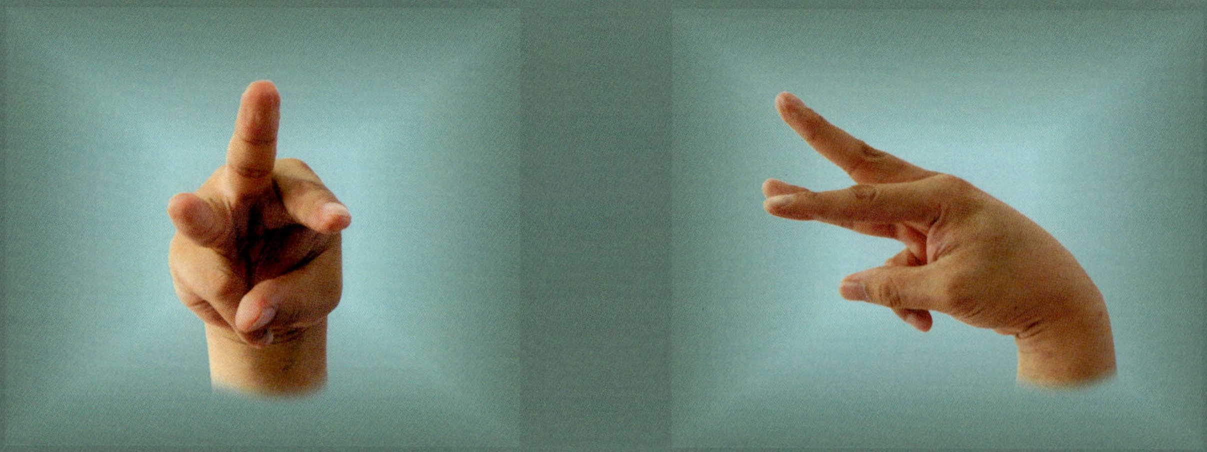

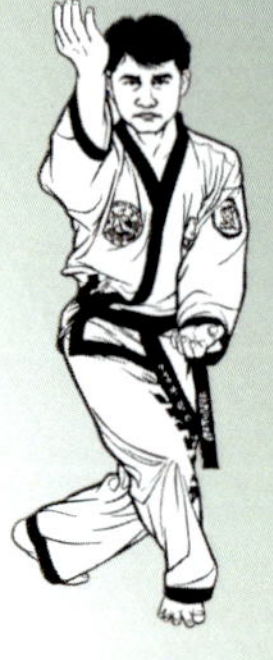

삼지편관수도

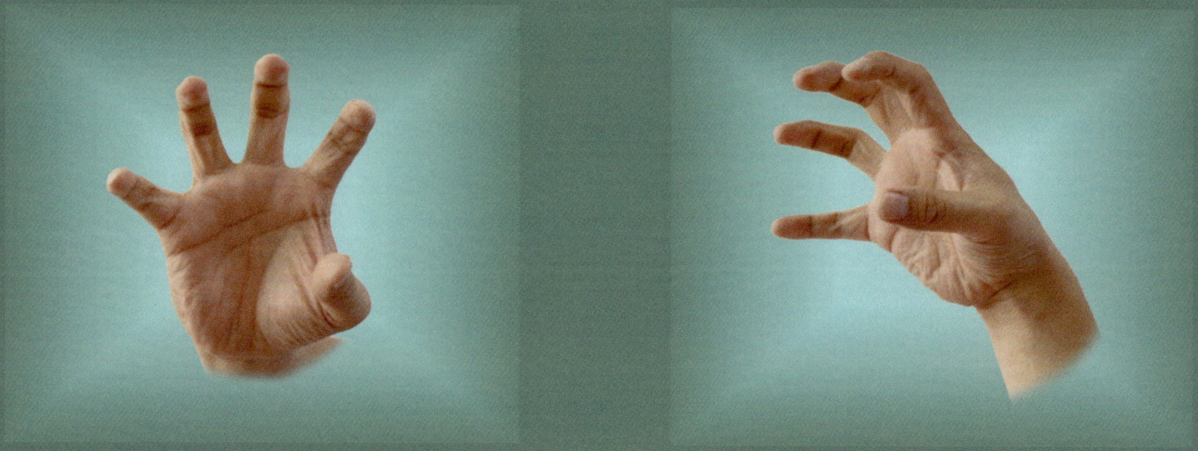

오지편관수도

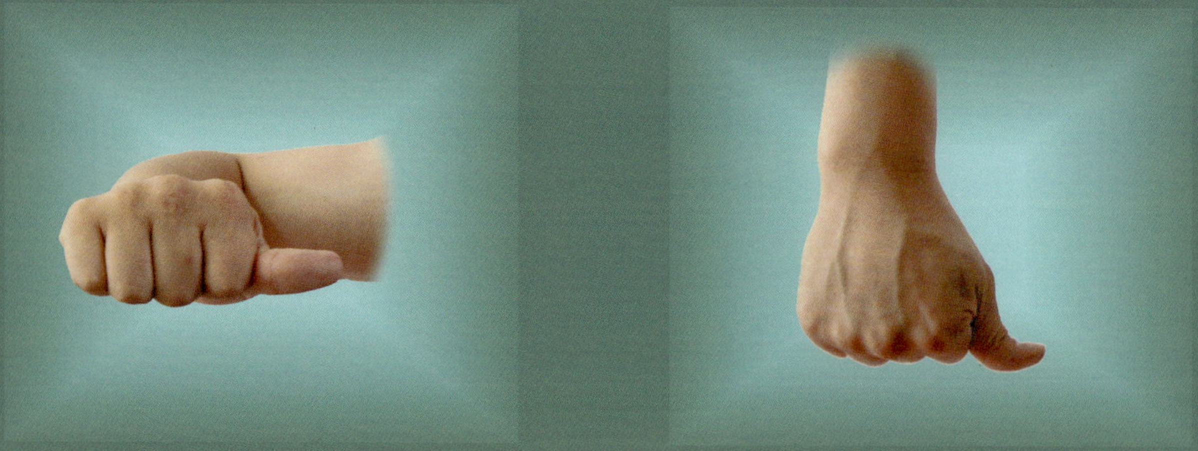

모지관수도

이지모관수도

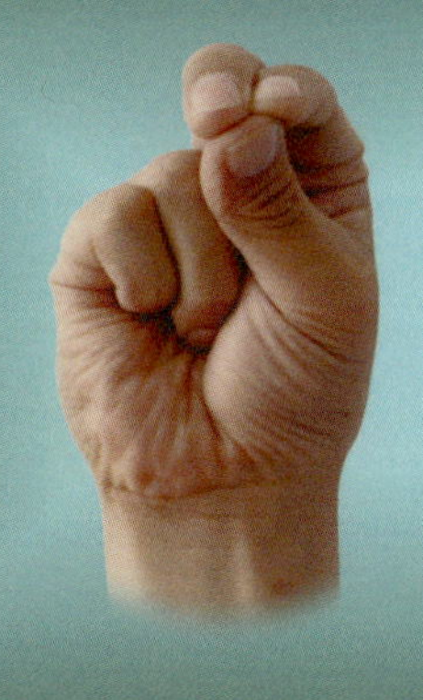

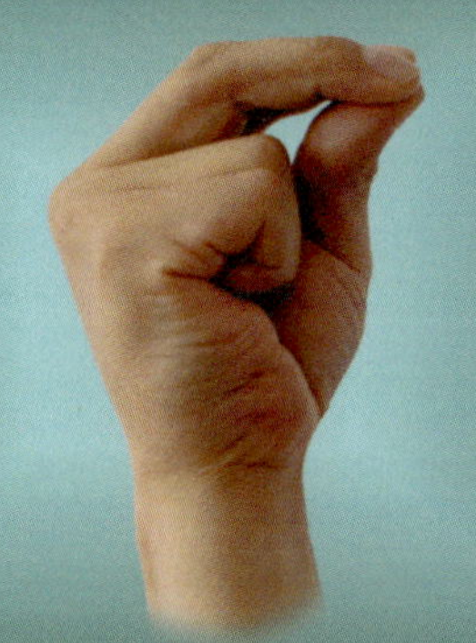

삼지모관수도

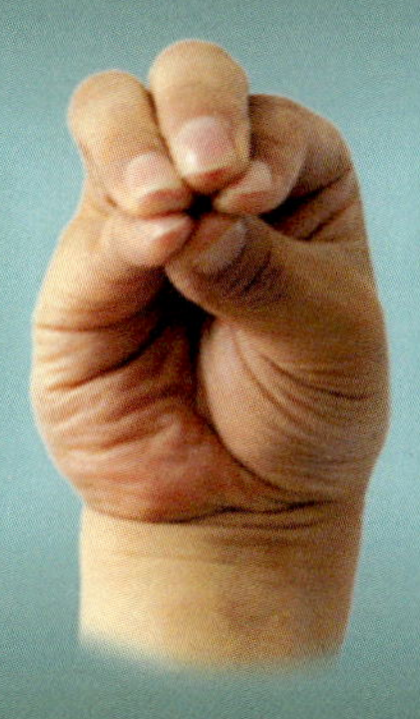

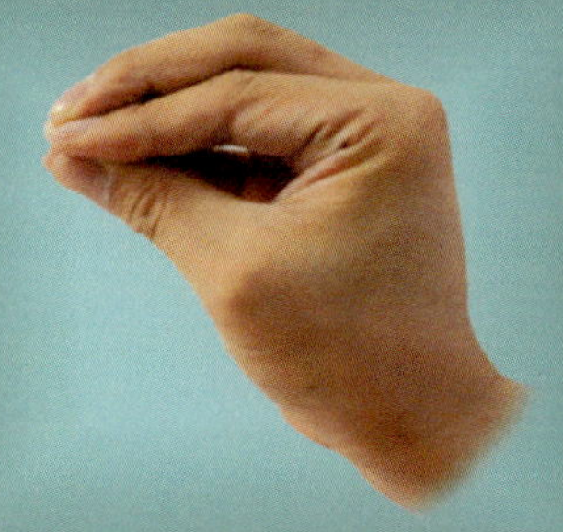

오지모관수도

(4) 손목 · 팔목장

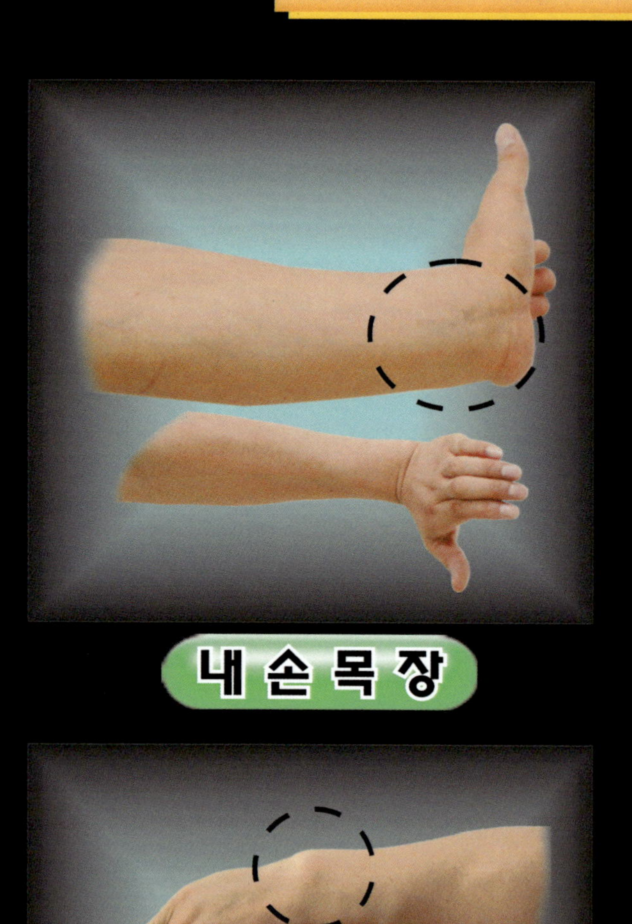

내손목장

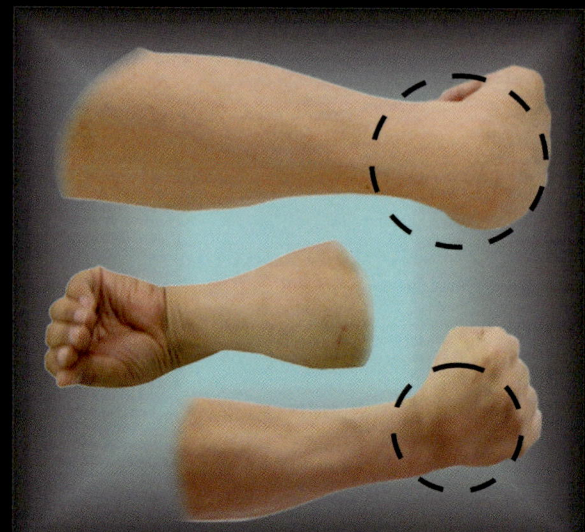

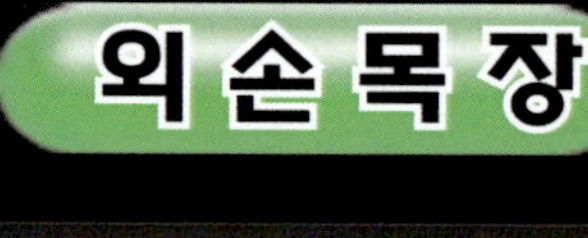

외손목장

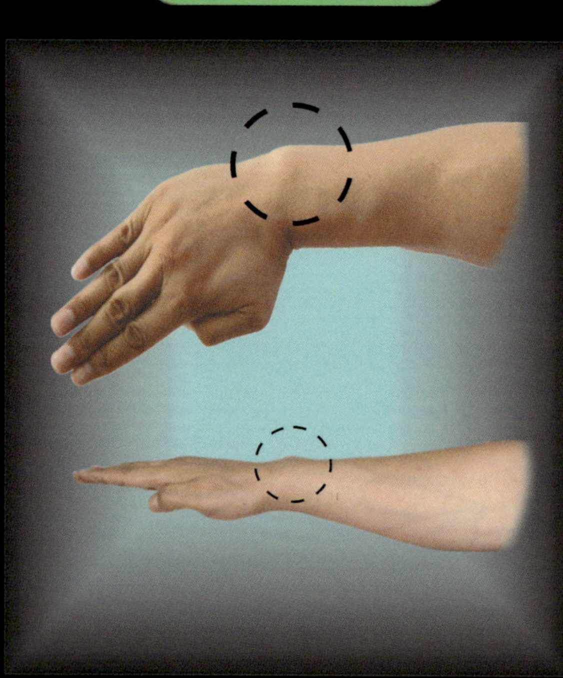

외손목굽장

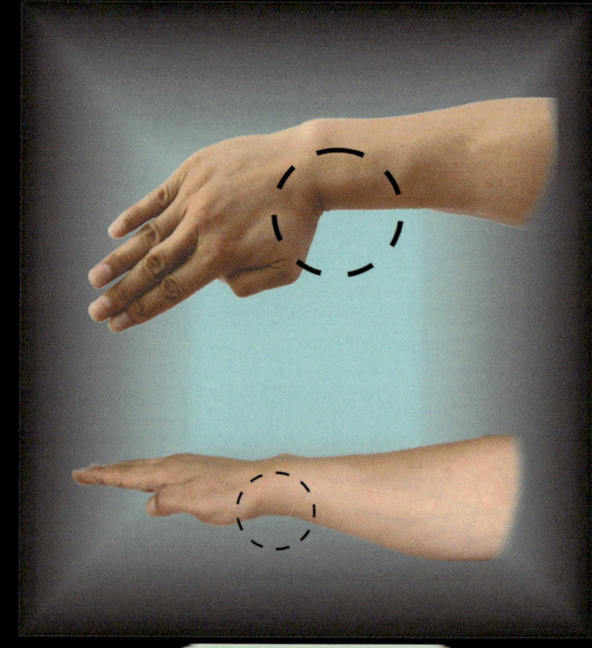

내손목굽

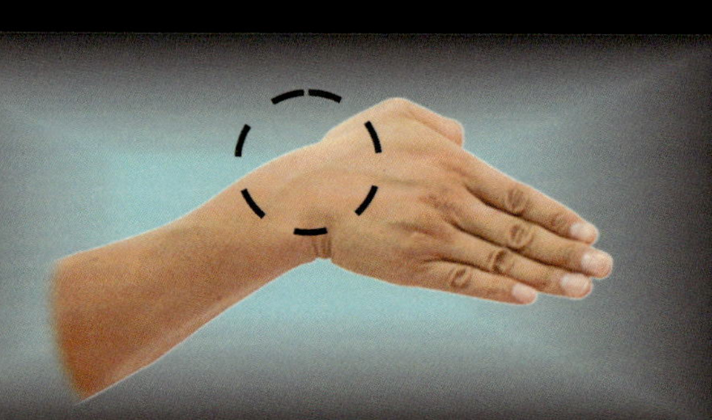

내손목굽장

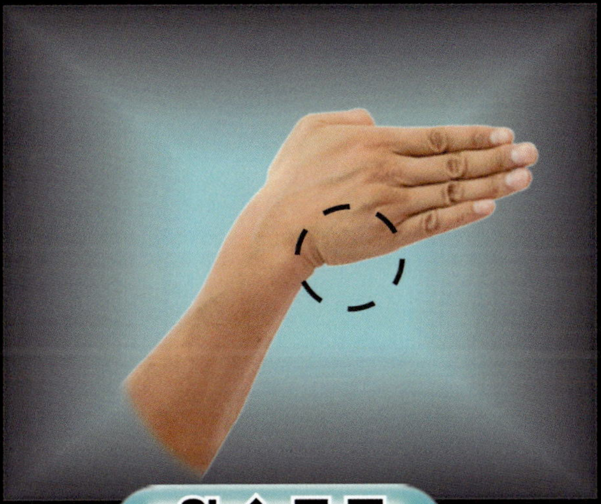

외손목굽

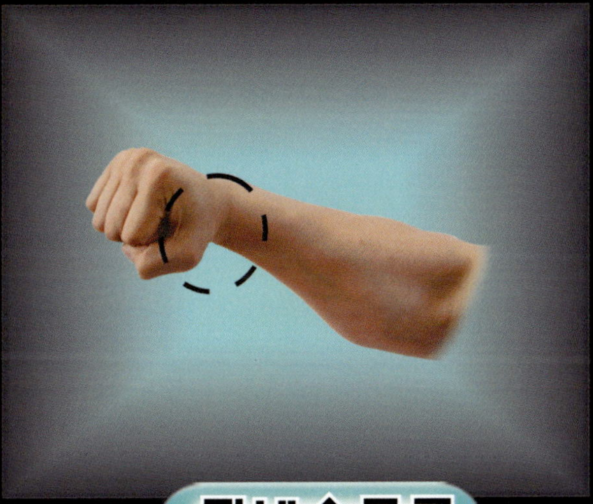

짠내손목굽

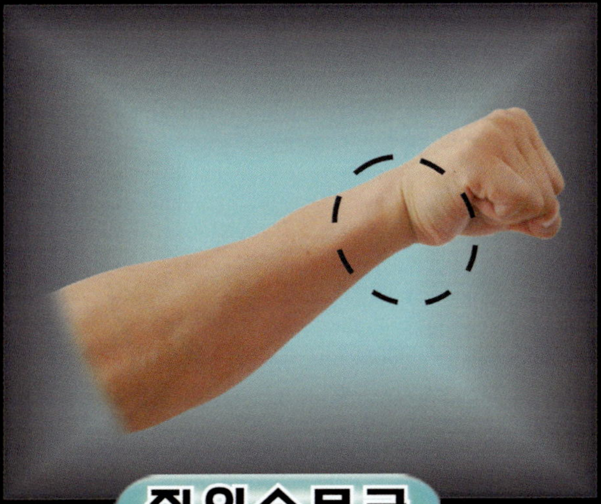

짠외손목굽

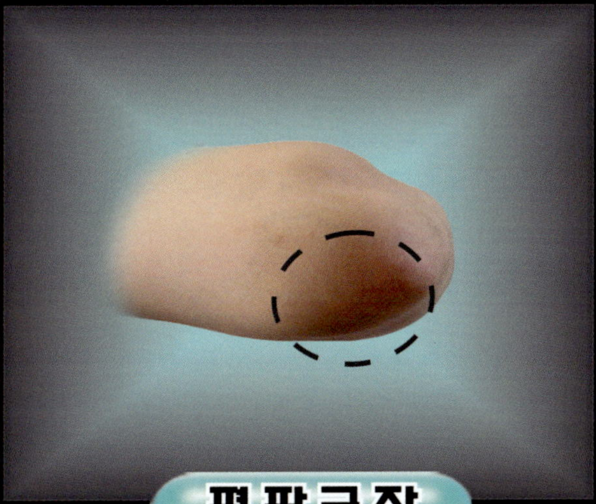

평팔굽장

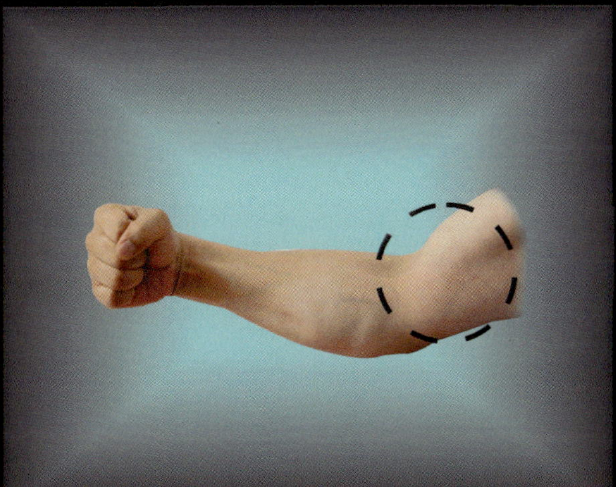

삼각팔굽장

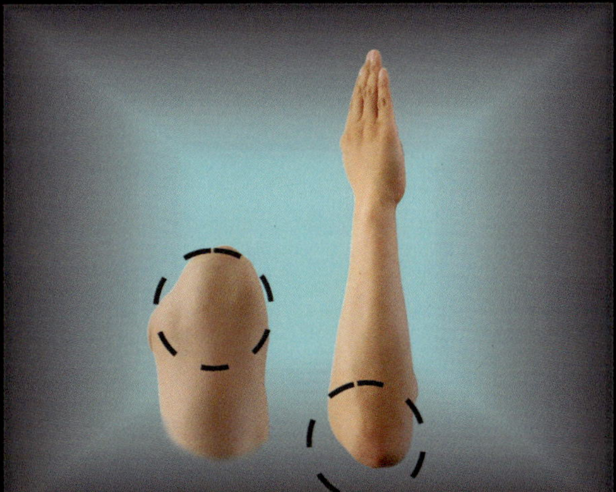

세팔굽장

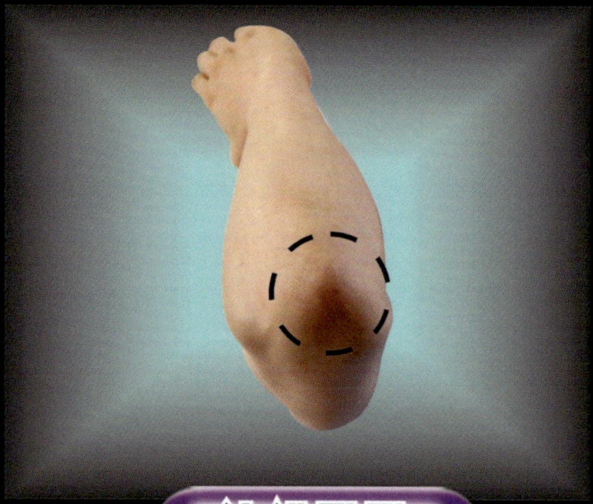

상세팔장

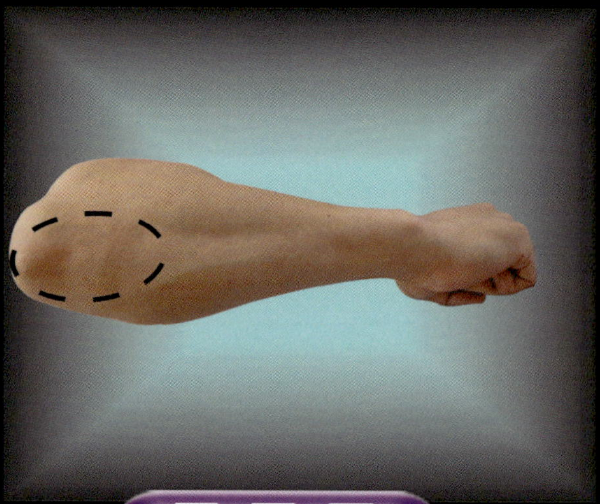

평 팔 장

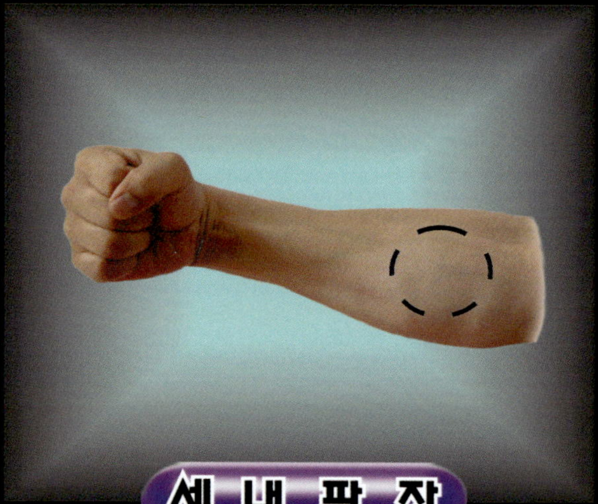

세 내 팔 장

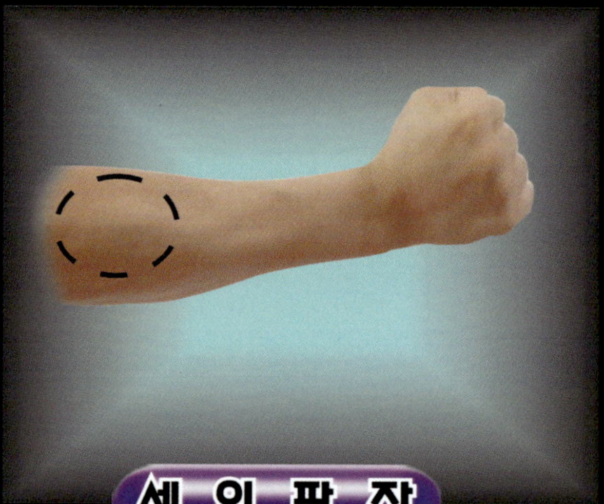

세 외 팔 장

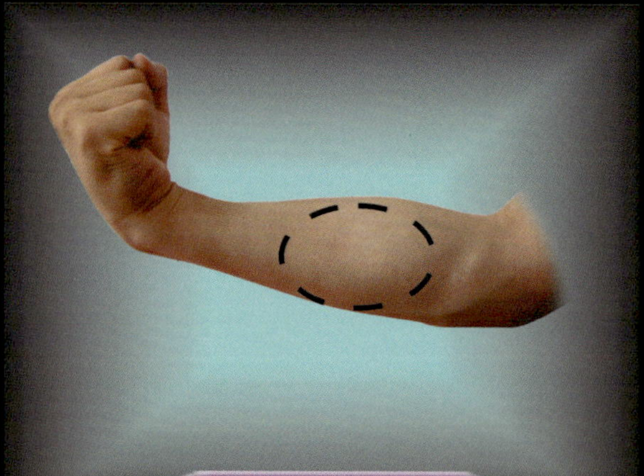

배 내 팔 장

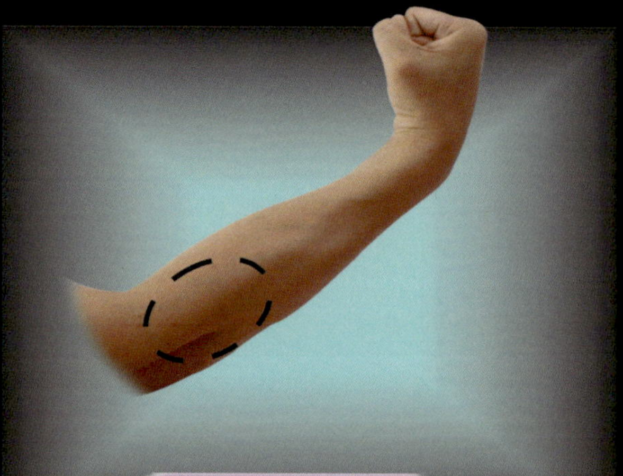

배 외 팔 장

일반적으로 손과 달리 발은 평소에 그다지 많은 운동을 한다고 할 수 없다. 발은 원하는 장소를 옮길 때에 필요한 수단으로 반복된 일정한 보폭과 근육의 근력만을 소모하며, 단순한 동작만을 취하기 때문에, 발을 이용해 자신이 위급한 상황에서 상대에 대한 방어 또는 공격수단으로 사용하기가 매우 어렵다. 다시 말해 발을 이용하여 공격을 한다는 것은 평소 훈련된 사람이 아니면 일반적으로 불가능하다고 할 수 있다.

그러나, 평소 발을 자유자재로 움직일 수 있도록 훈련한 사람이라면, 사람에 따라서는 다수의 사람을 동시에 대적하는데도 큰 무리 없이 가능하기도 한 것이 발의 움직임이며, 발이 갖고 있는 힘도 크기 때문에 상대방에 대한 공격반경 확보에 유리하며 상대방에 대한 치명적인 타격 효과를 기대할 수 있다.

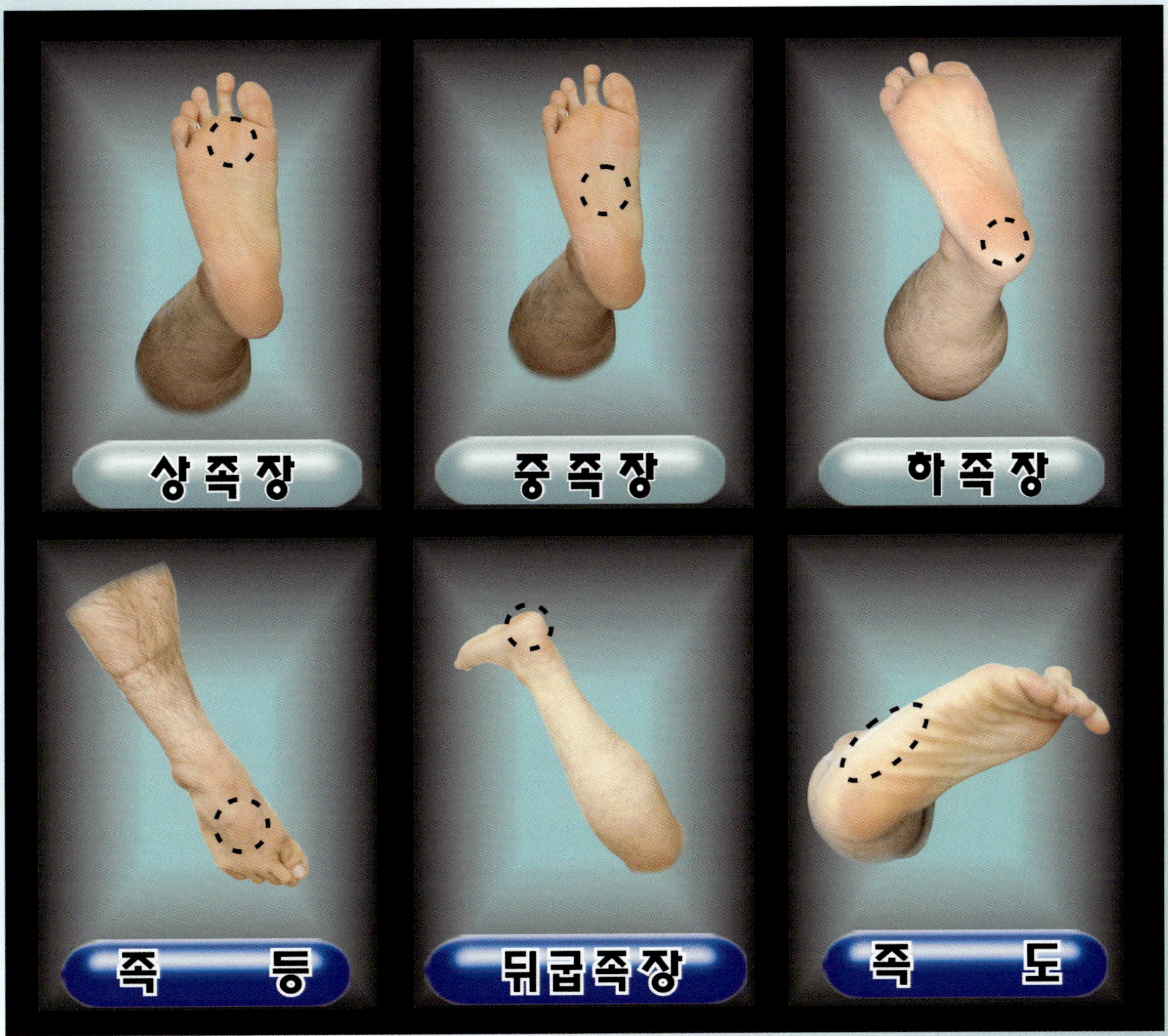

상족장

중족장

하족장

족 등

뒤굽족장

족 도

(6) 공 족(무릎)

무 릎 세

(7) 두(頭) 자세

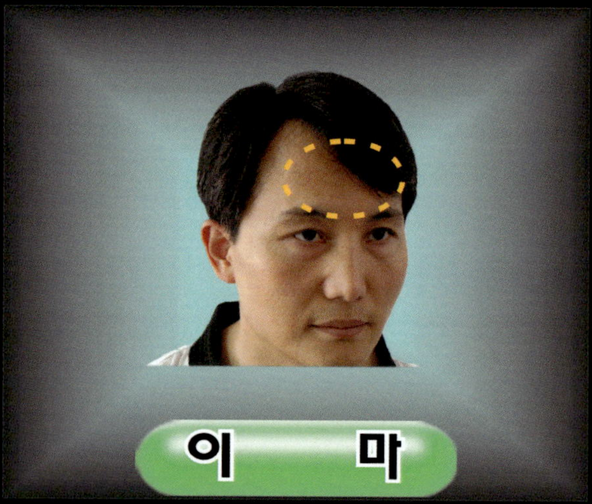

이 마

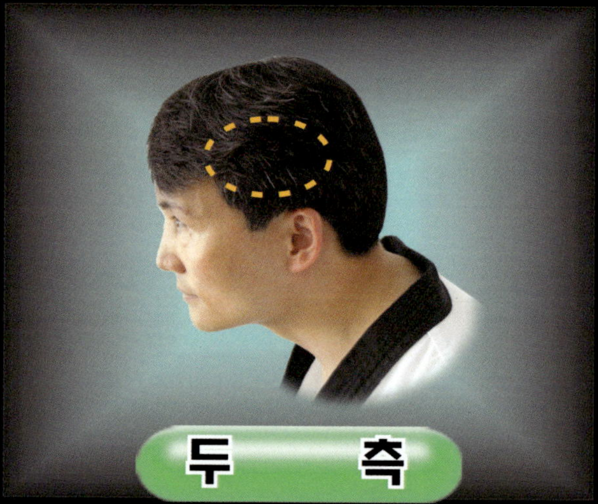

두 측

두 백

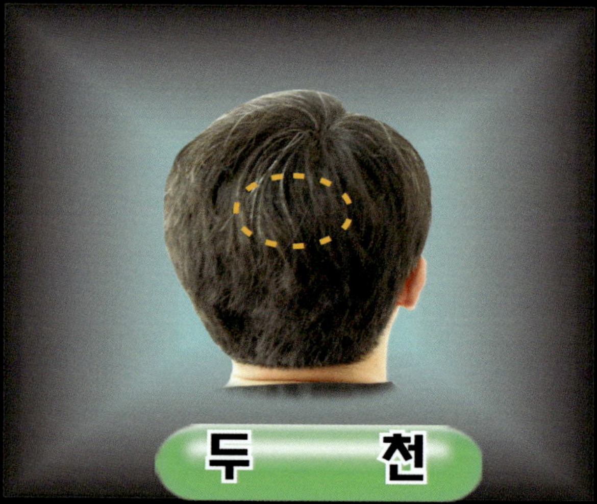

두 천

6 수팔 막기 자세

수팔막기는 상대방에 의한 치기, 잡기, 차기, 무기등을 이용한 찌르기, 베기등에 대하여 방어하는 기술로서, 자신의 손과팔을 이용해 직선 또는 곡선 그리고 높낮이등을 조절하여 스피드하게 정확한 동작이나 자세를 취하여 막는 기술을 수팔막기술이라고 한다.

물론 기습적으로 빠르게 강하게 공격해 오는 상대방의 공격을 막는다는 것은 말처럼 쉽지는 않다. 그러나 상대방도 신체구조상 같기 때문에 자신이 갖고 있는 공격기술이외의 것으로 상대가 공격할 가능성은 매우 작으며, 또한 자신이 구현할 수 있는 공격반경 또한 크게 다르지 않기 때문에 상대방의 공격자세를 순간 판단하여 그 유형에 맞는 수팔막기 자세를 신속하게 취하여 상대방의 공격이 자신의 신체에 도달하기 전에 막는다고 했을 때 충분히 가능하다고 할 수 있다.

그러나, 공격유형을 잘못 판단하거나 공격 후 뒤늦게 방어했을 때에는 방어에 실패할 가능성이 있으며, 공격방어에 따른 시점이 적정하다고 하더라도 공격유형에 맞지 않을 경우, 무리한 방어자세가 되어 신체 가격을 허용하게 되거나 막기자세에 이용된 자신의 수팔이 탈구나 탈골 또는 각종 창상과 같은 부상을 입을 수 있다.

따라서 정확한 공격유형을 판단하는 능력은 매우 중요하다고 할 수 있으며, 이 모든 능력을 갖기 위해서는 공격자세를 익히는 노력 이상으로 수팔막기 자세를 익히는 노력이 중요하며, 막기 타이밍을 위한 무의식 반사신경운동 능력을 기를 수 있는 훈련을 집중해야만 한다.

1) 수 련 방 법

수련방법은 상대의 공격유형 및 방법을 순간 인지할 수 있는 능력을 기르도록 하며, 다음으로는 공격반경 즉 상대방의 공격각도 및 거리등을 순간 판단하는 능력을 갖추도록 해야 한다.

이같은 상황에 대하여 능력을 배양하려면 우선 심리적으로 오는 두려움을 없애고 공격상황에 냉철하게 대응 상대방의 정확한 공격유형, 각도, 거리등을 관측할 수 있도록 한다, 자신이 아무리 평소의 능력이 뛰어나다고 하더라도 실전 상황에서 겪을 수 있는 위험 즉 공격으로부터 정확하게 관측할 수 없다고 한다면 자신의 능력은 무용할 것이기 때문이다.

따라서, 물리적으로 다가오는 위험에 대하여 최후의 순간까지 시선을 집중하는 훈련을 한다. 그리고, 수팔막기 자세에 따른 각각의 자세를 익히도록 한다, 다음으로는 각각의 막기자세를 혼용해 연습한다음 응용해 익히도록 한다. 다음 단계로는 직선 또는 곡선으로 이동하는 전환선법을 이용한 수팔막기 자세를 수련하도록 하는 것이 좋다. 마지막으로 발차기등을 결합해 점진적으로 연습하도록 한다.

2) 수팔막기 5원칙

구 분	내 용
첫 째	직선 공격에는 곡선 또는 측면으로 막는다.
둘 째	연속 공격시에는 원거리 위치 이동하면서 막는다.
셋 째	막기를 역습할 수 있는 기회로 만든다.
넷 째	가능한 역습에 대비하여 막으며 공격한다.
다섯째	가능한 충격을 완화할 수 있는 수팔막기를 이용한다.

3) 수팔막기 10가지 수련법

1 상·중·하 방어자세를 구분해 익힌다.

2 상·중·하 방어자세를 혼용해 익힌다.

3 수팔막기 부위를 충격에 견딜 수 있도록 단련한다.

4 직선 또는 곡선으로 이동하며 자세를 익힌다.

5 피하는 기술과 병행하여 자세를 익힌다.

6 공격 충격을 흡수할 수 있는 자세로 변형해 익힌다.

7 공격 기술과 병행하여 자세를 익힌다.

8 방어자세를 공격할 수 있는 자세로 변형해 익힌다.

9 공격과 방어를 동시에 이룰 수 있는 자세를 익힌다.

10 족막기 기술과 연계하여 자세를 익힌다.

수팔견제 기술체계

TRAININGSTEP

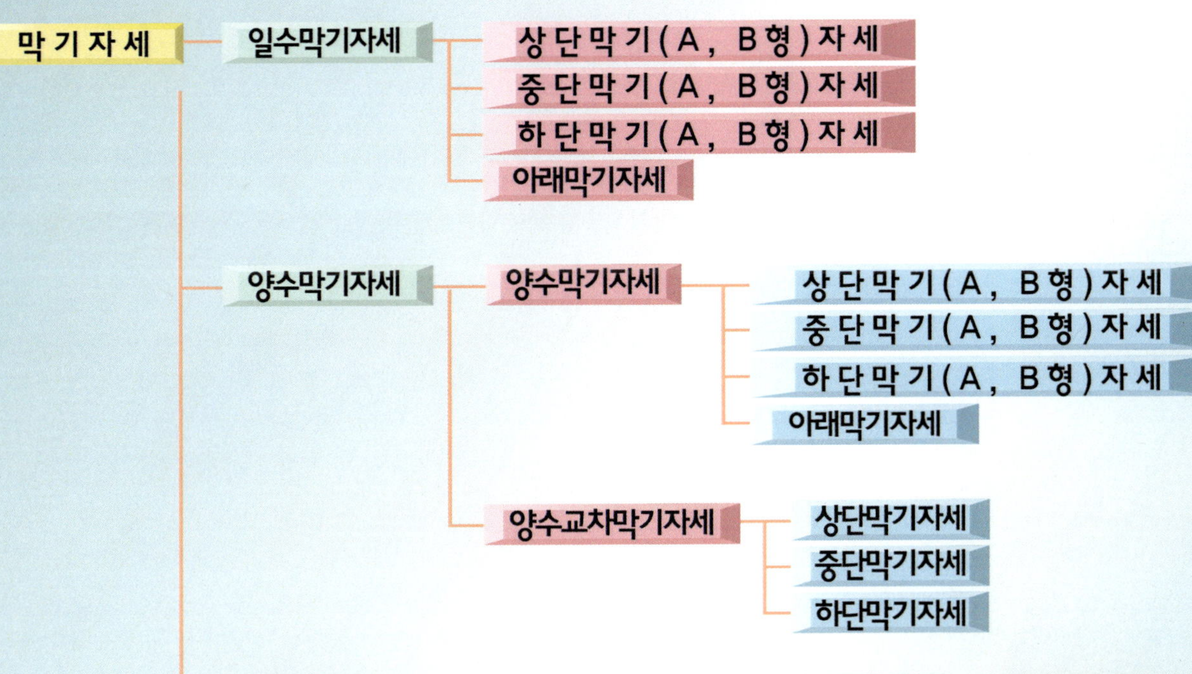

4) 수팔막기 자세

(1) 상단막기(일수)

(2) 중단 막기(일수)

(2) 중단막기(일수)

(3) 하단 막기(일수)

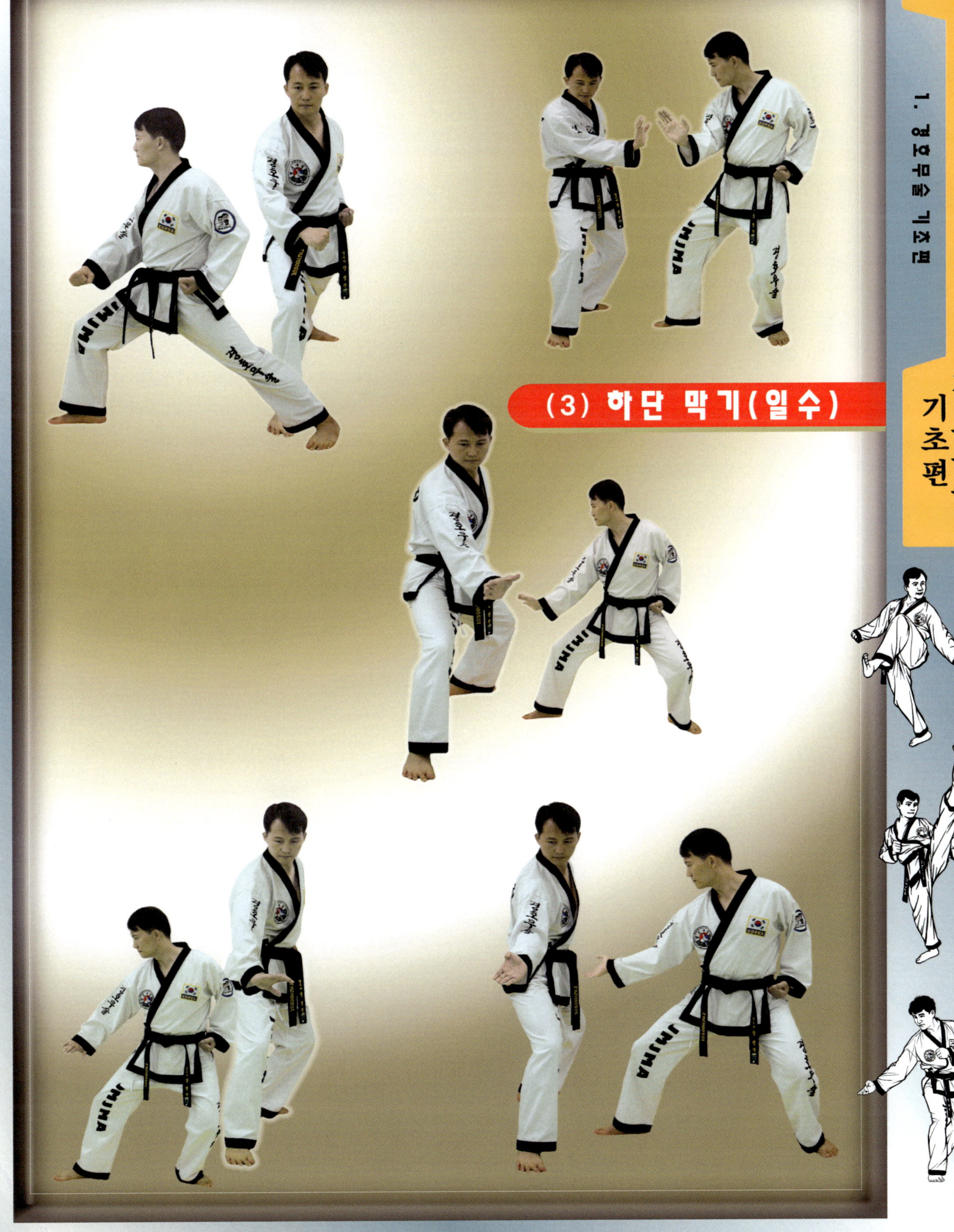

(4) 상단막기(양수)

(5) 중단 막기(양수)

(6) 하단막기(양수)

(7) 수팔얼굴막기

(8) 수팔얼굴(몸통)막기

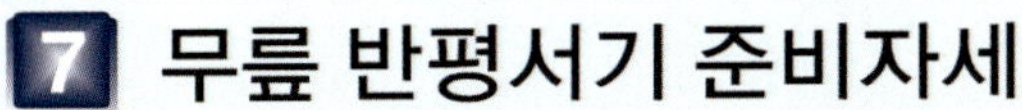

7 무릎 반평서기 준비자세

무릎 반평서기 준비 자세는 정지된 제자리자세에서 막기법 치기법을 수련하기 위한 기본 자세로서 호흡을 깊게 들어마시면서 양팔을 어깨높이로 손들이 위로 향하도록 올려 벌린 다음 호흡을 멈춘 상태에서 양손을 수평 앞으로 모아 팔을 교차시킨 다음 두손을 아래위 내측으로 돌려 양 손바닥이 위로 수평 앞으로 향하도록 뒤 짚은 다음 팔을 쭉 뻗은 동시에 펴져있는 손을 감아쥐어 배정권 자세를 취하며 팔을 접어 좌우측 허리에 위치시킨 다음 아랫배 단전에 기를 모아강하게힘을준다.

Start

1)일수막기

EXAMPLE

(1) 일수 상단막기(A형)

기본막기자세는 상대방의 수족이나 무기 등으로 공격받을 때 방어하는 기초 자세로서 상중하 높낮이와일수 양수 교차 막기 자세 등으로 이루어 져 있다. 수련 시에는 서기자세를 이용해 정지 또는 전환선법을 이용해 전진 후진하며 다양하게 연습할수 있으며, 일수 양수 교차막기 등에 따라 연결해 수련 할수도 있으며, 혼용 응용막기 등으로 수련할 수도 있다. 다음으로는 다른 기본기와 결합해 응용해 수련한다.

1. 일수막기

한손으로 상대방의 공격을 방어하는 자세로서 상대의 공격을 막는 동시에 치기 차기 꺾기 던지기등 과 같은 기술로 반격하는데 사용한다. 기본자세로 서는 일수상단막기, 일수중단막기, 일수하단막기, 일수아래막기A. B형 등이 있다.

Explanation

주먹을 쥔 상태에서 오른팔을 왼쪽 허리쪽으로 옮긴 다음 사선곡선으로 팔을 들어 올린다. 이때 팔은 내에서 외로돌려 사진과 같이 대각을 유지하도록 비스듬하게 자세를 잡는다.

(2) 일수 상단막기(B형)

Start

Explanation

주먹을 쥔 상태에서 오른팔을 왼쪽 허리쪽으로 옮긴다음 사선곡선으로 팔을 들어올린다. 이때 팔은 내에서 외로 돌리고 주먹을 사진과 같이 펴면서 손바닥이 밖으로 향하도록 팔을 수직으로 뻗어 막는다.

(3) 일수 중단막기(A형)

Start

Explanation

주먹을 쥔 상태에서 오른팔을 왼쪽 가슴쪽으로 옮긴 다음 사선곡선으로 팔을 들어올린다. 이때 팔은 외에서 내로 돌려 사진과 같이 전방대각을 유지하도록 비스듬하게 자세를 잡는다. 이때 주먹이 눈높이를 유지케 하면서 손목이 밖으로 제껴지도록 자세를 잡아 막는다.

(4) 일수 중단막기(B형)

Explanation

오른손을 왼쪽 가슴위치로 옮긴 다음 다시 오른쪽 사선 곡선으로 원을 그려 돌려 측면으로 막는다. 이때 상팔은 어깨와 수평이 되게 하고 손의 높이는 머리높이로 유지한다. 다음으로 손등이 내측을 향하도록 하여 막는다.

(5) 일수 하단막기

Start

Explanation

오른손을 왼쪽 어깨 위로 올린 다음 사선 곡선으로 원을 그리듯이 전하방 아래로 힘차게 돌려 막는다. 이때 손의 위치는 단전위치를 유지하고 손등은 바깥쪽을 향하도록 하여 막는다.

(6) 일수 아래막기

Start

Explanation
손을 편 상태에서 오른쪽 가슴 높이로 올린다음 힘차게 전하방으로 내려 막는다.

2) 양수막기

(1) 양수 상단막기(A형)

한손으로 상대방의 양손 또는 두손을 이용하여 상대방의 공격을 방어하는 기술로서 연타(연속) 공격시에 막는 기술이다. 기본자세로서는 양수상단막기, 양수중단막기, 양수하단막기, 양수아래막기A, B형 등이 있다.

Explanation

양손을 대각 수직위로 가슴높이로 올린 다음 양팔을 수평으로 어깨높이로 올리면서 머리 위로 팔을 밖으로 돌려 대각으로 유지하면서 힘차게 막는다.

(2) 양수 상단막기(B형)

Start

Explanation

양손을 대각 수직 위로 가슴높이로 올린다음 양팔을 수평으로 어깨높이로 올리면서 머리 위로 팔을 밖으로 돌려 수직으로 유지하면서 힘차게 손을 뻗어 사진과 같이 뻗어 같이 막는다.

(3) 양수 중단막기(A형)

Explanation

양손을 좌우 어깨 위로 들어올려 벌린 다음 힘차게 전방향으로 모아 막는다. 이때 손등이 지면을 향하도록 자세를 잡아 막는다.

(4) 양수 중단막기(B형)

Start

Explanation

A형 이어서 모아진 팔을 좌우 수평으로 벌려 힘차게 막는다. 이때 팔을 밖으로 돌려 막고 손등이 내측을 향하도록 한다.

(5) 양수 하단막기

Start

Explanation

양손을 눈높이 위치로 올린다음 양팔을 수평으로 올리는 동시에 잔하방향으로 힘차게 내려 막는다.
이때 손의 위치는 단전위치하고 손과 손의 간격은 주먹 하나 사이를 유지케 한다.

(6) 양수 아래막기

Explanation

손을 편 상태에서 양팔을 당겨 가슴 위치한 다음 양손을 중앙으로 모아 전하방향으로 힘차게 팔을 뻗어 막는다. 이때 엄지 첫 관절이 사진과 같이 서로 붙인다.

3) 양수 교차막기

EXAMPLE

(1) 양수 상단 교차막기(A형)

교차 막기는 상대방의 강한 파워 공격 시에 방어하는 기술이다. 기본자세로는 상단교차막기, 중단교차막기, 하단교차막기 A, B형 등이 있다.

Explanation

양손을 어깨 높이로 올리는 동시에 사진과 같이 머리 위로 팔이 교차되도록 힘차게 들어 올려 밀착되게 막는다.

(2) 양수 상단 교차막기(B형)

Explanation

양손을 어깨 높이로 올리는 동시에 사진과 같이 머리 위로 팔이 교차되도록 힘차게 들어 올려 밀착되게 하면서 손을 펴서 막는다.

(3) 양수 중단 교차막기(A형)

Start

Explanation

상단교차막기 자세와 같은 방법으로 가슴어깨높이로 막는다.

(4) 양수 중단 교차막기(B형)

Start

Explanation

A형과 같은 자세를 취한다음 사진과 같이 양손을 펴 힘차게 막는다.

(5) 양수 하단 교차막기(A형)

Start

Explanation

두 손을 가슴위치로 올려 손목을 교차시키는 동시에 전하방으로 힘차게 팔을 뻗어 막는다.

(6) 양수 하단 교차막기(B형)

Explanation

A형과 같은 방법으로 자세로 취하면서 사진과 같이 쥔 주먹을 편다. 이때 손등이 전방향으로 향하도록 자세를 유지토록 한다.

4) 막기 연결동작

EXAMPLE

(1) 일수막기 A형 연결동작

교차 막기는 상대방의 강한 파워 공격 시에 방어하는 기술이다. 기본자세로는 상단교차막기, 중단교차막기, 하단교차막기 A, B형 등이다.

Explanation

일수막기 연결동작은 한 팔을 이용 사진과 같이 연결해 수련하는 방법 외에도 좌.우 양팔을 이용해 막기 자세로 수련할수도 있으며. 아래막기 부터 역순으로 수련할수도 있다. 또한 순서 없이 혼용이나 응용해 수련할수도 있다.

(2) 일수막기 A, B형 연결동작

Start

(3) 양수막기 A형 연결동작

Start

(4) 양수막기 A,B형 연결동작

Start

(5) 양수 교차막기 A형 연결동작

Start

(6) 양수 교차막기 A,B형 연결동작

Start

8 발막기(혼용) 자세

발막기(혼용) 자세는 상대방의 다양한 발차기 공격으로부터 발만을 이용하여 막는 기술을 말하며, 발막기(혼용) 자세란 수팔막기 또는, 수팔얼굴막기 자세등을 발막기와 혼용한 기술로서 상대방의 정권치기, 수도치기, 팔굽치기, 발차기 그리고 각종무기 공격기술로부터 방어하는 기술이라고 할 수 있다.

이같은 기술은 상대방과 매우 근접한 거리에 위치된 상태에서 상대방의 공격이나 또는 기습공격을 위한 상대방의 방어자세를 흐트려 놓기 매우 좋은 기술이다. 그리고 이 기술은 충분히 안정된 자세에서 취하는 동작이기 때문에 상대방의 공격으로부터 대응이 용이하며, 특히 상대방의 발차기 공격시 초기 대응기술 위주로 되어 있기 때문에 방어기술로서는 최고라고 할 수도 있다. 그리고 손으로 막는 기술보다 대응이 빠르고 충돌시에는 통증이 덜한 장점도 있다.

그리고 발막기 자세에서 공격발차기 자세로 변환하기 쉽기 때문에 상대방의 공격허점을 노려 역습하기에 매우 좋다. 따라서 이 발막기 수련은 발차기 수련 못지않게 중요한 수련이라고 할 수 있다. 다음으로 혼용자세는 상대방의 수팔공격과 동시다발적으로 발차기 공격기술을 구사할 때 매우 유용한 기술이 된다. 양수팔로 얼굴과 몸통을 순간순간 번갈아가며 막고 동시에 상대방의 발차기 공격을 발막기로 막으며, 역습할 수 있는 기회 포착을 노린다. 아무리 뛰어난 실력이 있다고 하더라도 상대방의 공격기술을 무시하고 허용하게 되면 크게 당할 수 있음을 명심하고 공격기술 못지 않게 발막기 및 혼용막기 기술을 익히는데 최선을 다하도록 한다.

1) 수 련 방 법

수련방법은 상대방의 발차기 유형과 거리, 각도, 높이에 따라 필요 적절한 동작이 손쉽게 이루어지도록 체계적으로 낮은 자세로에서 높은 자세로, 느린 속도에서 빠른 속도로 단계적으로 늘려 나간다. 특히, 상대방의 공격발차기 유형을 사전에 그 징후를 판단하는 수련법이 요구되며, 순간 막는 자세와 위치, 각도등의 정확도가 요구되기 때문에 순간 반응 속도를 높이는 수련법이 필요하다. 따라서, 빠른 스피드와 유연성을 기를 수 있는 순발력 훈련을 비중있게 실시한다. 그리고, 상대방의 연속적인 공격에 대비하여 막기자세의 연속동작과 변형을 주는 수련을 실시하도록 한다. 상대방의 발차기 공격은 정면, 측면, 후면, 상단, 중단, 하단, 직선, 곡선, 연속동작과 자세가 구현되기 때문에 이를 가상한 발막기, 혼용막기 수련을 평소에 충분히 실시하도록 한다. 평소에 하지 않으면 실전에서 반응하는 속도가 느려 상대방의 공격발차기를 전혀 막을 수가 없다.

발 막 기

(1)정강이 돌려막기

(2) 족장 들어막기

(3) 정강이 들어 대각막기

(4) 정강이 들어 세워막기

(5) 정강이 수평막기

혼용막기

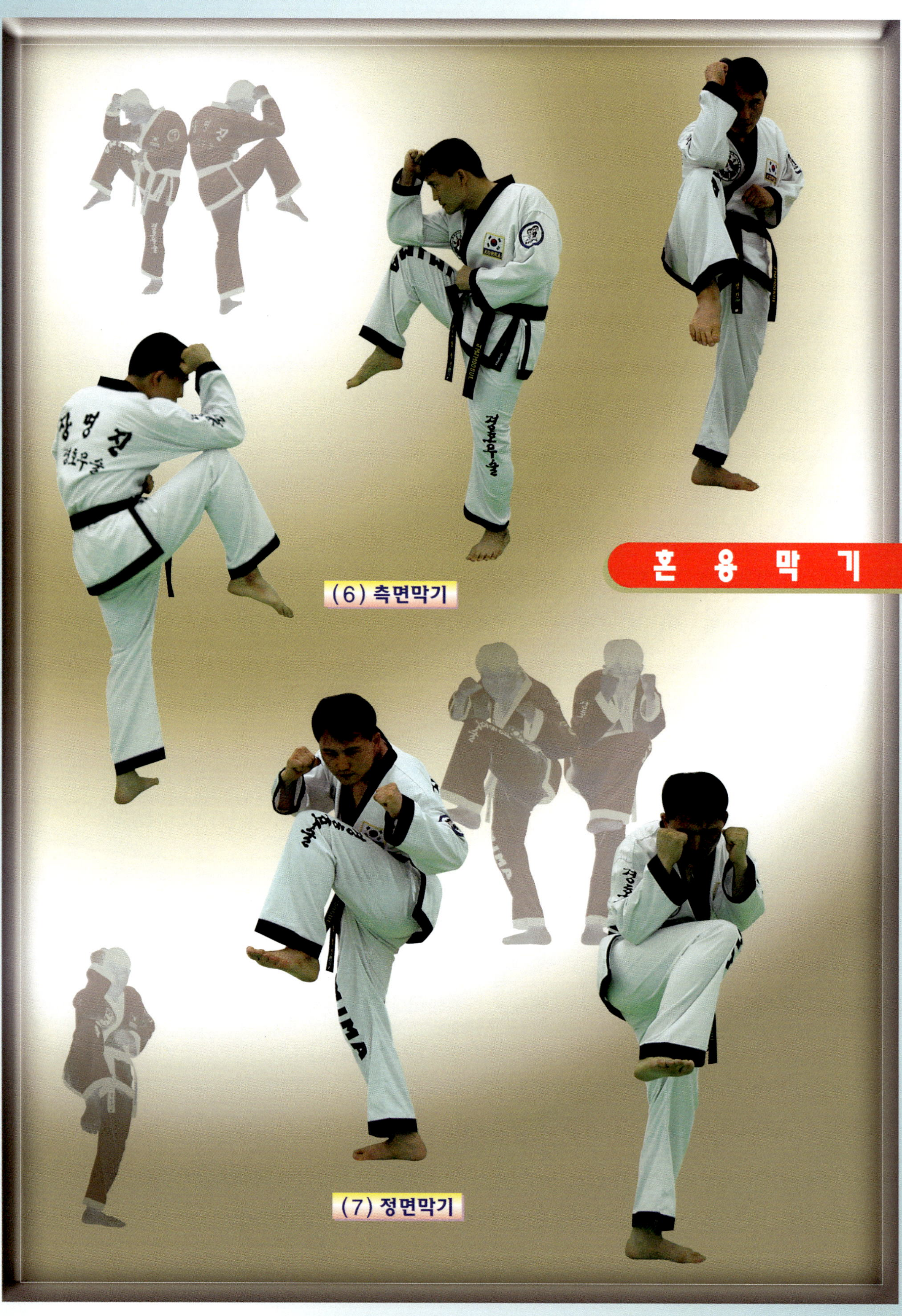

(6) 측면막기

(7) 정면막기

9 수팔 치기 자세

수팔치기자세는 앞서 공격자세에서 설명한 바와 같이, 다양하게 손의 모양을 달리하여 보다 효과적으로 상대방의 신체 부위를 공격할 수 있는 자세를 말하는 것으로 손, 손목, 팔, 팔굽등을 이용하여 근접한 상대를 발차기보다 빠르게 그리고 자유롭게 치기를 구사할 수 있는 장점을 갖고 있다.

특히 수팔치기는 발차기와는 달리 잡기등의 공격 기술을 병행할 수 있기 때문에 잡기술, 꺾기술, 조르기술, 누르기술 등을 체계적으로 수련한다면 매우 위력적인 공격수치기술이 될 수 있다.

대표적인 수팔치기술로는 정권치기, 수도치기, 관수치기 등이 있으며, 이외로도 손목굽장이나 팔굽장, 수장 등을 이용한 수팔치기 자세등이 있다.

그러나 모든 무술이 그러하듯이 중요한 것은 수련하는 사람이 얼마나 자세에 관한 용법을 이해하고 수련해 가느냐 하는 것이 중요하다고 할 수 있다.

1) 수 련 방 법

수련방법은 우선 균형된 자세를 익혀 자세를 안정되게 한 다음 정권치기등을 연마한 후 수도치기, 손목굽장치기, 팔목굽장치기순 등으로 수련해 나간다. 그리고, 치고, 막고, 차기등을 병행하는 수련단계로 높여 수련한다.

마지막으로 경호대상을 호위하는 동시에 공격자에 대한 치기 또는 밀치기 자세를 익혀 호위수팔치기 수련을 완성하도록 수련하면 된다.

2) 수팔치기 5원칙

첫 째 호위수팔치기는 선제공격을 우선한다.

둘 째 호위수팔치기는 경호대상호위를 우선한 후 치기술을 실시한다.

셋 째 위기시에 호위수팔치기는 꺾기, 던지기, 조르기술보다 우선하여 사용한다.

넷 째 정신기선제압의 수위에서는 수팔치기를 가능한 사용하지 않는다.

다섯째 공격목표에 따라 수팔치기자세를 다르게 하는데, 가능한 상대에게 상해와 같은 외상이 남지 않도록 한다.

3) 수팔치기 10가지 수련법

1

발을 먼저 몸의 균형이 안정될 수 있도록 보폭을 유지시킨 다음 천천히 또는 빠르게 수도나 정권을 쥐어 치는 자세를 연습한다.

2

수팔자세 타격 부위별로 단련될 수 있도록 타격훈련을 실시한다.

3

정권자세(평정권, 배정권, 세정권), 수도(평수도, 배수도, 세수도, 상세수도), 손목장(내손목장, 외손목장), 팔장(내팔장, 외팔장)등을 이어치는 훈련을 한다.

4

움직이는 사물을 가상하여 치는 연습을 한다.

5

치는자세, 막는자세를 병행하여 호위기술이 되도록 연습한다.

6

호위발차기와 병행이 용이하도록 수치기를 연습한다.

7

잡기술, 꺾기술, 던지기술과 병행이 용이하도록 연습한다.

8

총이나 칼등 각종 무기술과 병행이 용이하도록 수팔치기를 연습한다.

9

대련 수팔치기를 연습한다.

10

다수 및 무기를 가진자와 대련 수팔치기를 연습한다.

4)수팔치기 기술체계

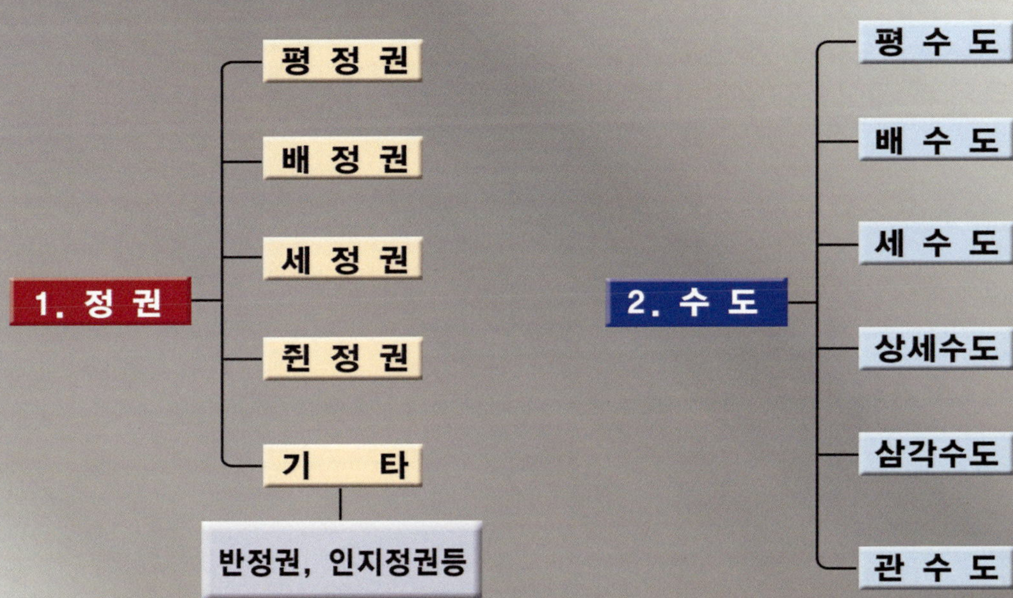
1. 정 권
평 정 권
배 정 권
세 정 권
쥔 정 권
기 타
반정권, 인지정권등
2. 수 도
평 수 도
배 수 도
세 수 도
상세수도
삼각수도
관 수 도

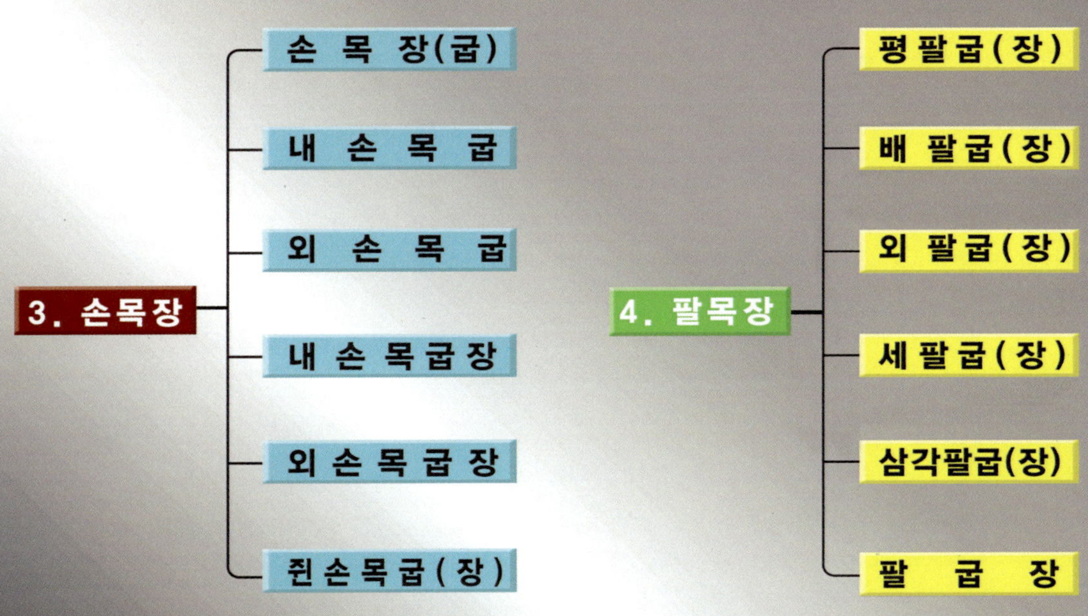
3. 손목장
손 목 장(굽)
내 손 목 굽
외 손 목 굽
내 손 목 굽 장
외 손 목 굽 장
쥔 손 목 굽 (장)
4. 팔목장
평 팔 굽 (장)
배 팔굽(장)
외 팔굽(장)
세 팔 굽 (장)
삼각팔굽(장)
팔 굽 장

(1) 평 정 권

하

중

상

(2) 배 정 권

(3) 세 정 권

(4) 질 정 권

(5) 기타정권

(6) 평 수 도

반평수도

(7) 배 수 도

반배수도

(8) 세 수 도

(9) 상세수도

(10) 삼각수도

삼각평수도

삼각세수도

(11) 삼각상세수도

(12) 관수도

반평수도

(13) 손목장

외손목장

외손목장

외손목장

외손목장

외손목장

내손목장

내손목장

내손목장

내손목장

(14) 내손목굽

배수

평수

배수

배수

평수

(15) 외손목굽

세수

세수

평수

평수

평수

평수

(16) 내손목굽장

(17) 외손목굽장

(18) 찝내손목굽

(19) 평팔굽(장)

(20) 배팔굽(장)

(21) 외팔굽(장)

(22) 세팔굽(장)

(23) 삼각팔굽(장)

(24) 팔굽장

5) 기본치기자세

EXAMPLE

(1) 정권치기

정권치기술은 가장 신속하고 빠른 공격법으로 서거나 앉거나 눕거나 뒹구는 상황에서도 다양하게 사용할 수 있는 기술이며, 찰과 상 창상 골절을 동반할 수 있는 부상을 가할수 있으며 급소를 공격할 때에는 내상 또는 의식불명과 사망에 이르게 할수 있는 기술이다. 기본자세로는 평정권치기, 세정권치기, 배정권치기, 쥔정권치기 등이 있다.

Start

맨손 맨주먹으로 공격하는 기초기술을 말하는 것으로 기본 막기자세와 같은 방법과 단계로 수련한다.

① 평정권치기(A형)

Explanation

쥔 주먹을 직선으로 팔을 뻗어 치는데 이때 팔을 안으로 비틀어 돌리면서 손등이 위로 향하도록 힘차게 친다. 이렇게 가격하게 되면 상대방의 타격부위 근육수축과 비틀림 현상으로 통증을 증가 시킬수 있으며. 복부 및 명치 위치를 가격할 경우에는 오장 육부 에 내상을 가하여 중산이나 사망에 이르게 할수도 있다.

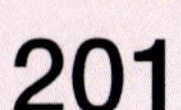

② 평정권치기(B형)

Start

Explanation

A형과 같은 방법으로 자세를 취하면서 어깨와 몸통 다리를 치기 방향으로 트는 동시에 체중의 힘을 어깨와 팔정권에 순차적으로 집중시켜 힘차게 친다.

③ 세정권치기(A형)

Explanation

평정권치기와 같은자세를 취하는데 사진과 같이 쥔 주먹이 세워지도록 하여 힘차게 친다.

④ 세정권치기(B형)

Start

Explanation

A형과 같은 자세를 유지해 치면서 몸통 어깨 다리를 치는 방향으로 틀어 돌리면서 힘차게 친다.

⑤ 배정권치기(A형)

Start

Explanation

쥔 주먹 손등이 지면을 향하도록 틀지 않은 상태에서 약간 사선 곡선으로 아래에서 위로 힘차게 올려 친다.

⑥ 배정권치기(B형)

Start

Explanation

A형과 같은 자세를 취하면서 다리 몸통 어깨를 순차 적으로 돌리면서 힘을 집중시킨다. 이때 손과 팔을 사진과 같이 사선 곡선을 살려 반원처럼 아래에서 위로 올려친다.그리고 손의 높이는 머리 높이 또는 그 이상을 유지해도 된다.

⑦ 쥔 정권치기(A형)

Explanation

쥔주먹을 허리 몸통 어깨순으로 뒤로 트는 동시에 손팔을 같이 뒤로 들어 올린다음 앞으로 곡선수직으로 힘차게 내려 친다. 사진과 같이 쥔 주먹을 세운 상태를 유지하고 약지 부분에 힘을 집중해 가격한다.

⑧ 쥔 정권치기(B형)

Start

Explanation

A형과 같이 자세를 취하는 동시에 손, 팔, 어깨, 몸통, 허리, 다리순으로 순차적으로 돌리면서 정권에 힘을 집중시켜 힘차게 내려친다.

⑨ 좌우 평정권 치기(A형)

Start

⑩ 좌우 평정권 치기(B형)

Start

⑪ 좌우 세정권 치기(A형)

Start

⑫ 좌우 평정권치기(B형)

Start

⑬ 좌우 배정권치기(A형)

Start

⑭ 좌우 배정권치기(B형)

Start

⑮ 좌우 찐정권치기(A형)

Start

⑯ 좌우 쥔정권치기(B형)

Start

⑰ 좌우정권치기 연결동작(A형)

⑱ 좌우정권치기 연결동작(B형)

Start

⑲ 좌우정권치기 A, B형연결동작

(2) 수도치기

수도치기는 손날 손끝을 이용하여 치거나 찌르는 방법으로 공격하는 기술로서 상대방의 중요 신체급소, 목, 늑골, 눈 등을 공격하기 좋은 기술이다. 기본 자세로서는 평수도치기, 세수도치기, 배수도치기, 상세수도치기, 삼각세수도치기등이 있다.

Start

① 평수도 치기

Explanation

가격하려는 손팔을 반대쪽 어깨위로 들어올린 다음 손등이 위를 향하도록 하여 수평곡선으로 팔을 힘차게 뻗어친다.

② 세수도치기

Start

Explanation

손팔 어께 몸통 허리 순으로 뒤로 순차적으로 돌린다음 뒤에서 머리위로 쥔 주먹을 펴 수직으로 날을 세우고 전하방으로 힘차게 내려친다.

③ 배수도치기

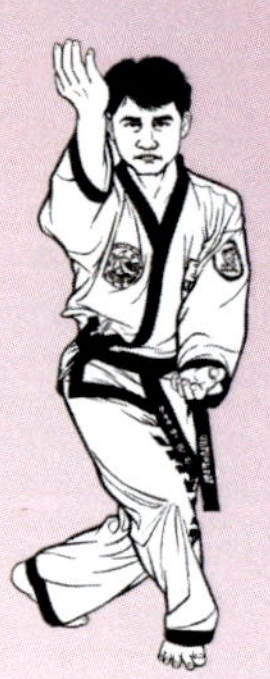

Explanation

손팔 어깨 몸통 허리순으로 뒤로 들어 올린다음 역순으로 힘을 집중시켜 수평으로 원을 그리듯이 앞으로 힘차게 친다. 이때 손의 자세는 손등이 지면을 향하도록 유지해야 한다.

④ 상세수도치기

Explanation

쥔 주먹을 사진과 같이 편 상태에서 가슴 위치로 들어 올린 다음 허리 몸통 어깨 팔 손 순으로 힘을 집중시키고 팔을 전방으로 힘차게 뻗어 친다. 이때 손은 손목을 꺾어 손가락이 위로 향하도록 유지하고 손날을 살려 수평으로 가격한다.

⑤ 삼각세수도치기

Start

Explanation

쥔 주먹을 사진과 같이 편 상태에서 전상방 사선으로 들어 올린다음 팔을 힘차게 뻗어 친다 이때 손의 위치는 눈 높이를 유지하도록 하며.가격은 엄지와 인지를 잇는 부위로 한다.

⑥ 좌우평수도치기

Start

⑦ 좌우세수도치기

Start

⑧ 좌우배수도치기

Start

⑨ 좌우상세수도치기

Start

⑩ 좌우 삼각세수도치기

Start

⑪ 좌우수도치기 연결동작

Start

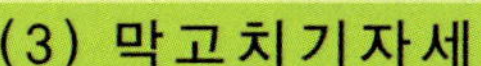

(3) 막고치기자세

① 상단막고 평정권치기

Explanation

상대방의 공격이 수단적으로 다양하게 이루어지거나 다양한 각도에서 이루어질 때 반격할수 있는 상황을 대비해 수련하는 방법이다.

② 중단막고 평정권치기

Start

③ 하단막고 평정권치기

Start

④ 아래막고 배수도치기

Start

⑤ 중단막고 상세수도치기

Start

⑥ 양수하단막고 상세수도치기

Start

⑦ 양수교차막고 삼각수도치기

(4) 치고막기자세

① 평정권치고 중단막기

② 평정권B형치고 상단막기B형

③ 배수도치고 중단막기

Start

④ 상세수도치고 하단막기

Start

⑤ 삼각세수도치고 아래막기

Start

⑥ 배수도치고 양수상단막기

⑦ 배정권 B형치고 양수중단 교차막기

Start

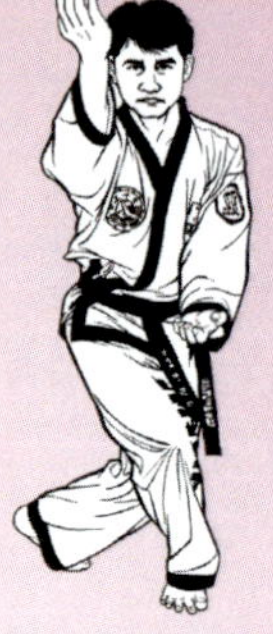

전환선법

GUARD MILITARY

경호무술

Ⅳ. 전환선법(前換旋法)

1 전환선법(前換旋法) 의의

전환선법이란 위치를 바꾸어 앞으로가다, 돌다, 돌아서다, 뒤돌아오다라는 뜻으로 발의 움직임 즉, 스텝을 말한다. 현재까지 구전이나 문헌적으로 내려오는 전통무술들은, 치기, 찌르기와 같은 기술이나 호칭 그리고 병기 무술과 같은 기술이나 호칭등은 있었으나, 발의 움직임인 스텝에 관한 체계는 전혀 발견할 수가 없다.

다만, 무술에 따라 일정한 권이나 형 또는 품세와 같은 일정한 체형으로 발달한 것 외에는 발의 움직임에 관한 일정한 스텝체계가 없어 무술에 있어 기본이 되는 일정한 스텝을 연구 필자가 처음으로 60여개의 동작으로 체계화한 것이다. 이 전환선법은 무술의 각종 막기, 치기, 차기와 같은 기본자세부터 어떤 유형의 권이나 형에서도 일정하게 적용될 수 있도록 되어 있기 때문에 전 무술의 어머니라고 할 수 있다. 즉, 모든 무술을 초월해서 무술의 근간이 되는 것이라고 할 수 있다.

처음에는 다소 이해하는데 어려움도 예상되겠지만, 체현하는 과정에서 자연스럽게 익힐 수 있기 때문에, 심리적으로 큰 부담을 갖지 않아도 된다. 그리고, 몸으로 어느 정도 익혀지는 시점에서는 스스로 손동작이나 발동작을 응용하게 되며, 공격기술과 방어기술등을 실전에서 요구되는 상황으로 익혀지게 된다.

2 전환선법(前換旋法) 기술체계

기술적으로 전환선법은 발을 내딛는 위치 또는 각도에 따라 길고 짧게 그리고 좌우측으로 자유롭게 변형시켜 가면서 원하는 위치이동과 방향전환이 가능하도록 기본체계로 만들어 정립하였다. 특히, 이 기본 전환선법은 각각의 전환선법을 자유롭게 연결할 수 있도록 한 것이 특징이며, 호위발차기, 호위권무형법, 호위특기술법, 호위호신술법, 호위대련법 등에 적용할 수 있도록 했으며, 대부분의 경호무술체계를 전환선법을 기초로 연구하여 그 기술체계를 정립했다. 따라서, 전환선법은 경호무술의 기본이라고 말할 수도 있다. 특히, 60개의 전환선법 스텝은 각기 독립적으로도 사용하지만, 순서에 관계없이 자유롭게 혼용하여 사용할 수도 있다. 다시말해, 전환선법은 순서에 관계없이 자유롭게 이어서 체현할 수 있는 단계에 이르러 있는 경우가 최고의 경지라고 할 수 있다.

3 전환선법 용어체계

평 교(平交)

평교란, 위치이동과 중심이동을 하지 않은 상태에서 좌우측 발을 앞뒤로 바꾸고 서는 자세를 말한다.

평 선(平旋)

평선이란, 위치이동과 중심이동을 하지 않은 상태에서 발의 앞축 또는 뒤축을 들어 앞뒤로 돌려 서는 자세를 말한다.

대 각(對角)

대각이란, 방향을 전환하여 위치 이동하는 자세로서 전후좌우로 각각 45° 방향으로 방향 전환하는 자세를 말한다.

평전(후)(平前)(後)

평전(후)이란, 최초의 보폭 크기만큼 앞쪽으로 이동하여 서는 자세를 말하는 것으로 이동시 앞발 또는 뒷발이 먼저 이동하여 최초의 발 보폭 및 각도를 유지하여 서는 자세를 말한다.

평전(후)교(平前(後)

평전(후)교란, 최초의 보폭 크기만큼 앞쪽으로 이동하여 서는 자세로 평전(후)과는 달리 발을 앞으로 또는 뒤쪽으로 교차시켜 이동하여 서는 자세를 말한다.

전(후)방(前(後)方)

전(후)방이란, 평전(후)과 같이 이동하는 것으로 발의 이동시에는 평전(후)과는 달리 좌우측 두발이 동시에 위치 이동하여 서는 자세를 말한다.

반 전(半前)

반전이란, 서있는 자세를 기준으로 180°에서 그 반인 90°만을 돌아서는 자세로서 위치 이동이나 몸의 중심이동은 없는 상태에서 한쪽 발만을 90°로 이동시켜 서는 자세를 말한다.

반 원(半圓)

반원이란, 원 360°를 반으로 할 때 180°를 의미하는 것으로 발을 옮겨 몸을 180°돌아서는 자세로서 반전과 같이 몸의 중심이동은 없는 상태에서 한쪽 발만을 180°로 이동시켜 서는 자세를 말한다.

바 꿔

바꿔란, 앞으로 나아가는 동시에 평전이나 전방과는 달리 좌우측 발을 바꿔 교차시켜 서는 자세를 말한다.

전 환(前換)

전환이란, 최초 바라보고 있던 자세가 좌우측 또는 뒤쪽으로 방향이 바뀐 상태를 의미하는 것으로 최초의 자세는 유지된 상태의 자세를 말한다.

전환법(前換法)

전환법이란, 위치이동을 취한 후 최초의 원위치로 돌아와 본래의 자세를 갖추는 자세를 말한다.

사방전환법(四方前換法)

사방전환법이란, 전후좌우로 방향이나 위치를 이동하여 서는 자세를 말한다.

4 전환선법(前換旋法)의 종류

1 평 교
2 평교앞전환
3 평교뒷전환
4 평전(전방)
5 평후(후방)
6 평전교(A형)
7 평전교(B형)
8 평후교(A형)
9 평후교(B형)
10 평좌교(A형)
11 평좌교(B형)
12 평우교(A형)
13 평우교(B형)
14 대각평전(후)
15 대각반원바꿔앞전환(A형)
16 대각반원바꿔앞전환(B형)
17 대각앞반원바꿔뒷전환
18 대각평후앞반원바꿔뒷전환
19 대각평후앞반원바꿔앞전환
20 후방대각 평후
21 후방대각앞반원바꿔뒷(앞)전환
22 대각반원 뒷전환 앞반원 바꿔앞전환
23 평선(A형)
24 평선(B형)
25 반 앞 전 환
26 반 뒷 전 환
27 후방반앞전환
28 후방반뒷전환
29 반원앞전환(A형)
30 반원앞전환(B형)
31 반원뒷전환
32 반원뒷전환평선
33 앞반앞전환
34 앞반뒷전환
35 앞반원앞전환
36 앞반원뒷전환(A형)
37 앞반원뒷전환(B형)
38 반원바꿔앞전환
39 반원바꿔앞전환평선
40 앞반원바꿔앞전환
41 앞반원바꿔앞전환평선
42 전방반원앞전환
43 전방반원뒷전환
44 후방반원앞전환
45 후방반원뒷전환
46 전방반원바꿔앞전환
47 전방앞반원바꿔앞전환
48 후방반원바꿔앞전환
49 후방앞반원바꿔앞전환
50 후방앞반원바꿔앞전환후 반원앞전환
51 전 환 법
52 전 환 선 법
53 전진전환법
54 좌우전진전환선법
55 4방전환법(A형)
56 4방전환법(B형)
57 4방전환법(C형)
58 8방전환법
59 좌우전환법
60 평후전법

5 응용전환선법(예)

1. 평교-평교앞전환-평교뒷전환-평전-평후-평전교(A형)-평전교(B형)-평교
2. 평후교(A형)-평후교(B형)-평선(A형)-평선(B형)-반앞전환-반뒷전환-평전
3. 후방반앞전환-후방반뒷전환-반원앞전환-반원앞전환선법-반원뒷전환
4. 반원뒷전환선법-앞반앞전환-앞반뒷전환-앞반원앞전환-앞반원뒷전환
5. 앞반원뒷전환선법-반원바꿔앞전환-반원바꿔앞전환선법-앞반원바꿔앞전환
6. 앞반원바꿔앞전환선법-전방반원앞전환선법-전방반원뒷전환-반원앞전환
7. 후방반원앞전환-후방반원뒷전환-전방반원바꿔앞전환-반원뒷전환선법
8. 전방앞반원바꿔앞전환-후방반원바꿔앞전환-후방앞반원바꿔앞전환-평전
9. 후방앞반원바꿔앞전환후반원앞전환-전환법-전환선법-전진전환법-평교
10. 전전전환선법-좌우전전전환-4방전환법(A형)-4방전환법(B형)-평선-평교
11. 4방전환법(C형)-8방전환법-좌우전환법-후방반뒷전환-평선(B형)-평후
12. 평전교(B형)-평전교(A형)-평후-평전-평교뒷전환-평교앞전환-평교-평선
13. 반뒷전환-반앞전환-평선(B형)-평선(A형)-평후교(B형)-평후교(A형)-평전
14. 반원뒷전-반원앞전환선법-반원앞전환-후방반뒷전환-후방반앞전환-평후
15. 앞반원바꿔앞전환-반원바꿔앞전환선-반원바꿔앞전환-앞반원뒷전환선법
16. 전방반원뒷전환-전방반원앞전환선법-앞반원바꿔앞전환선법-평선(A형)
17. 전방반원바꿔앞전환-후방반원뒷전환-후방반원앞전환-평선(A형)-평후
18. 후방앞반원바꿔앞전환-후방반원바꿔앞전환-전방앞반원바꿔앞전환-평전
19. 전진전환법후방앞반원바꿔앞전환후반원앞전환-전환선법-전환법-평후
20. 4방전환법(B형)-4방전환법(A형)-좌우전진전환-전진전환선법-평후-평전
21. 평교-평교뒷전환-평교앞전환-평후-평전-평전교(A형)-평전교(B형)-평교
22. 평후교(A형)-평선(A형)-평후교(B형)-반앞전환-평선(B형)-반뒷전환-평전
23. 후방반뒷전환-후방반앞전환-반원앞전환선법-반원앞전환-반원뒷전환
24. 앞반앞전환-반원뒷전환선법-앞반뒷전환-앞반원뒷전환-앞반원앞전환
25. 평교-평후교-후방반앞전환-반원뒷전환선법-앞반원뒷전환선법-평교-평후
26. 전방반원바꿔앞전환-전방반원뒷전환-평후교-평선(A형)-평후-평교-평전

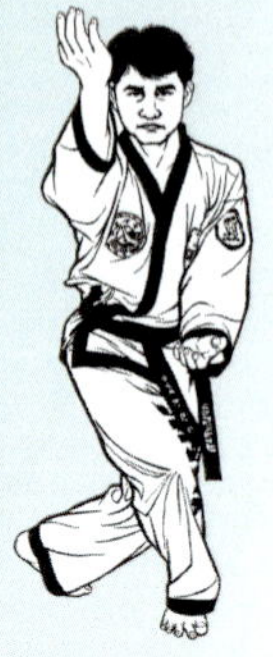

6 전환선법 그림설명

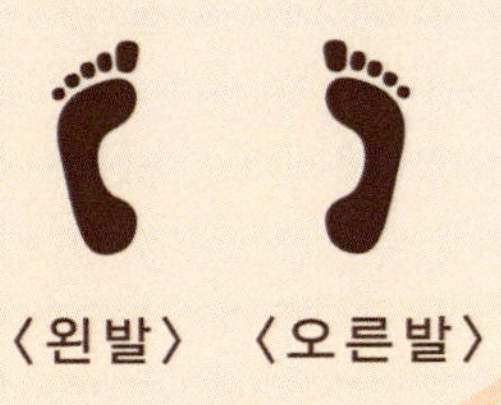

〈진행순서 컬러〉

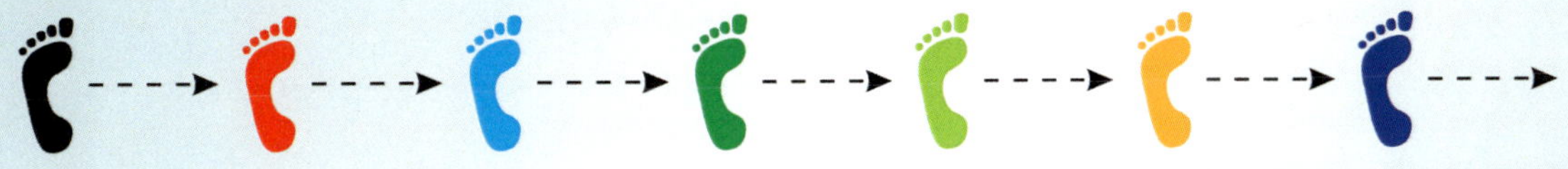

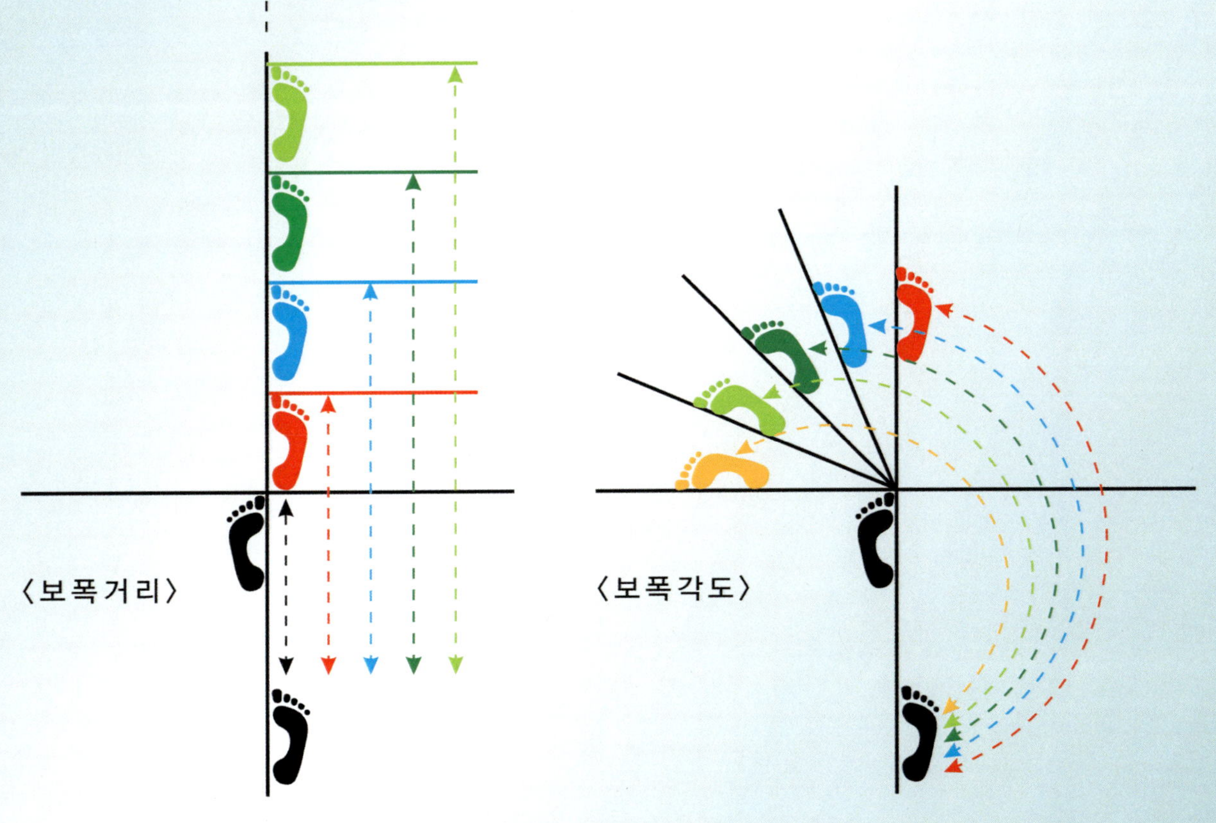

Explanation

전환선법은 보폭거리 및 각도를 위 그림과 같이 자유롭게 전 후로 조정하여 필요한 거리, 각도를 실시할 수 있도록 한다.

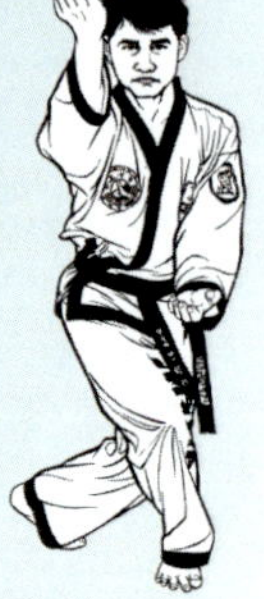

1) 평 교

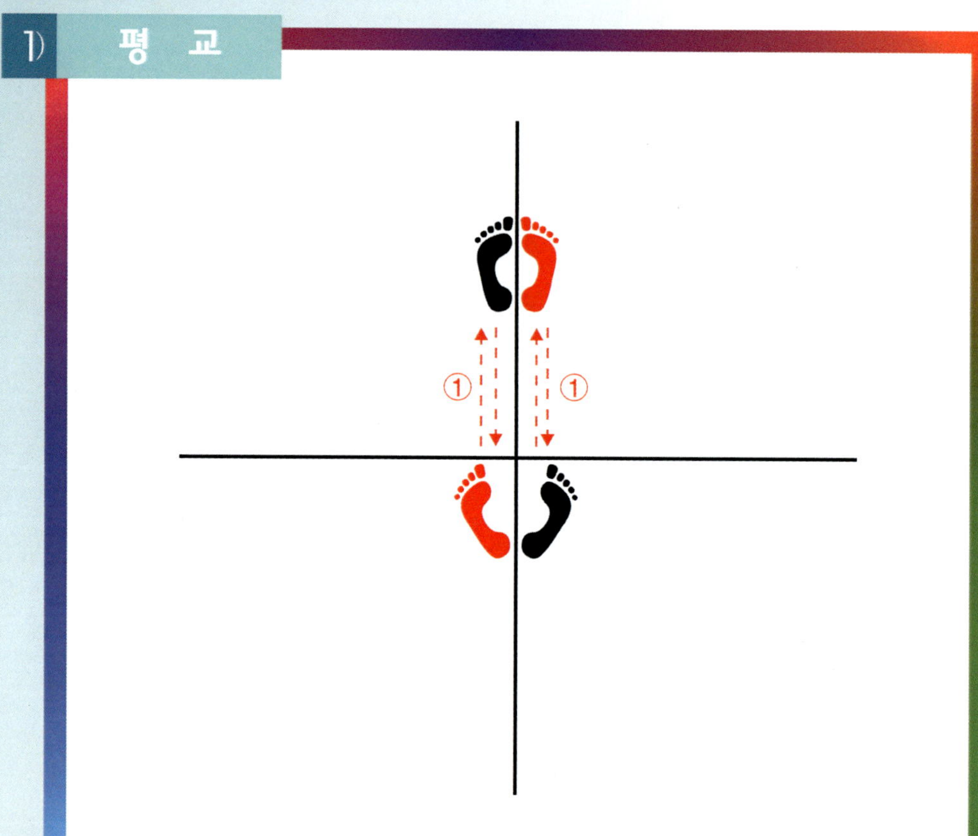

2) 평교앞전환

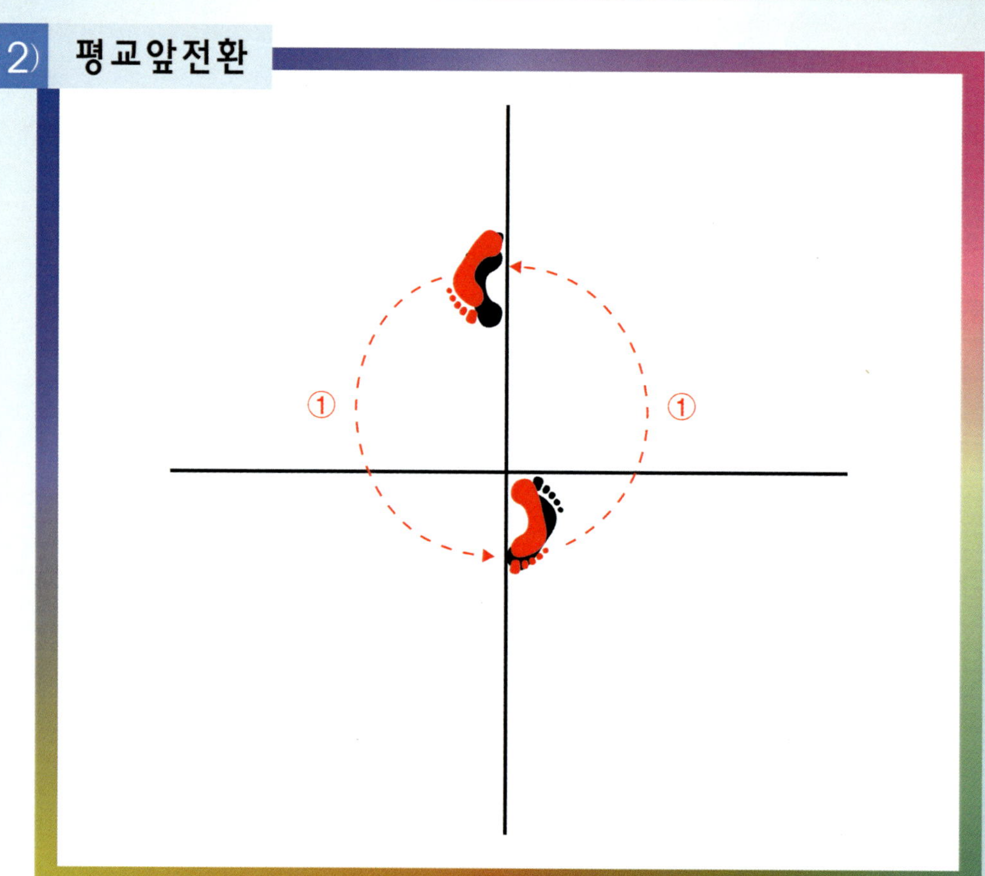

3) 평교뒷전환

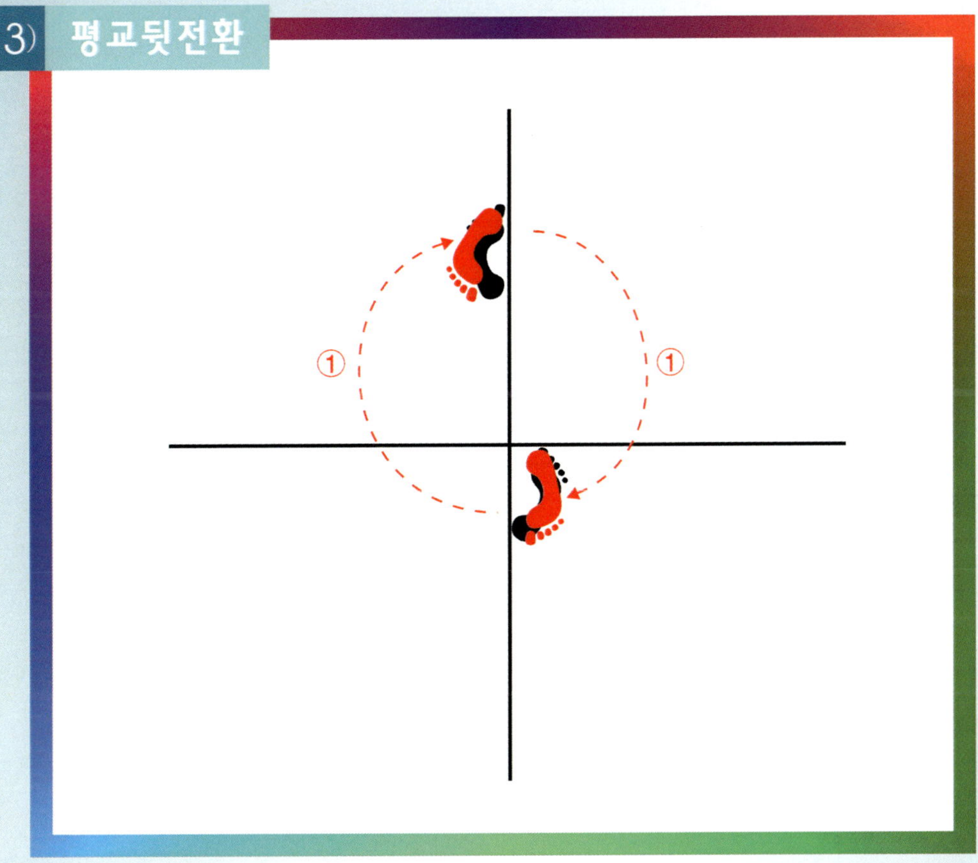

4) 평전(전방)

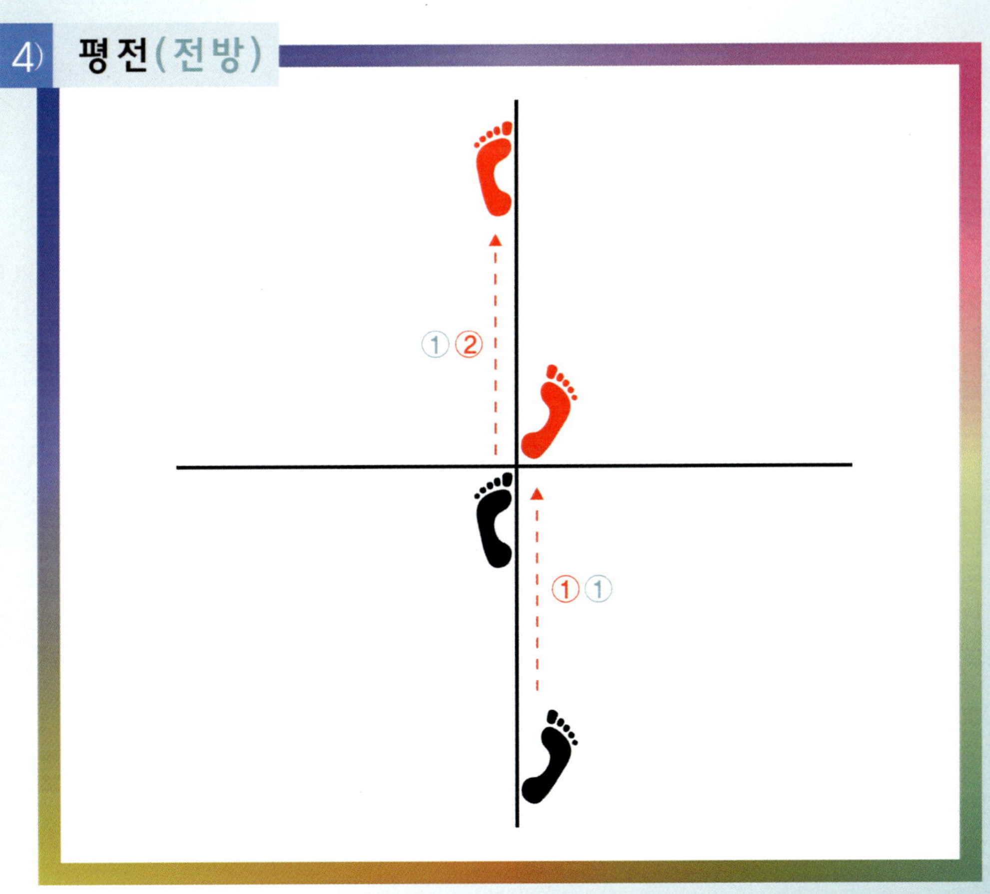

5) 평후(후방)

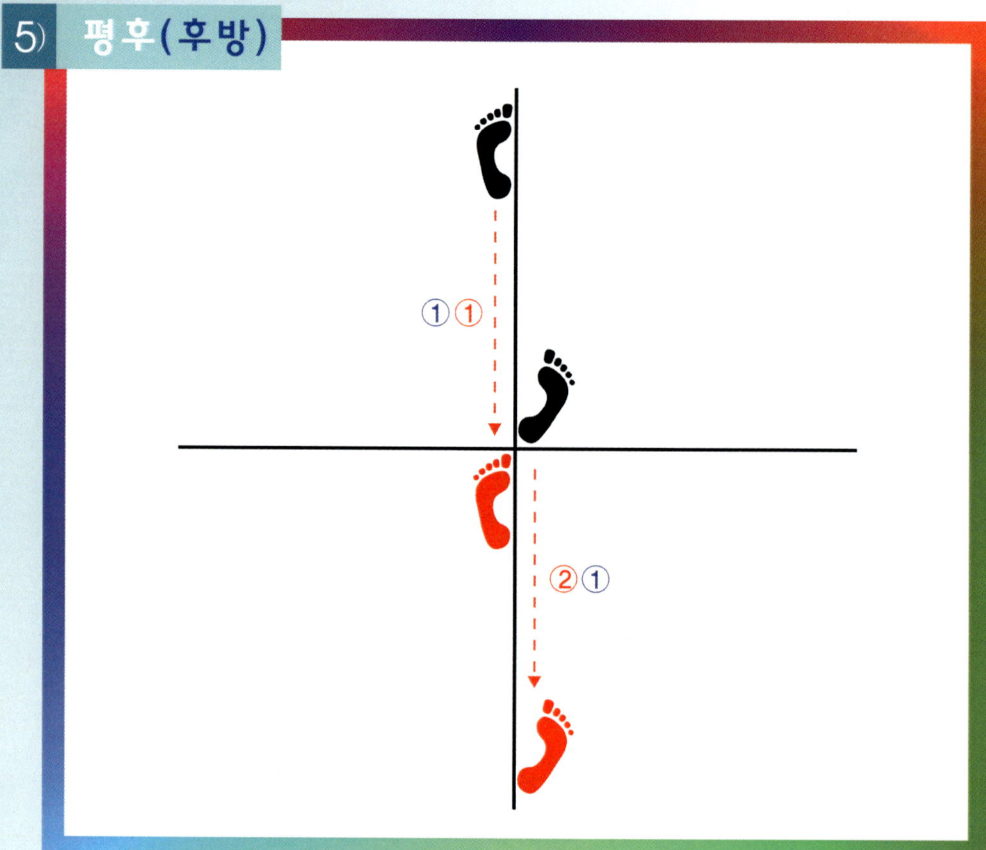

6) 평전교(A형)

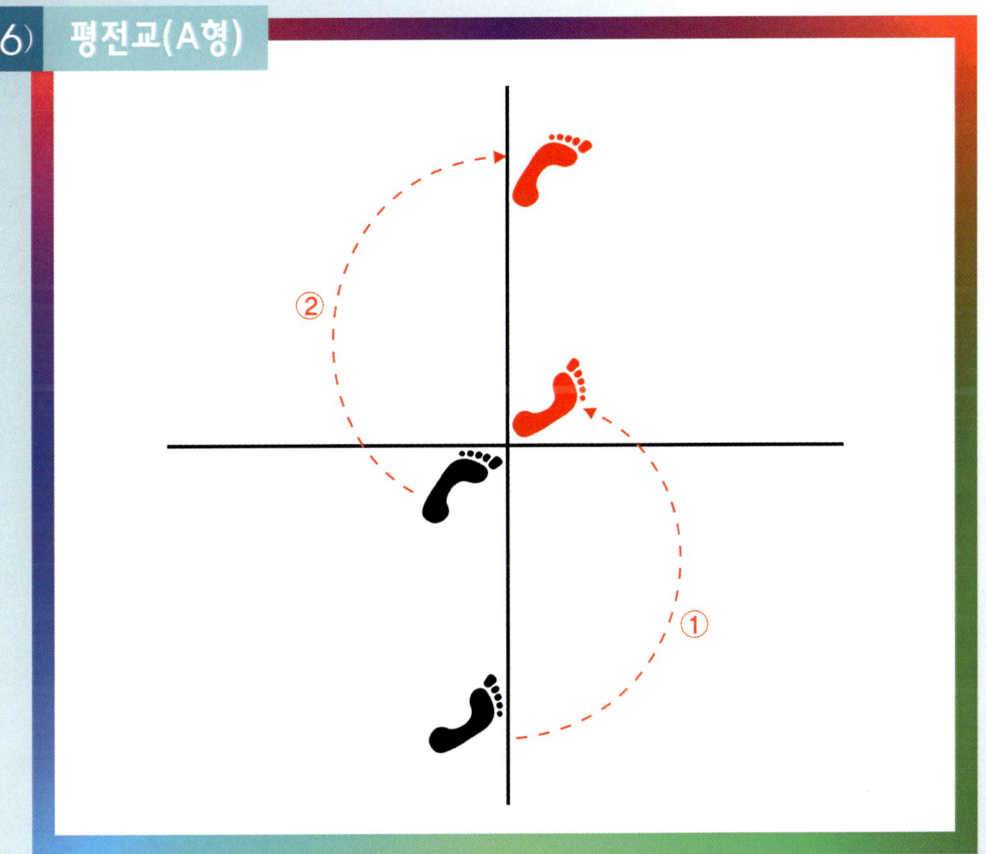

7) 평전교(B형)

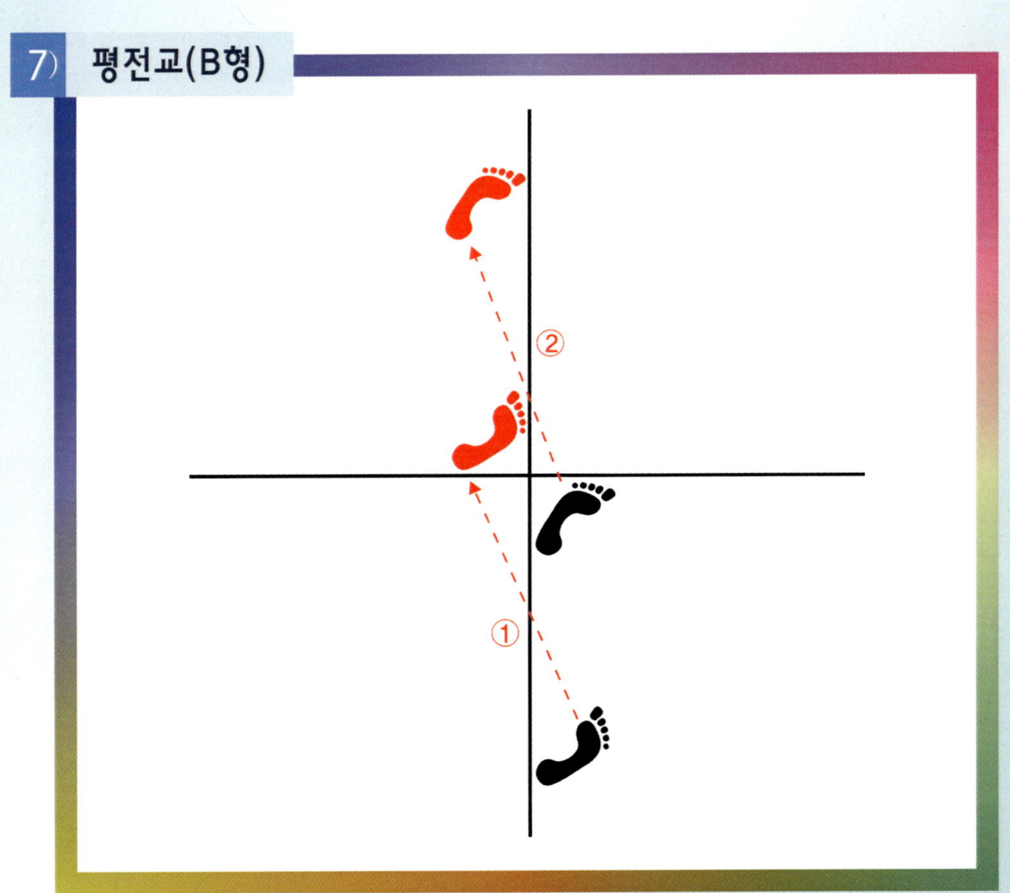

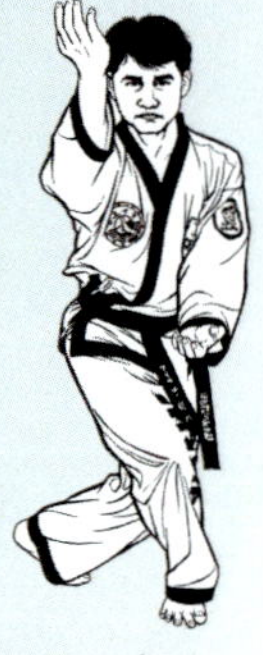

8) 평후교(A형)

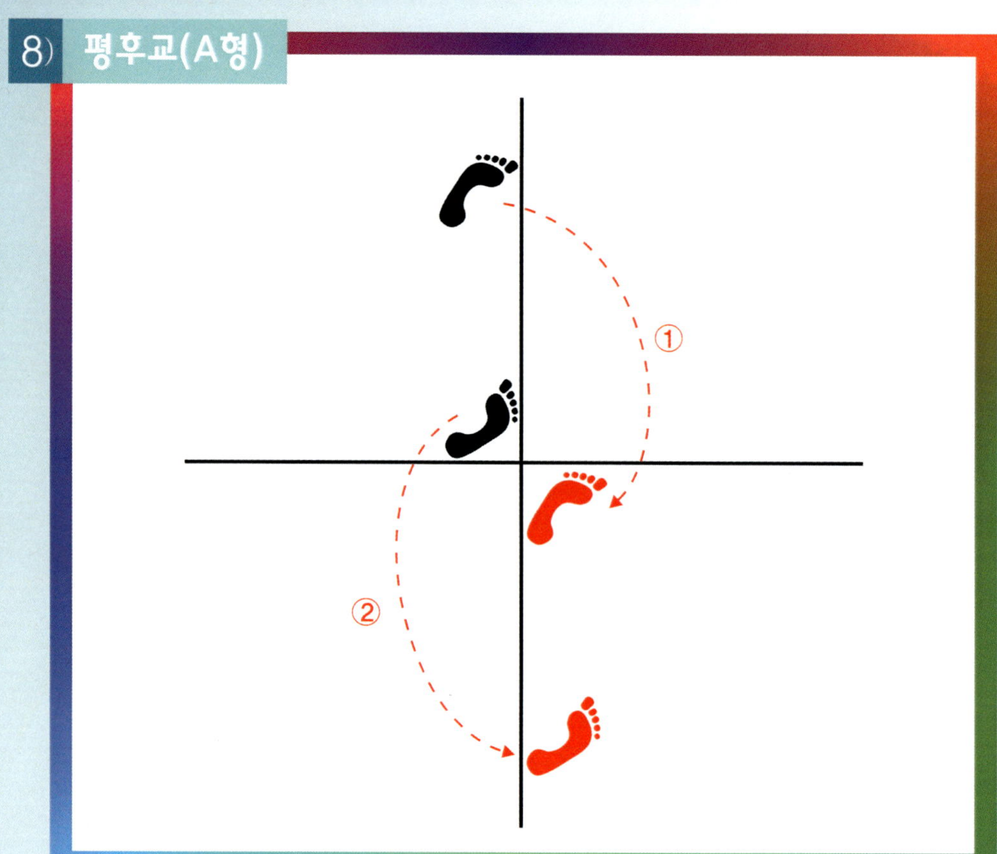

9) 평후교(B형)

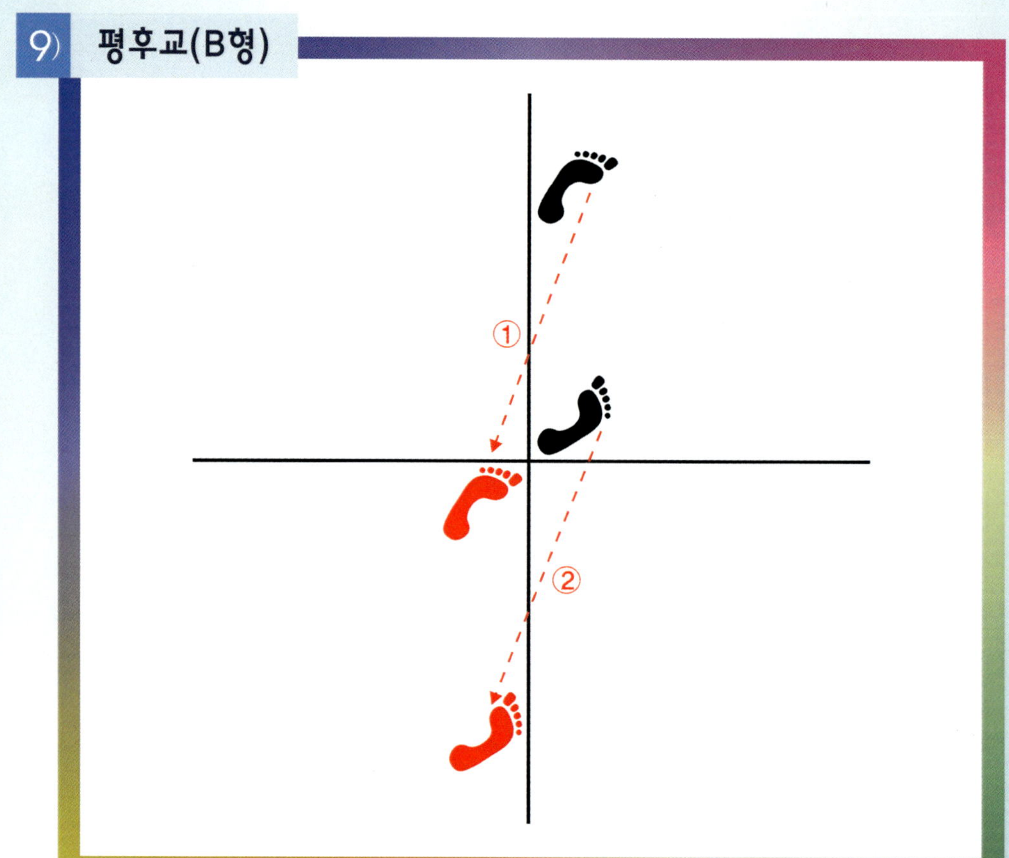

10) 평좌교(A형)

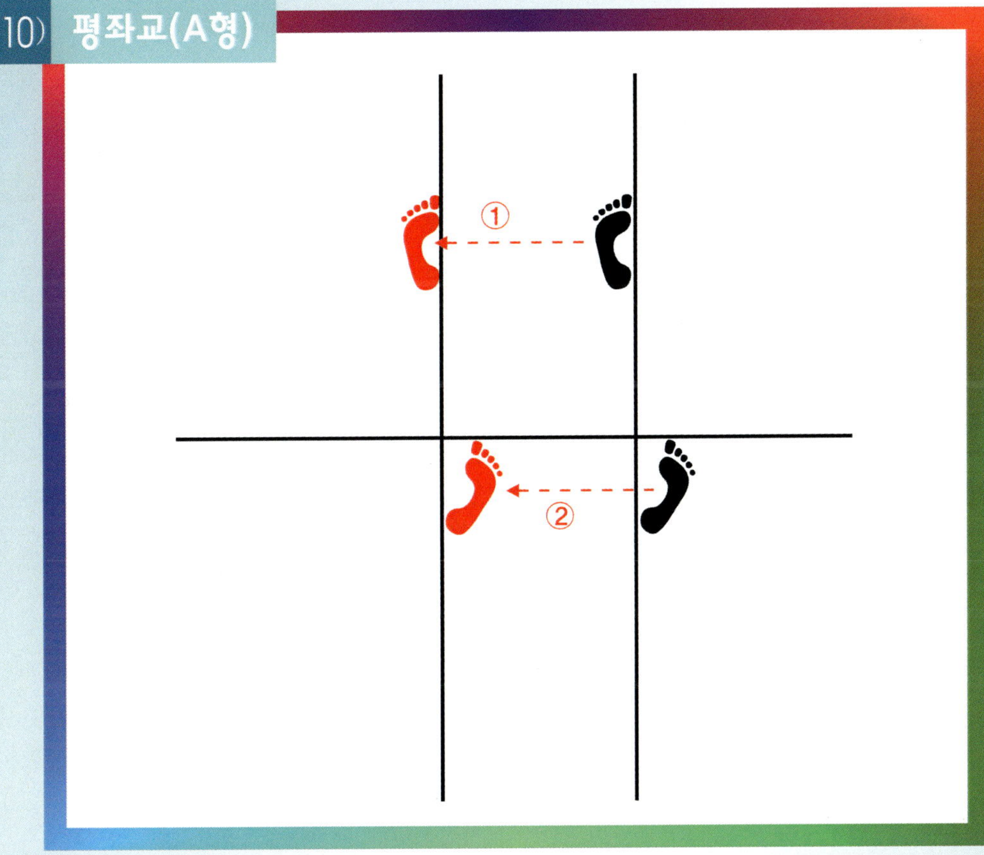

11) 평좌교(B형)

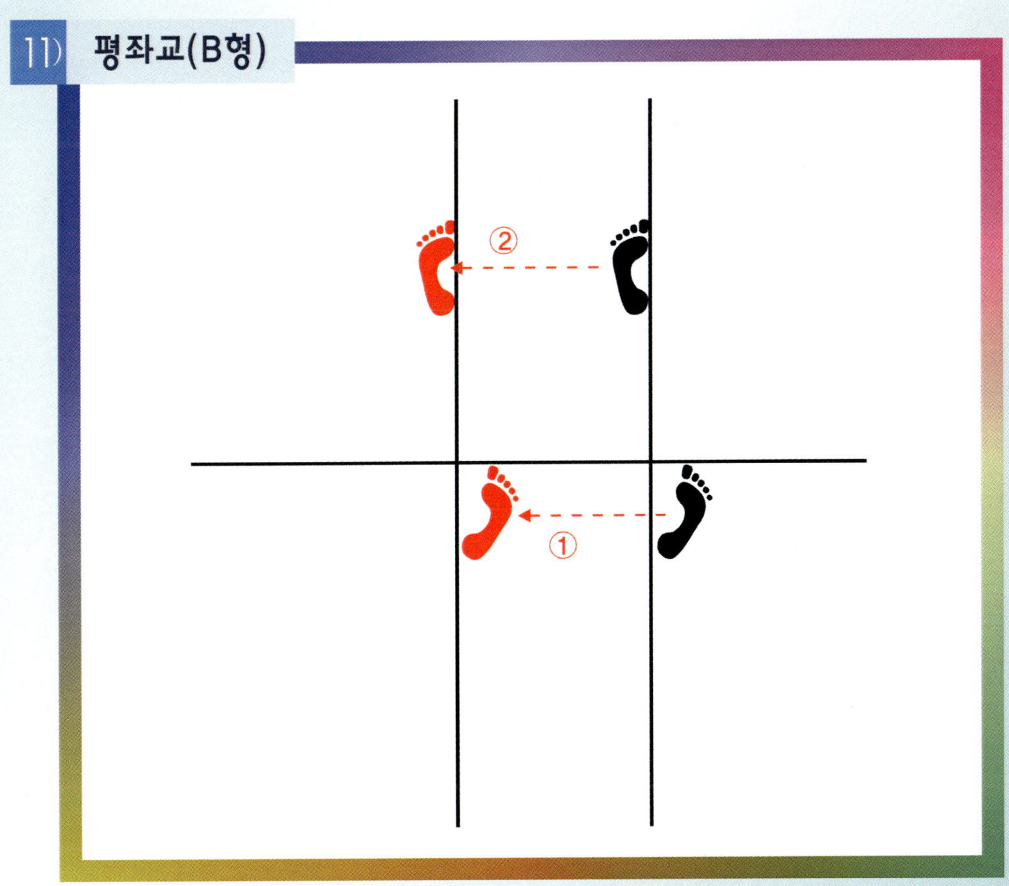

12) 평우교(A형)

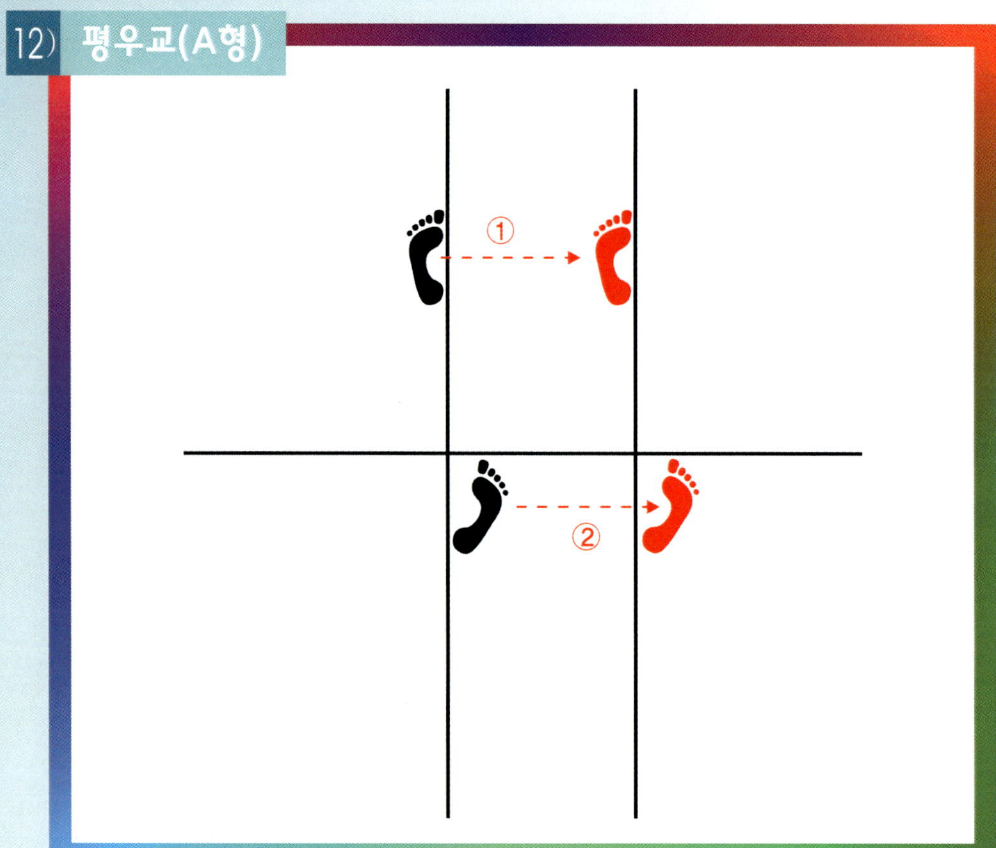

13) 평우교(B형)

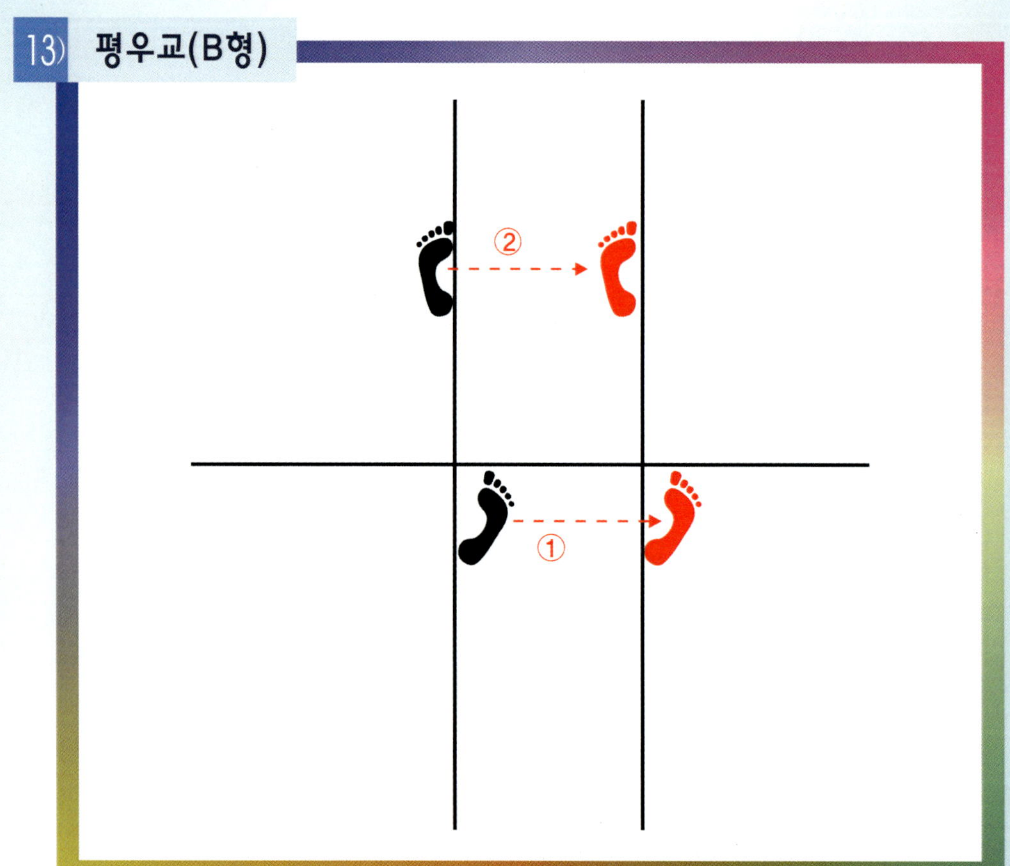

14) 대각평전(후)

15) 대각반원바꿔앞전환(A형)

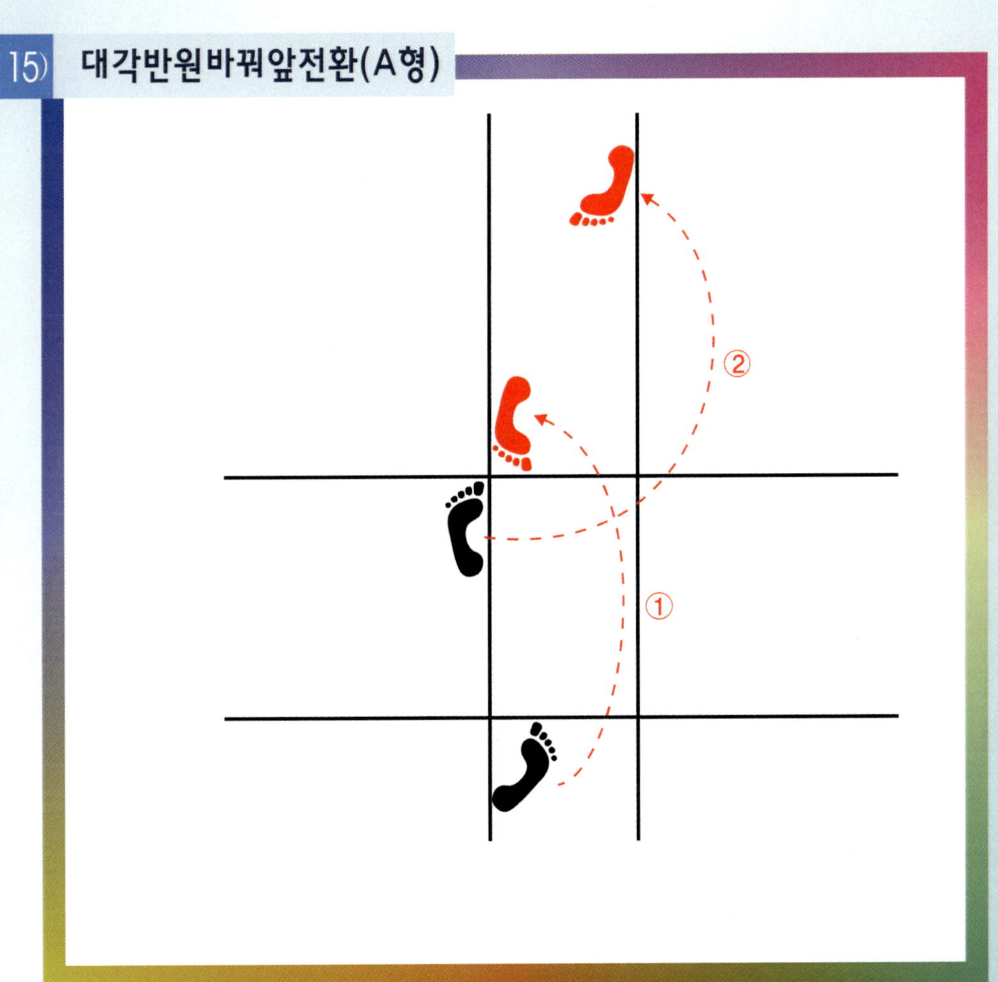

16) 대각반원바꿔앞전환(B형)

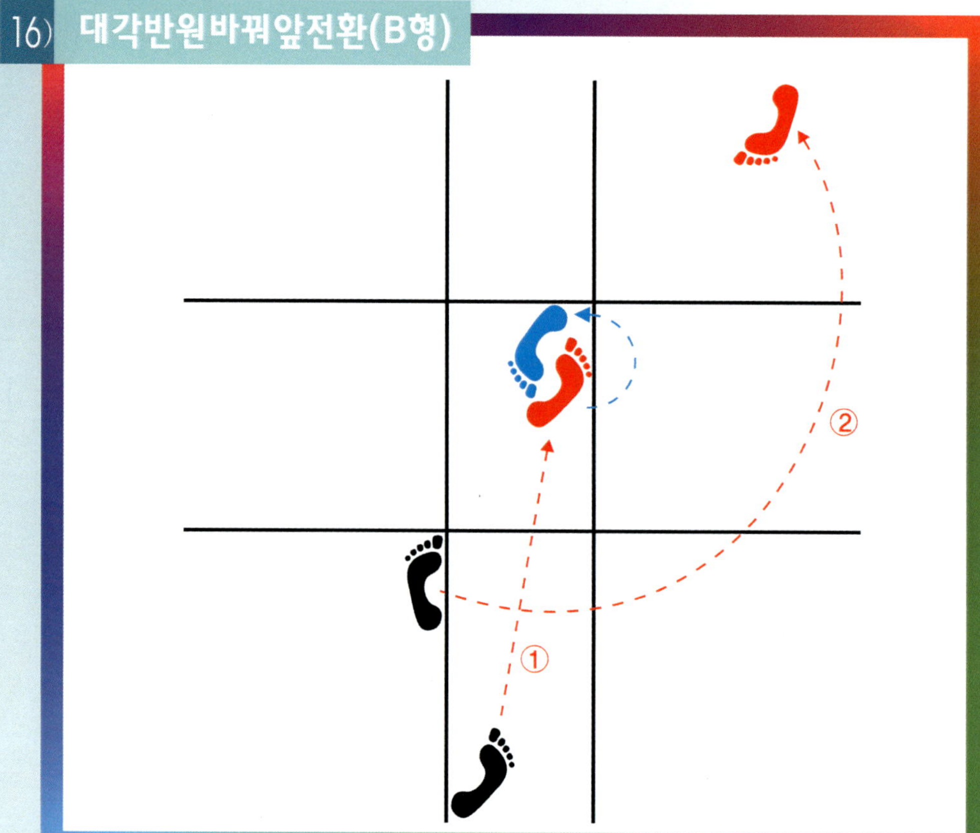

17) 대각앞반원바꿔뒷전환

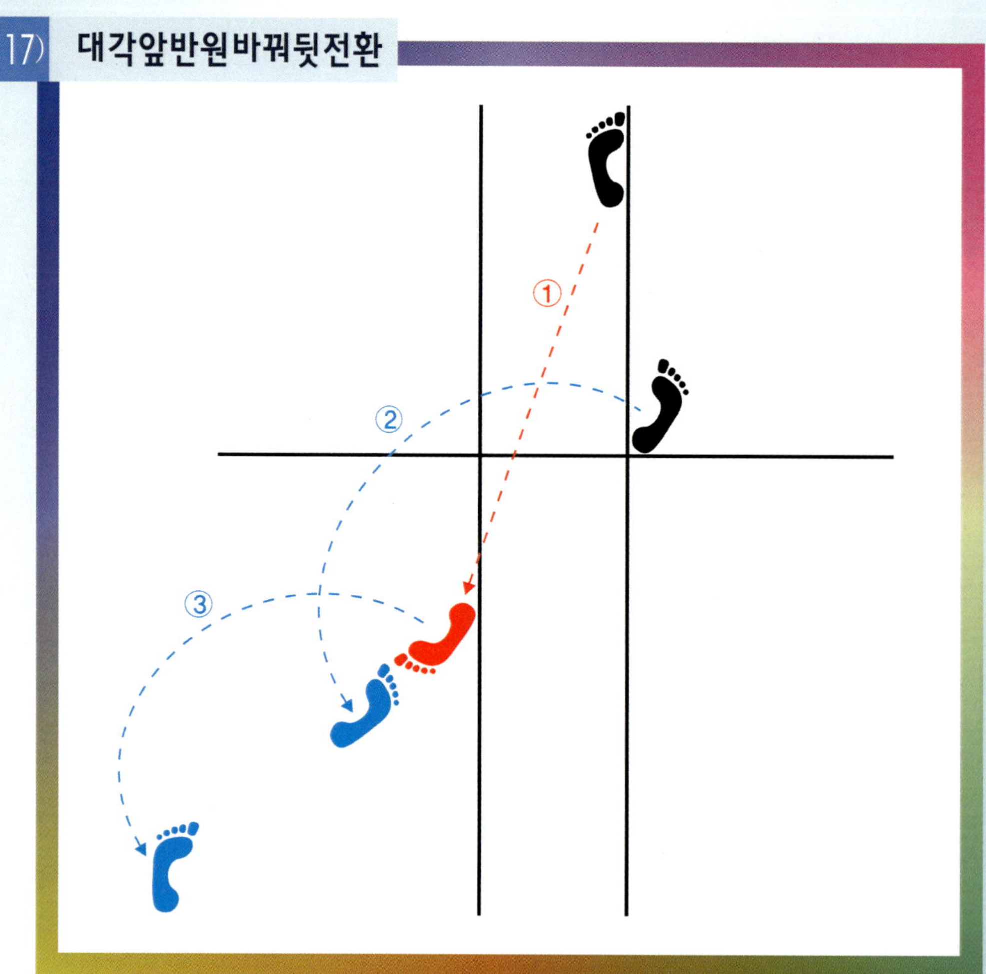

18) 대각평후앞반원바꿔뒷전환

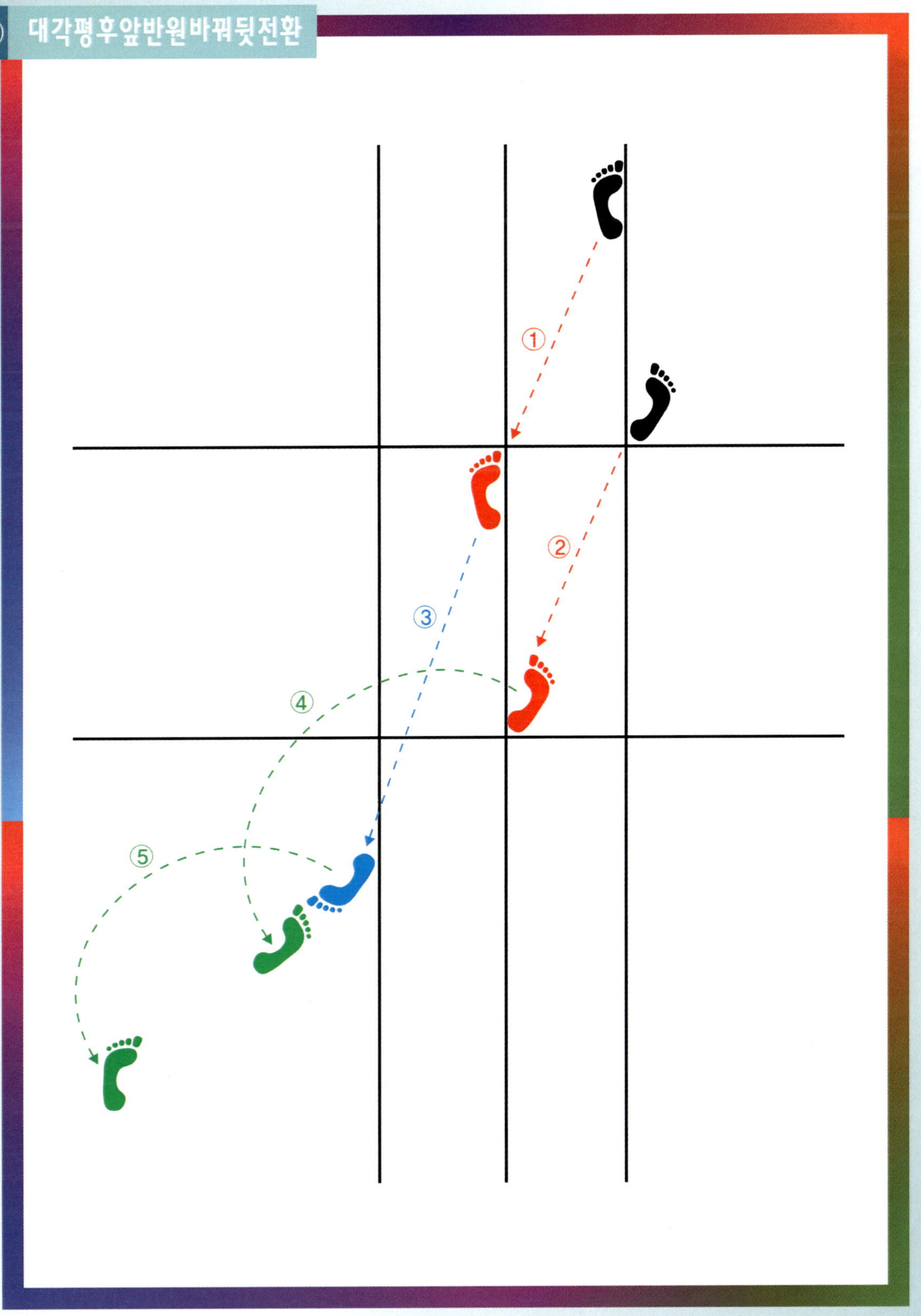

19) 대각평후앞반원바꿔앞전환

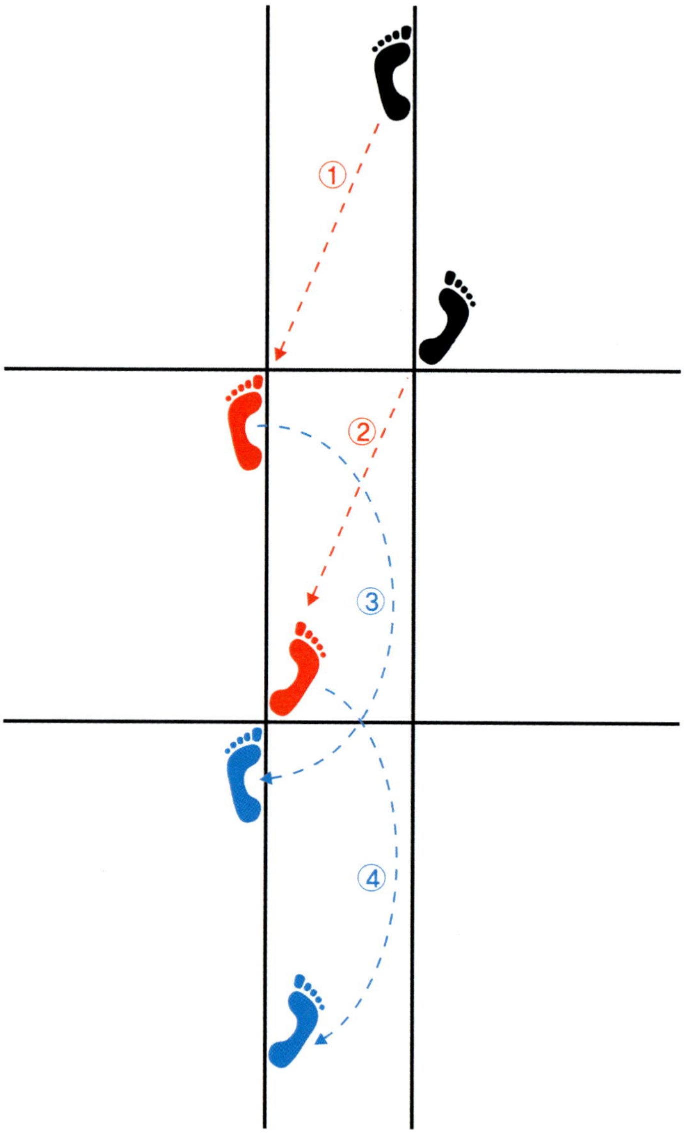

①
②
③
④

20) 후방대각 평후

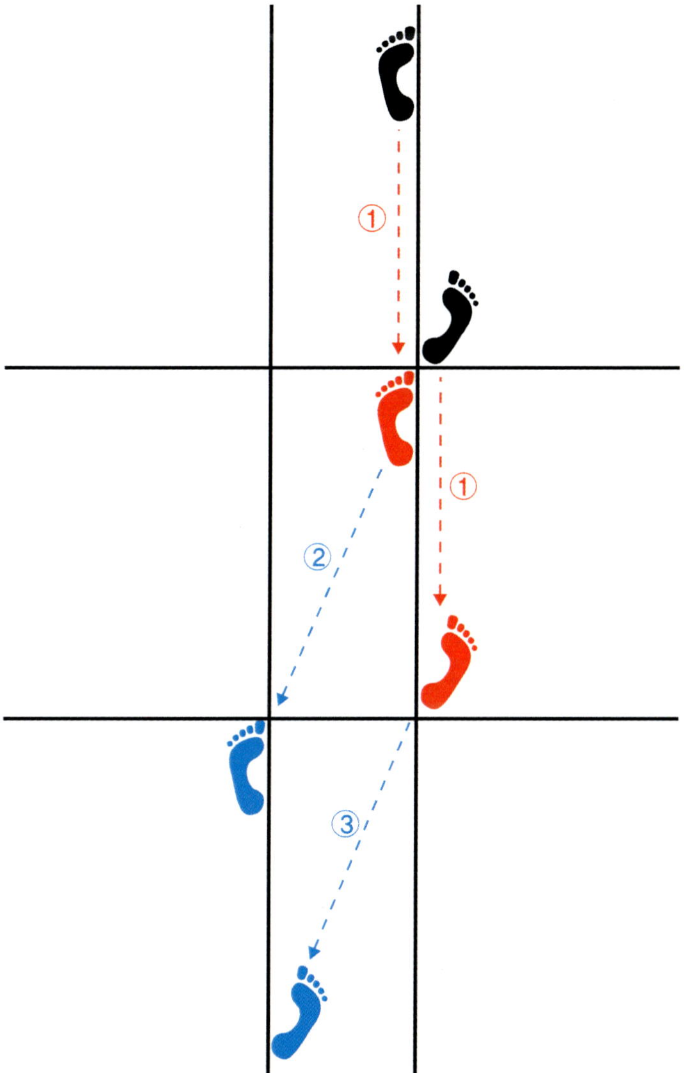

21) 후방대각앞반원바꿔뒷(앞)전환

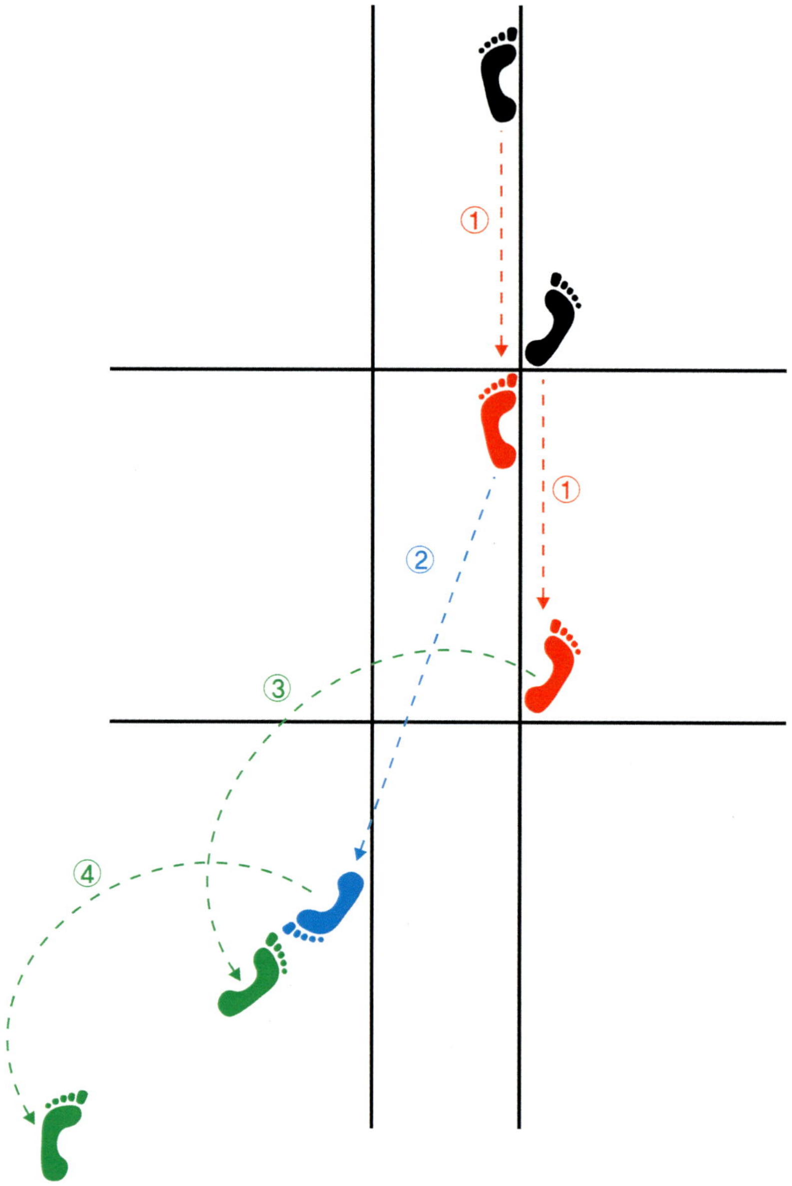

22) 대각반원 뒷전환 앞반원 바꿔앞전환

23) 평선(A형)

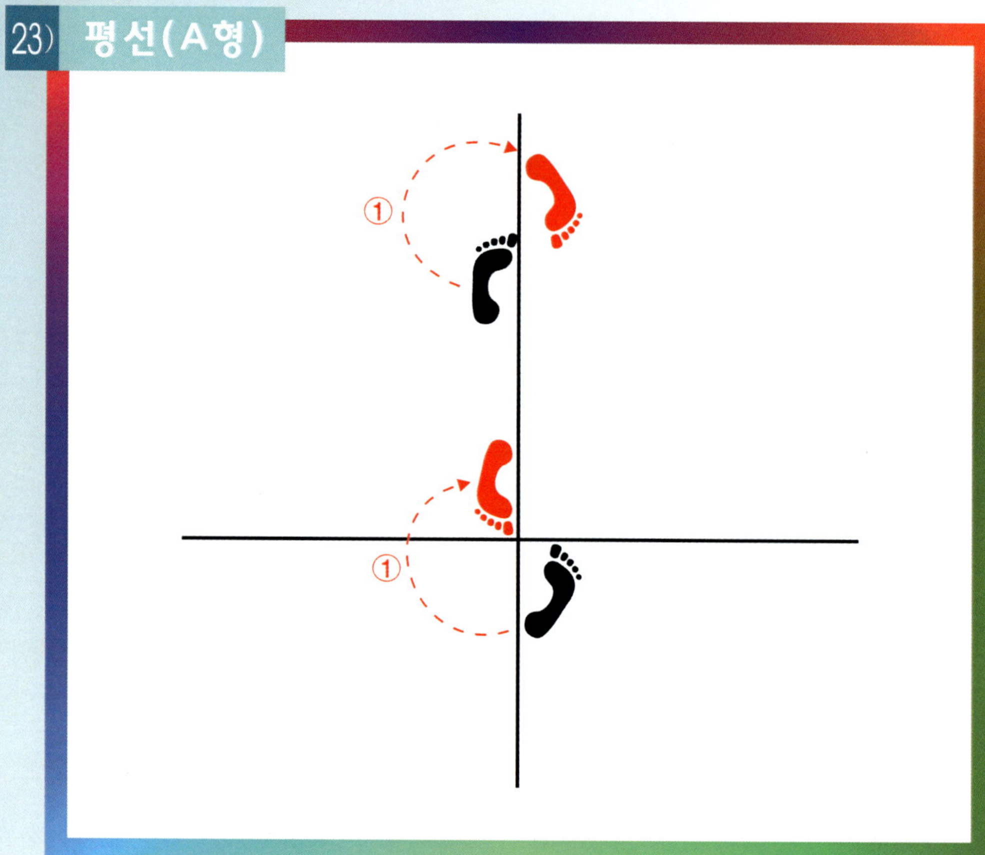

24) 평선(B형)

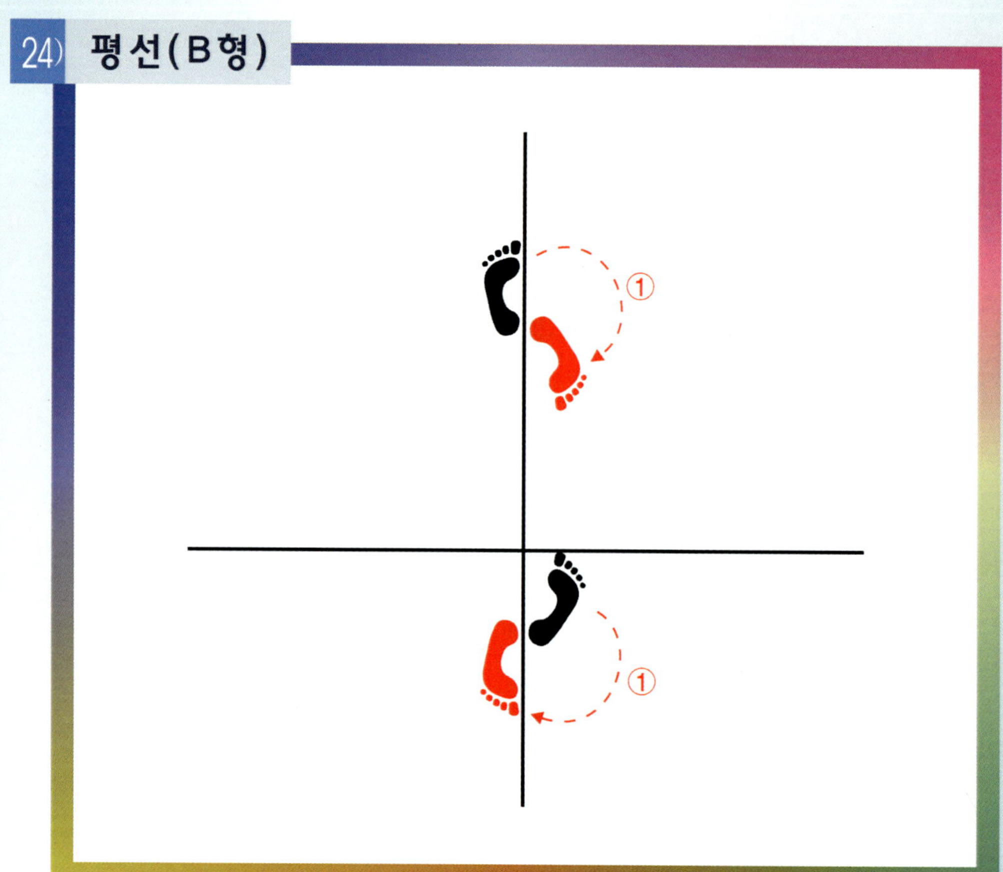

25) 반앞전환

②
①

26) 반뒷전환

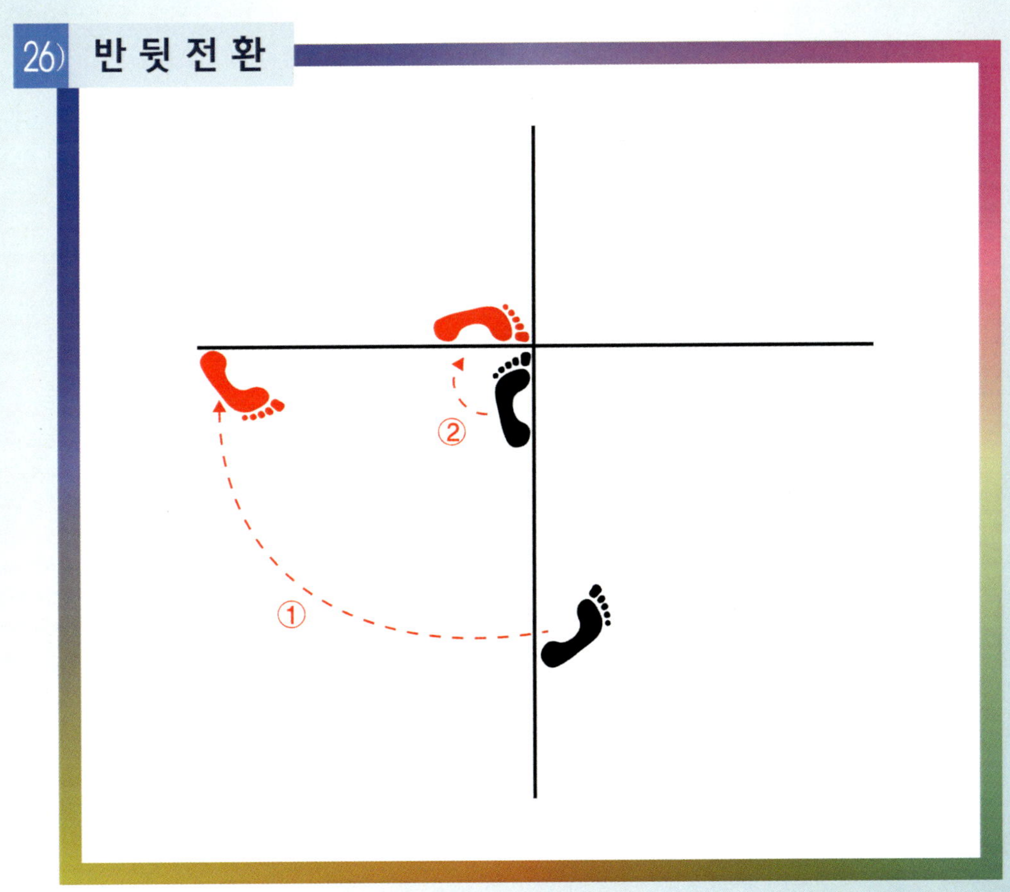

27) 후방반앞전환

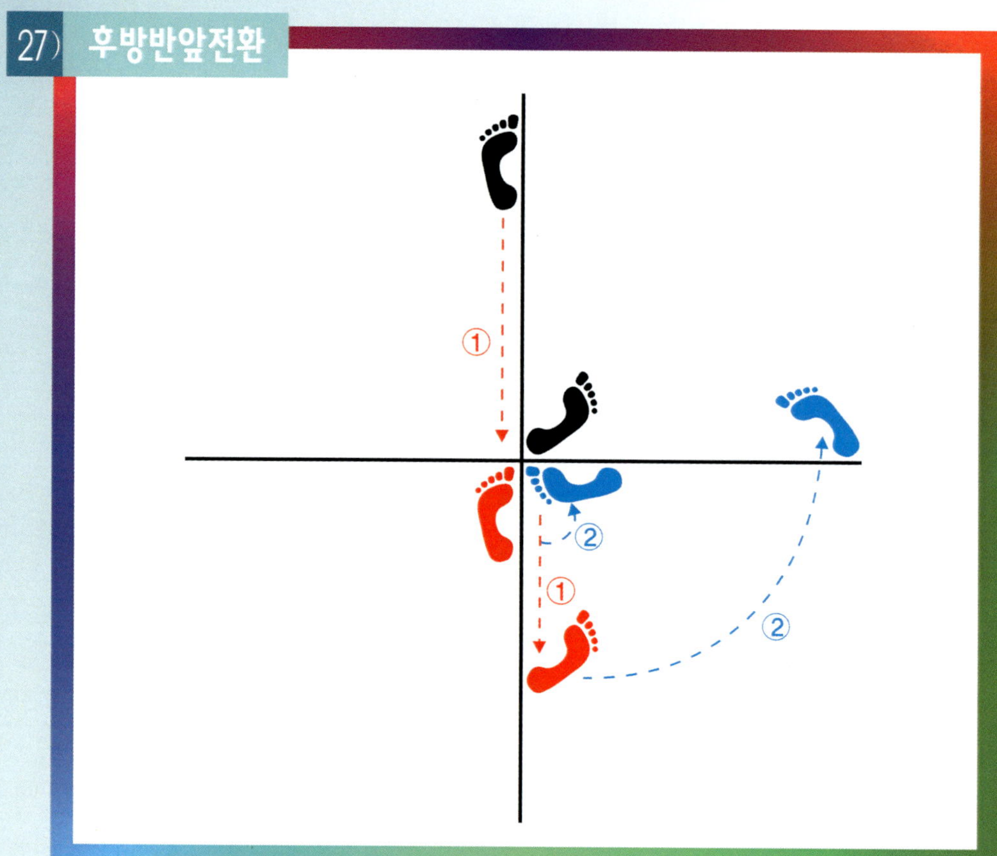

28) 후방반뒷전환

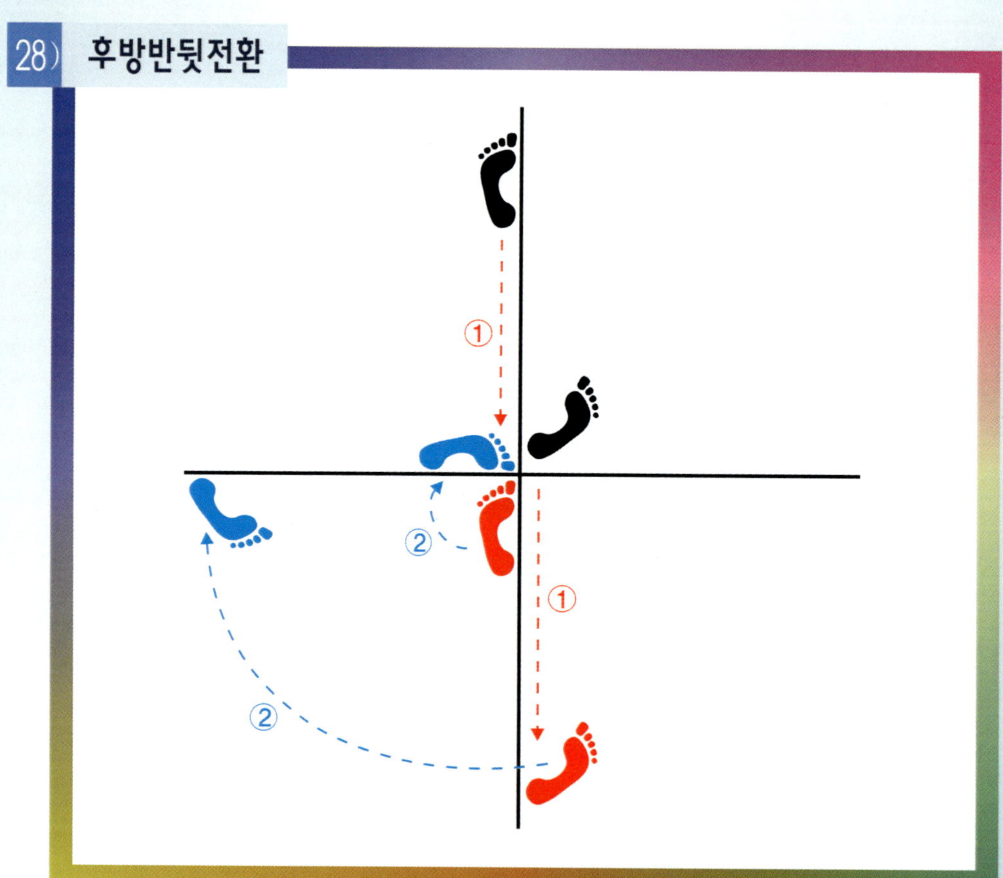

29) 반원앞전환(A형)

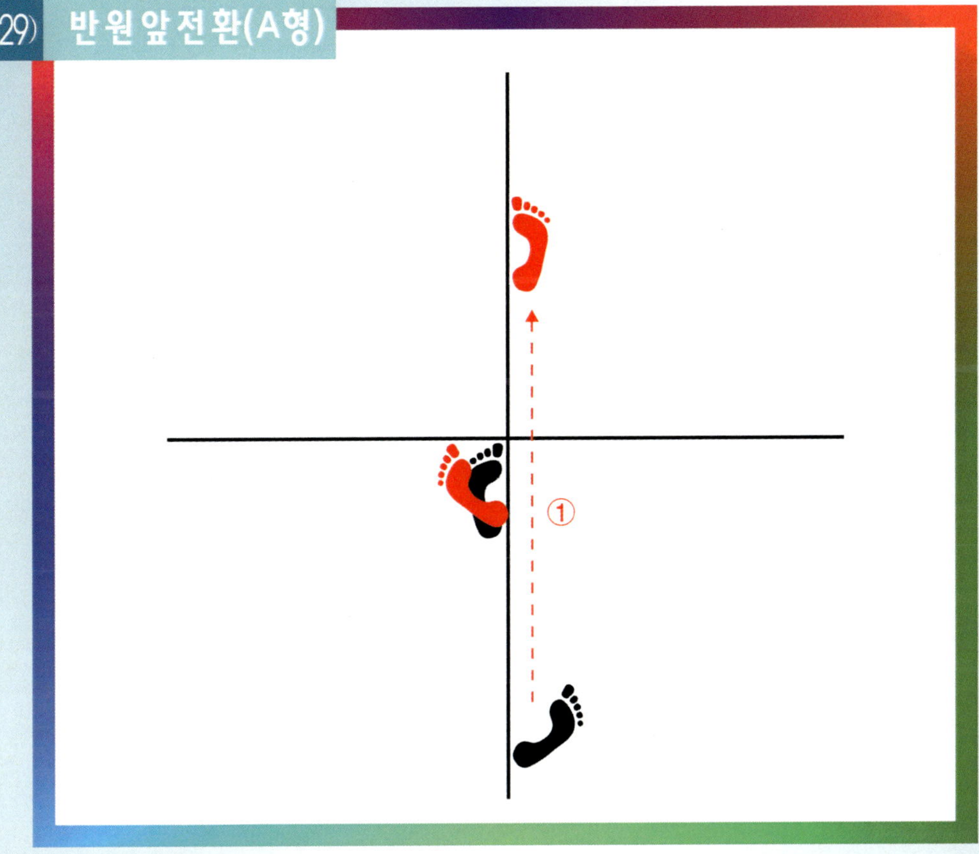

30) 반원앞전환(B형)

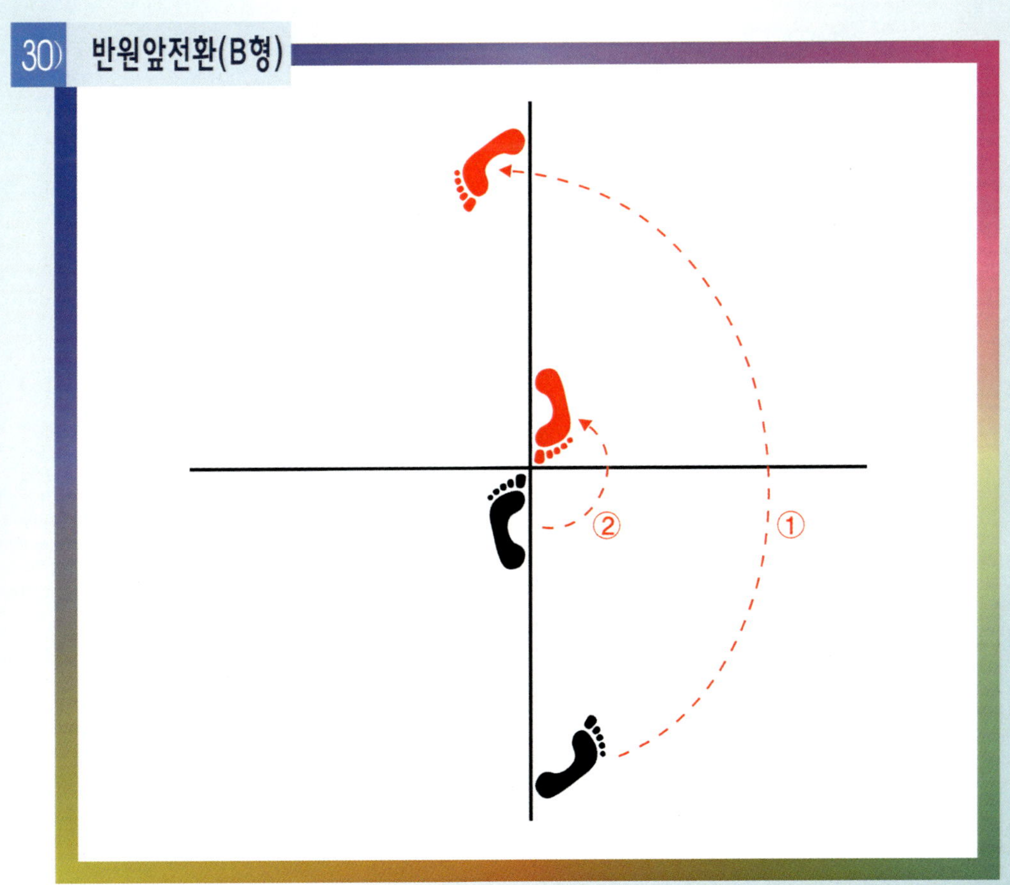

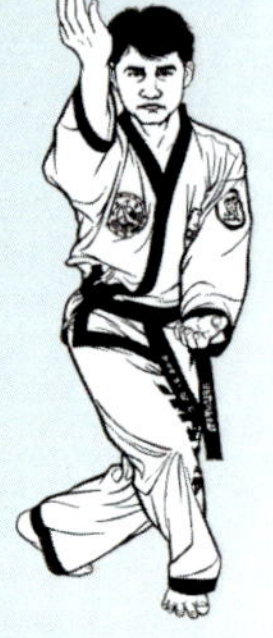

31) 반원뒷전환

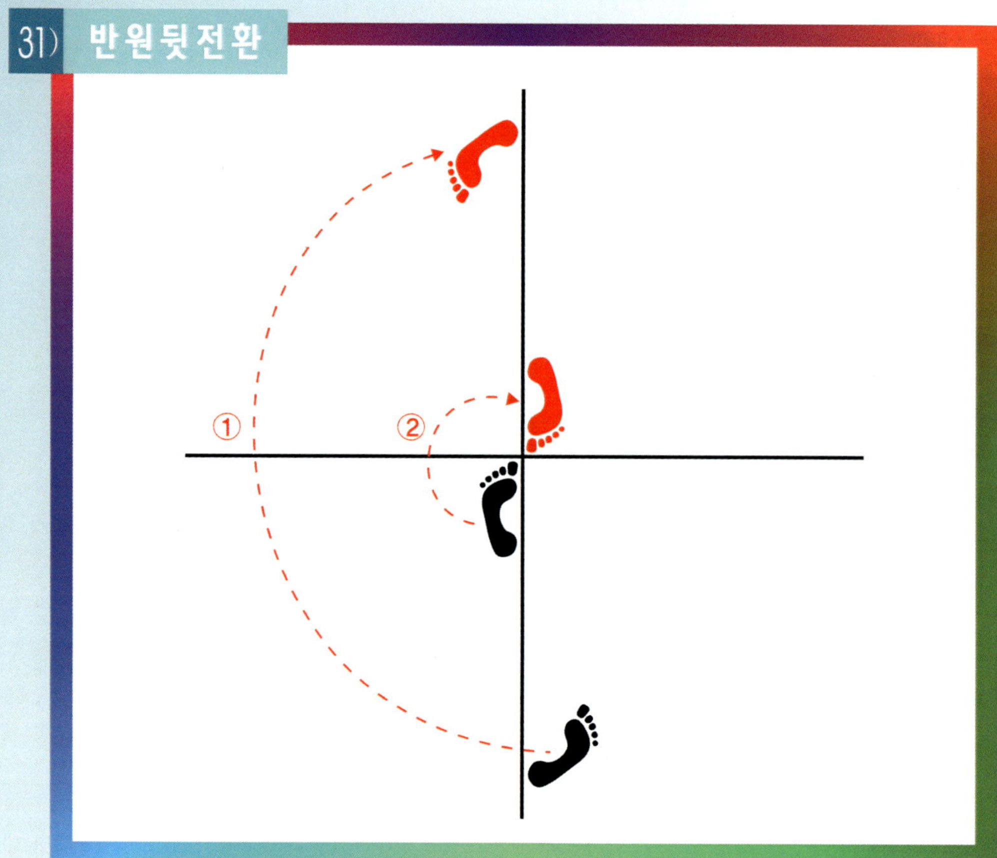

32) 반원뒷전환평선

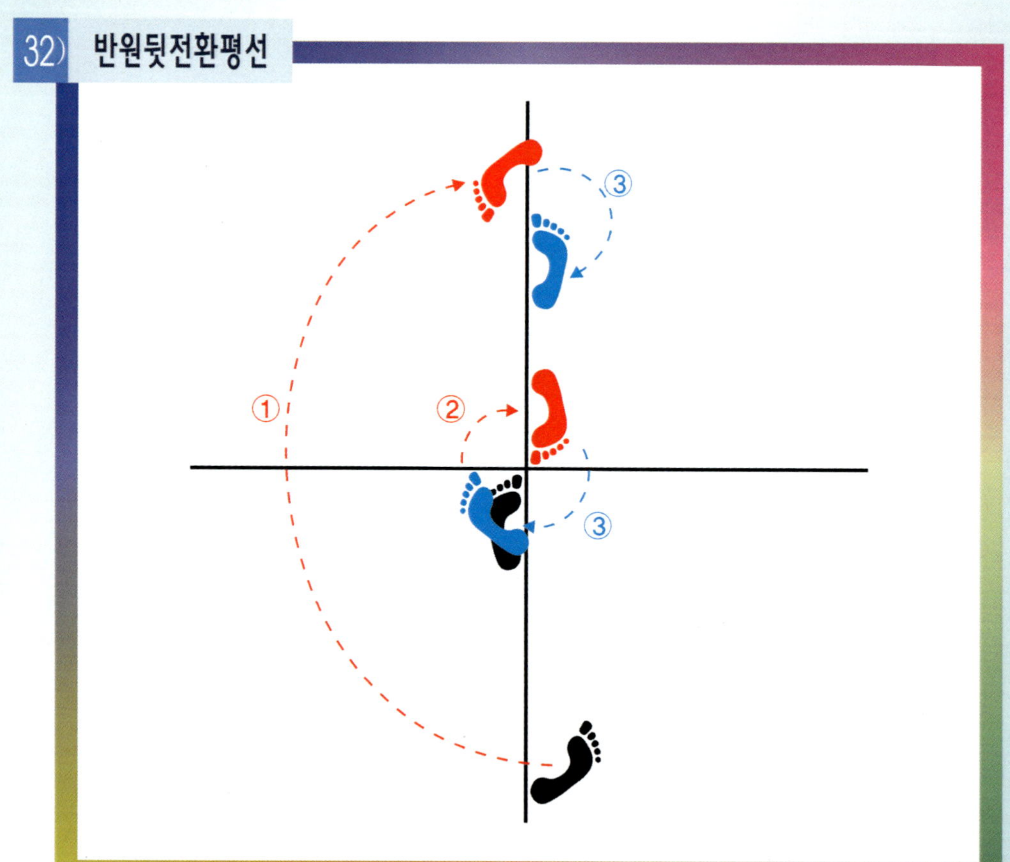

33) 앞반앞전환

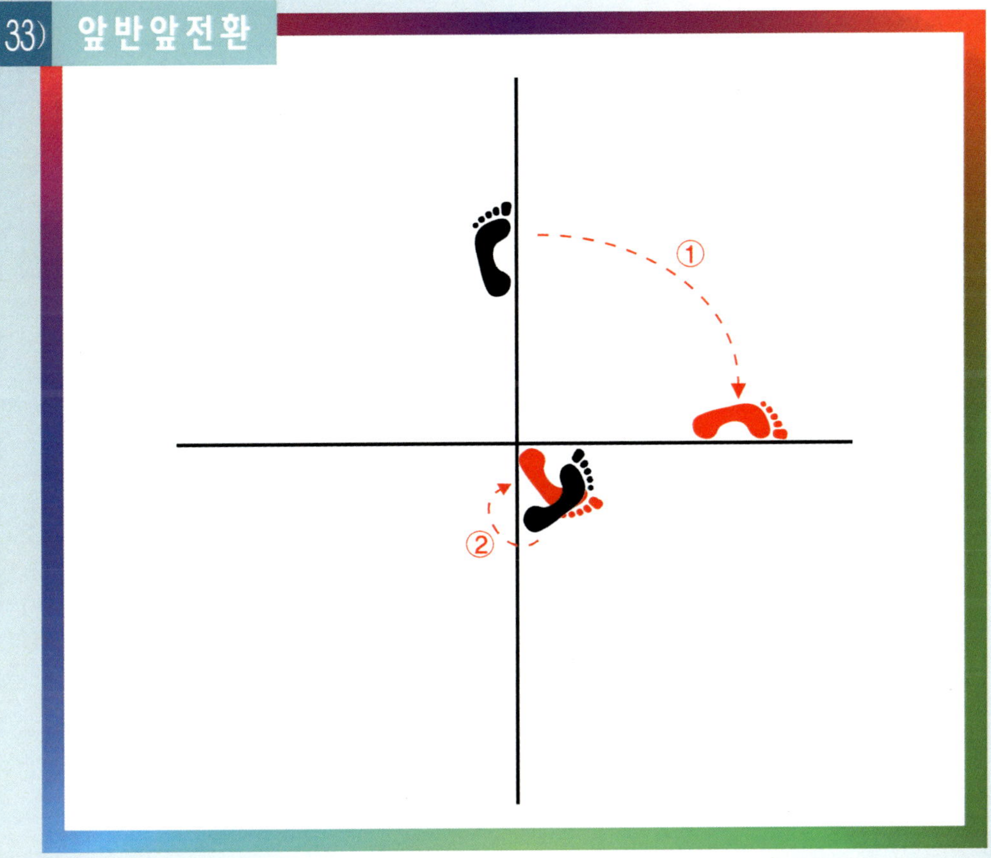

34) 앞반뒷전환

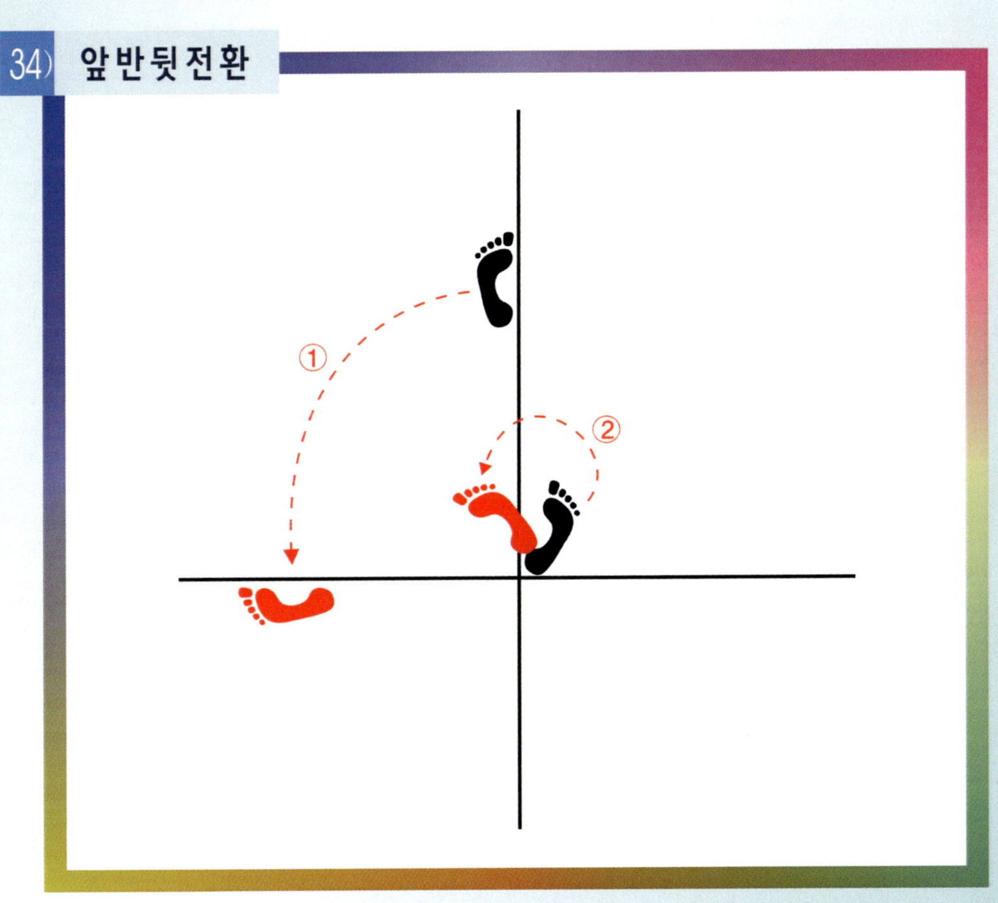

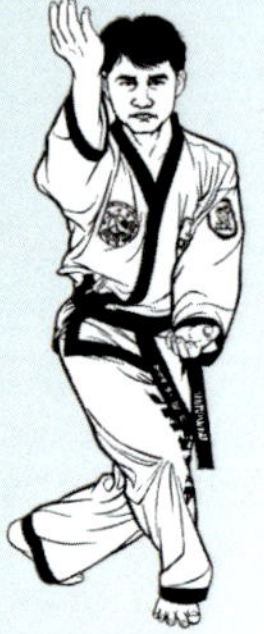

35) 앞반원앞전환

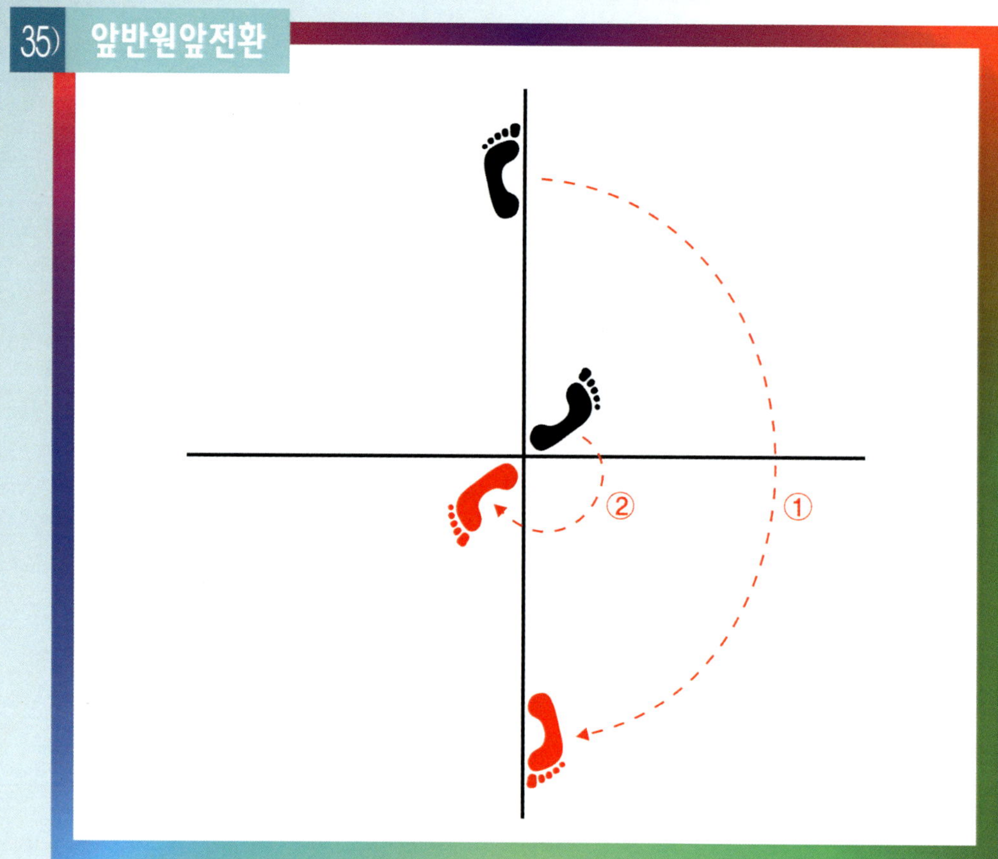

36) 앞반원뒷전환(A형)

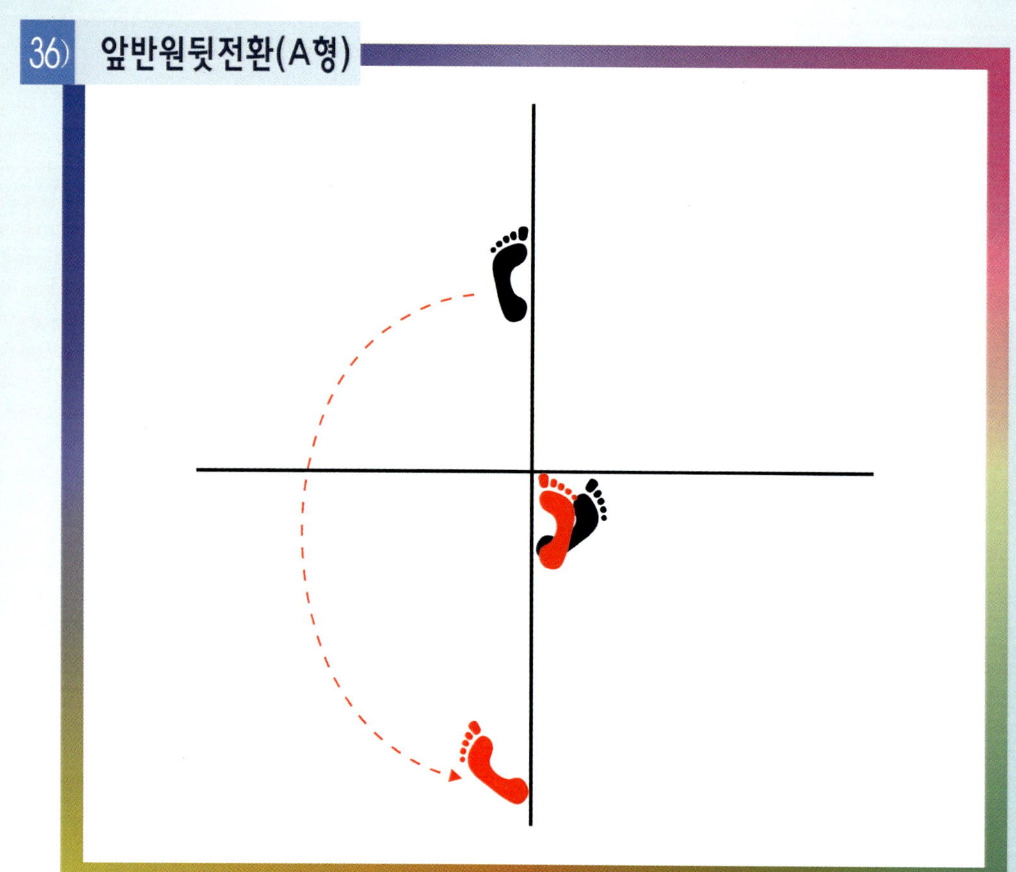

37) 앞반원뒷전환(B형)

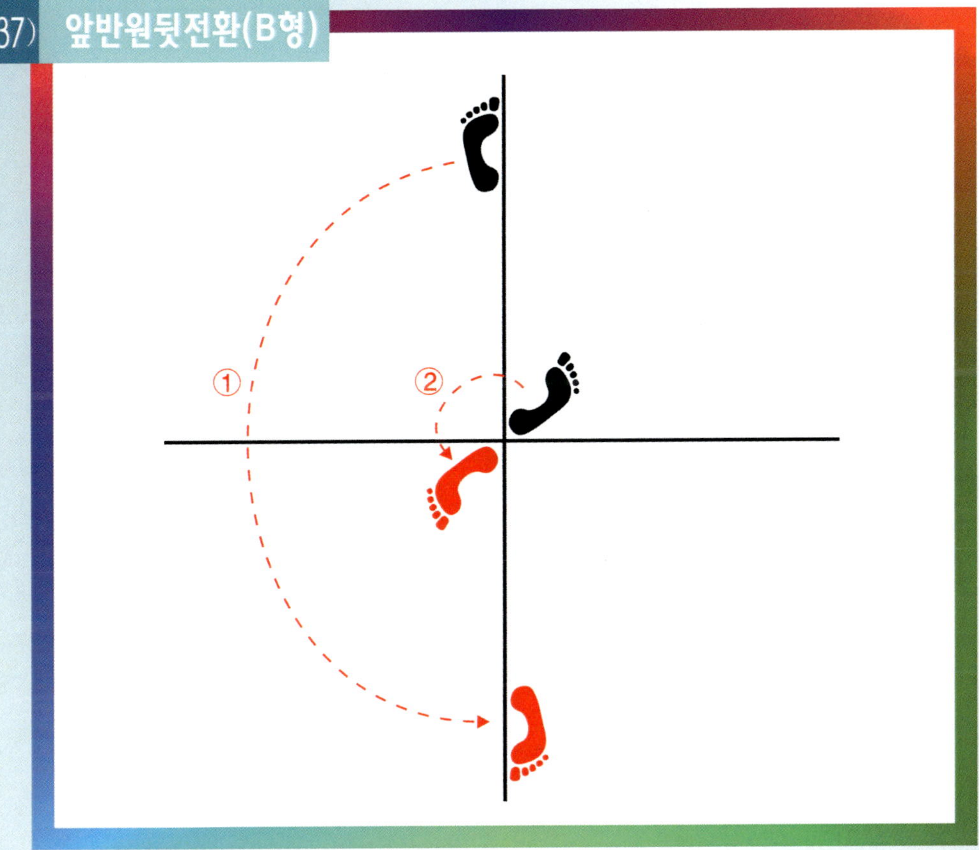

38) 반원바꿔앞전환

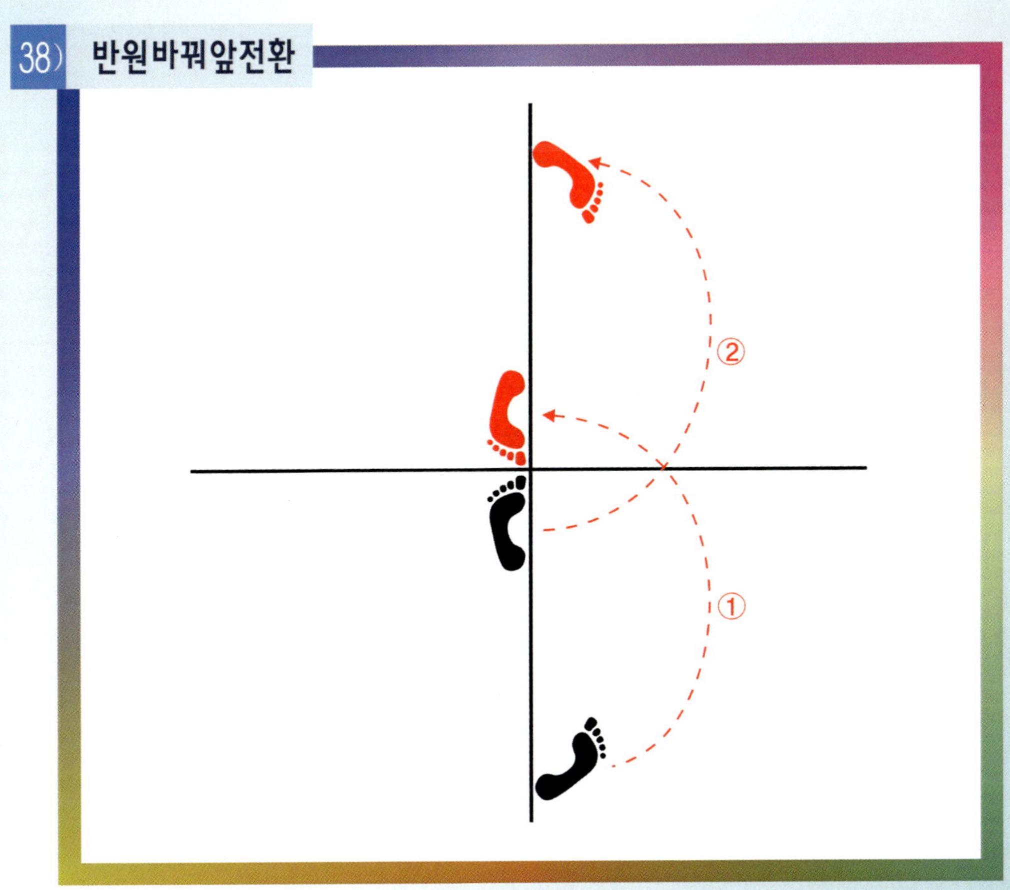

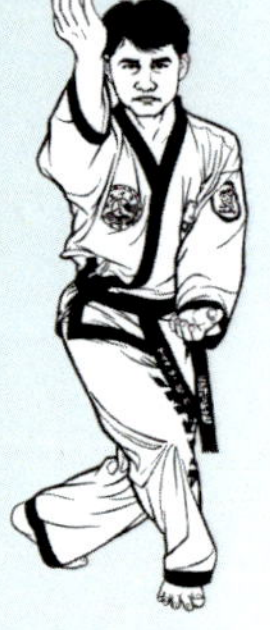

39) 반원바꿔앞전환평선

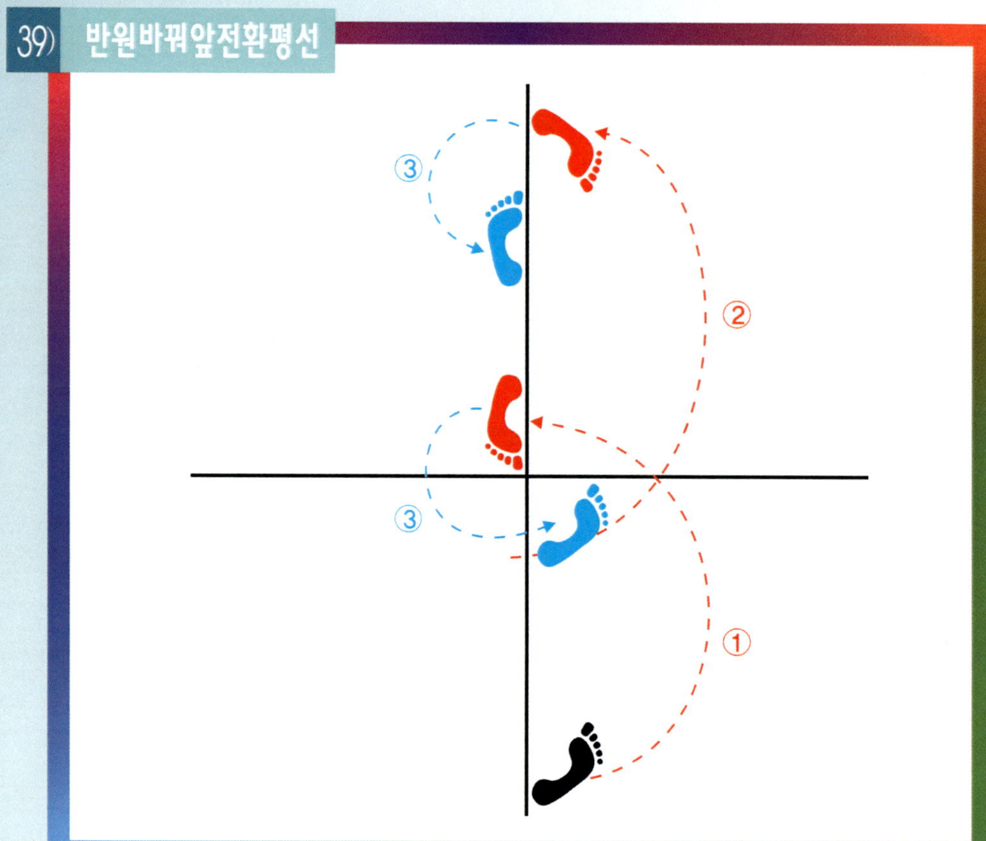

40) 앞반원바꿔앞전환

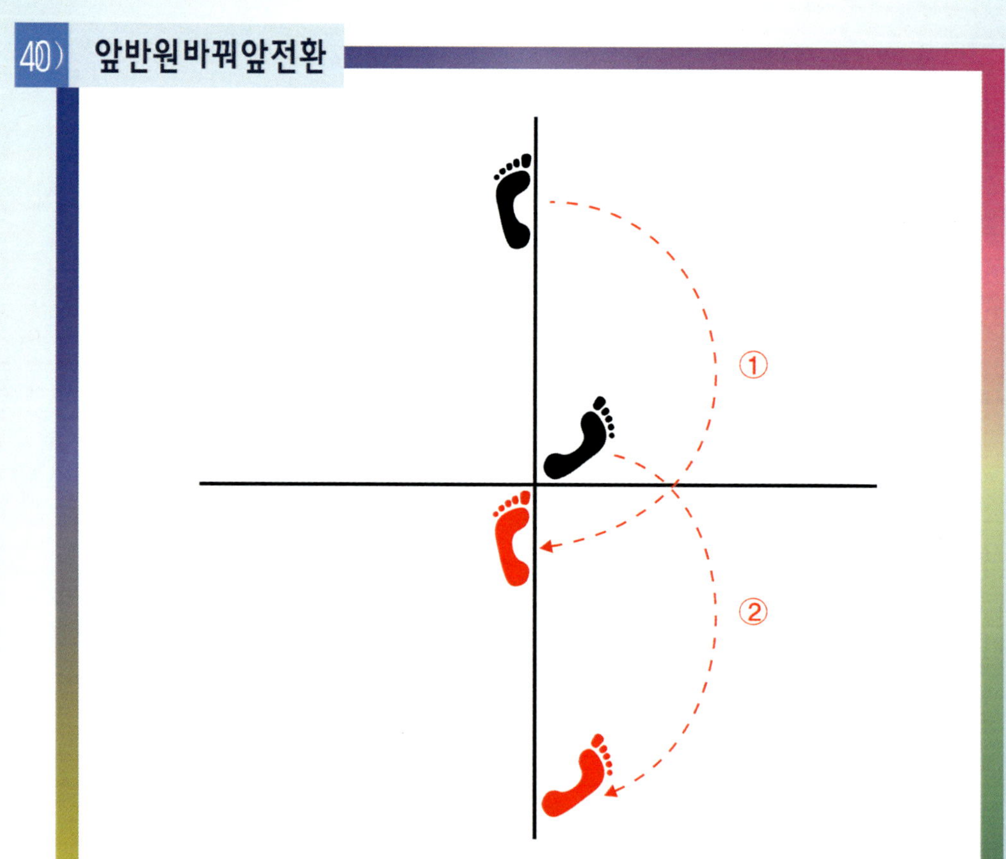

41) 앞반원바꿔앞전환평선

42) 전방반원앞전환

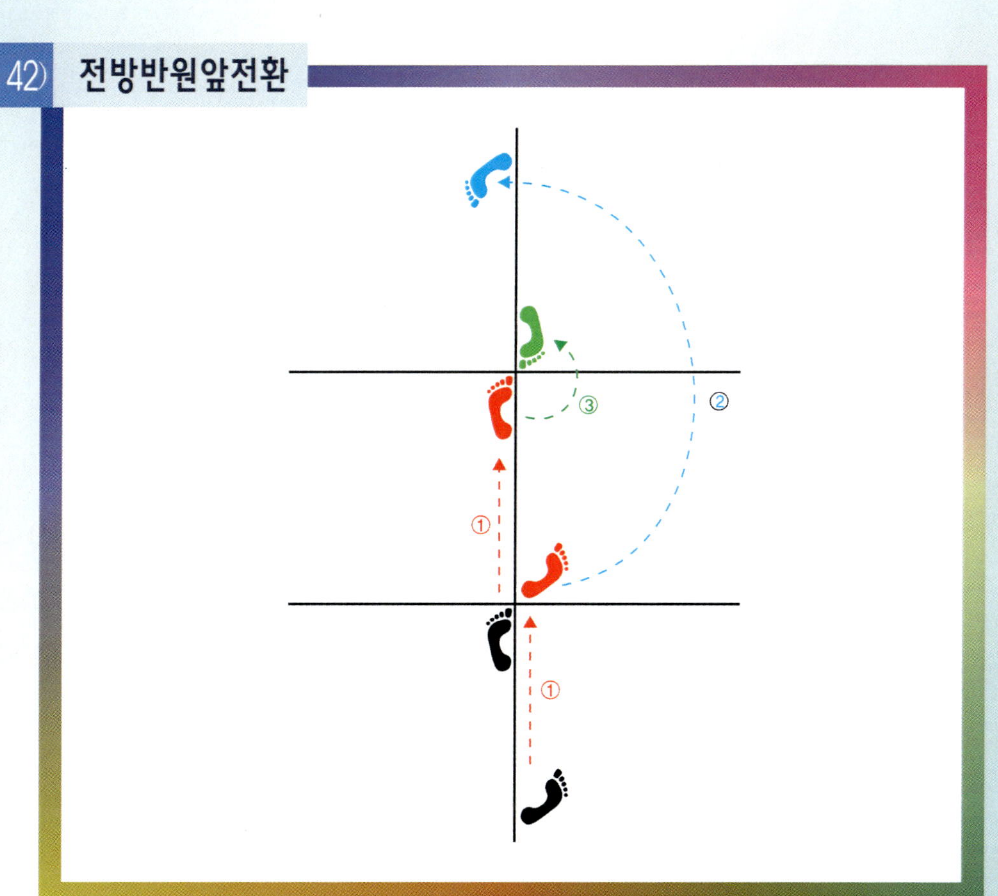

43) 전방반원뒷전환

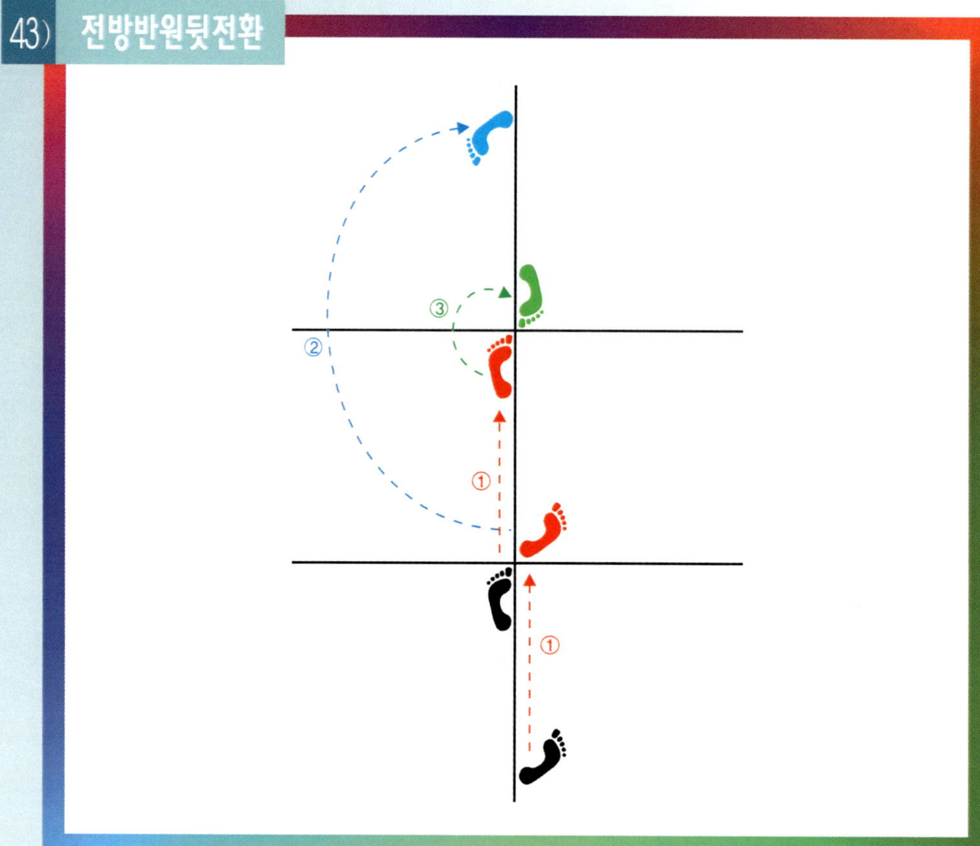

44) 후방반원앞전환

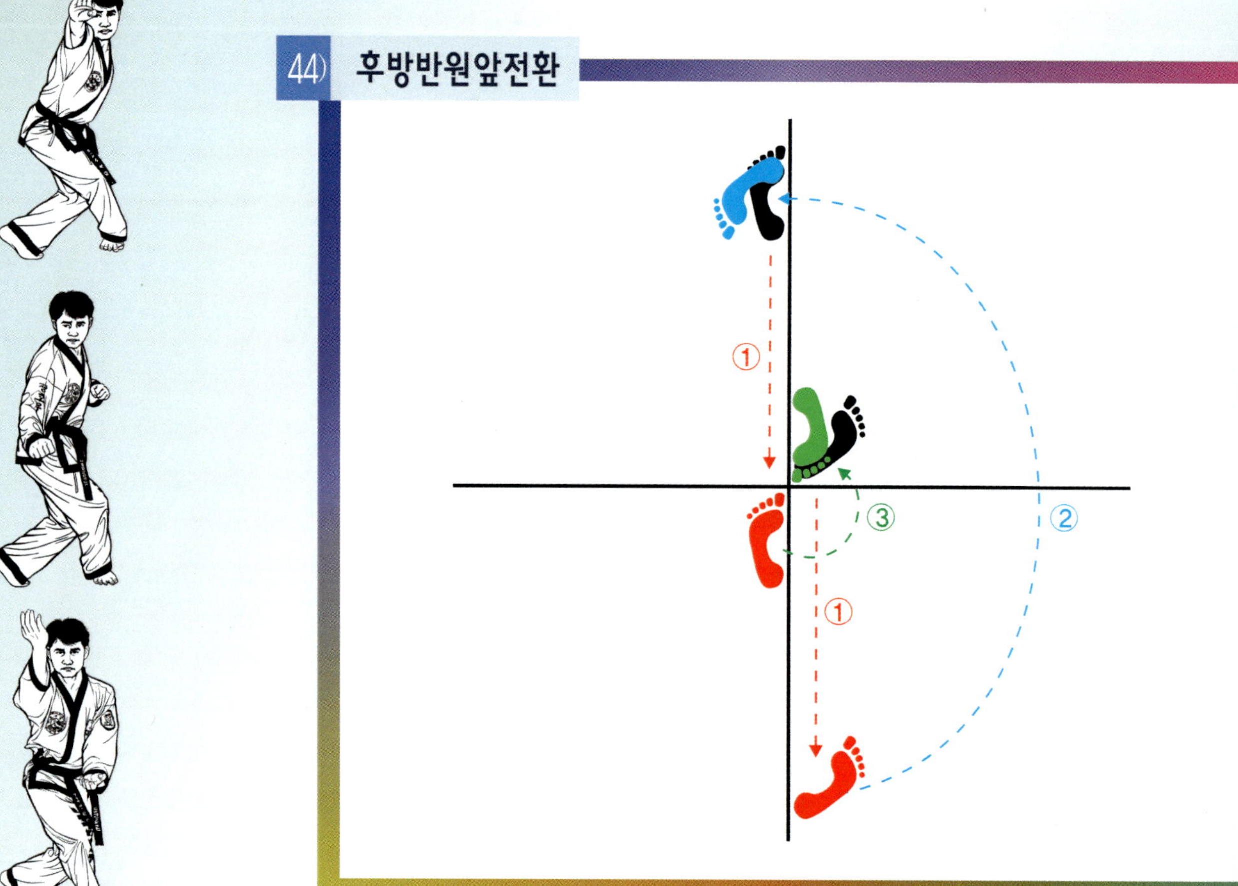

45) 후방반원뒷전환

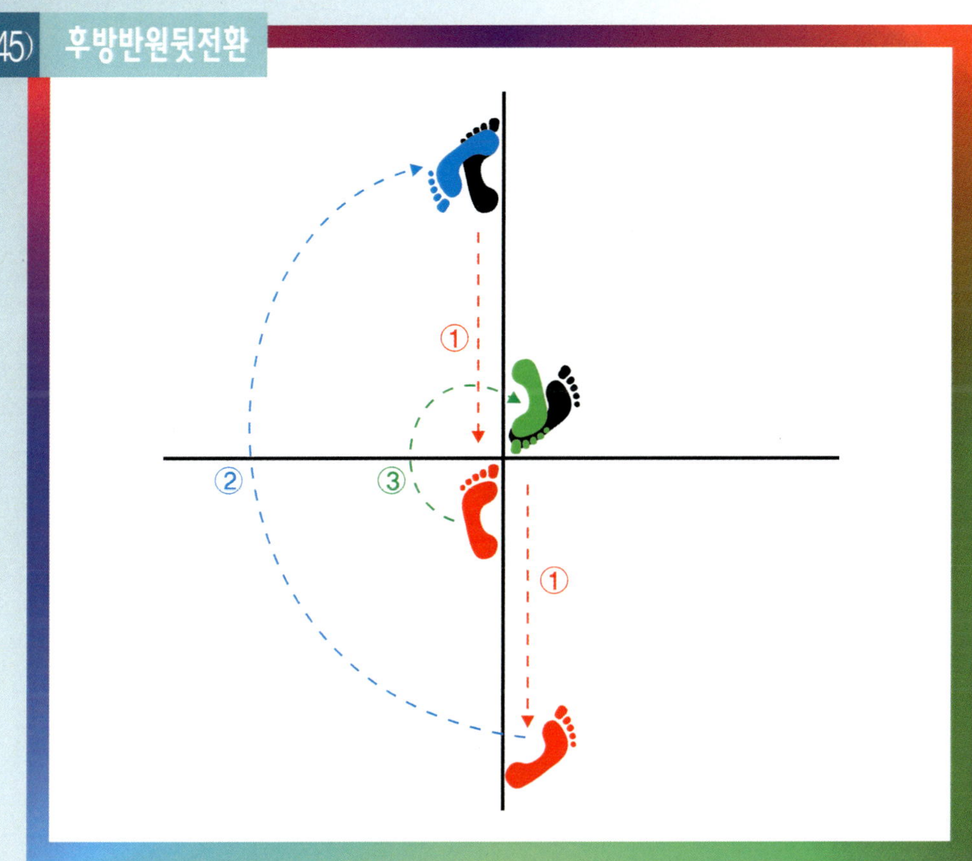

46) 전방반원바꿔앞전환

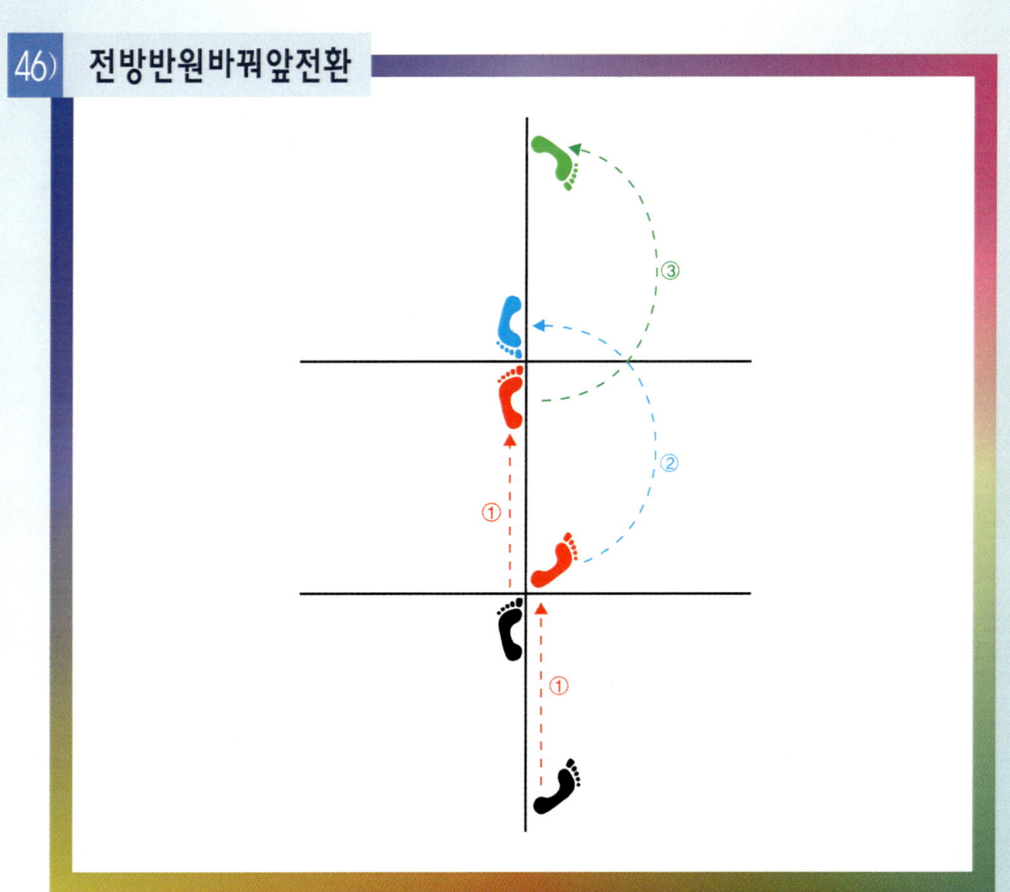

47) 전방앞반원바꿔앞전환

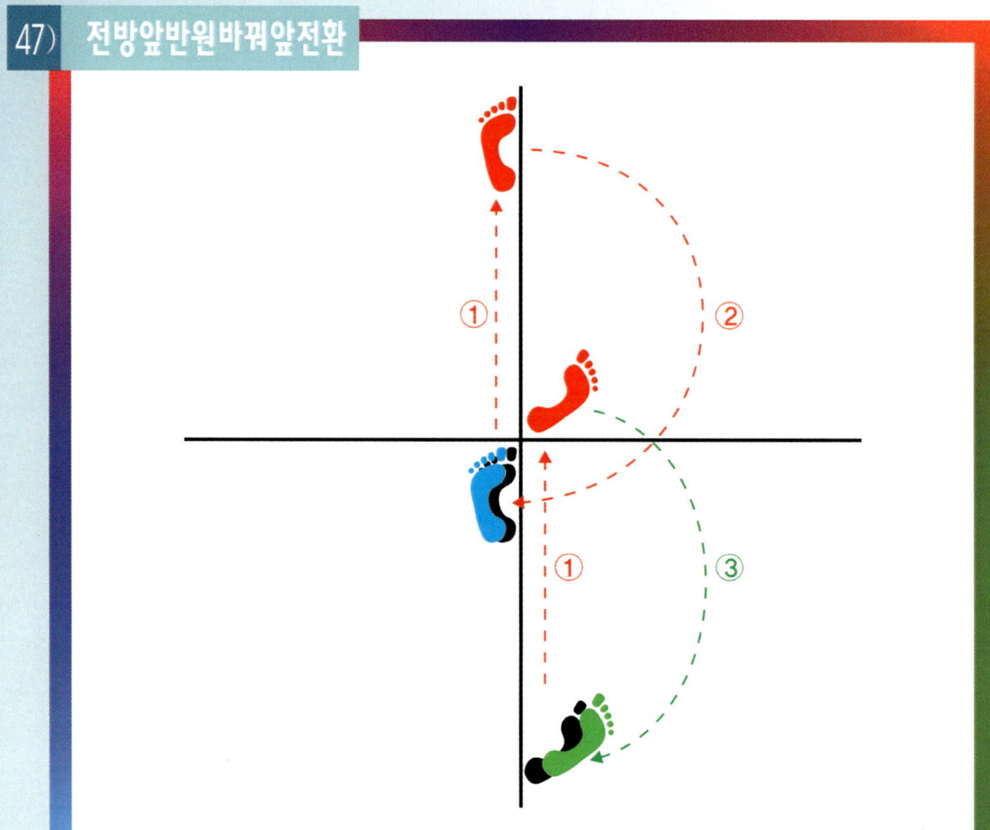

48) 후방반원바꿔앞전환

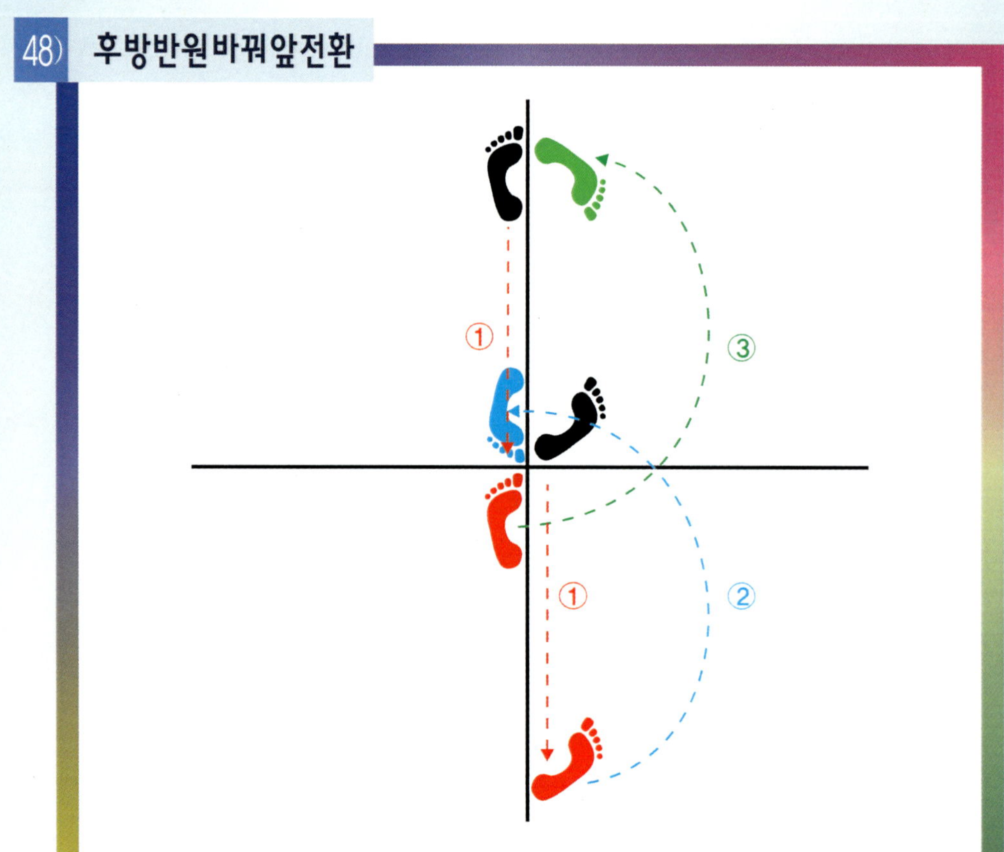

49) 후방앞반원바꿔앞전환

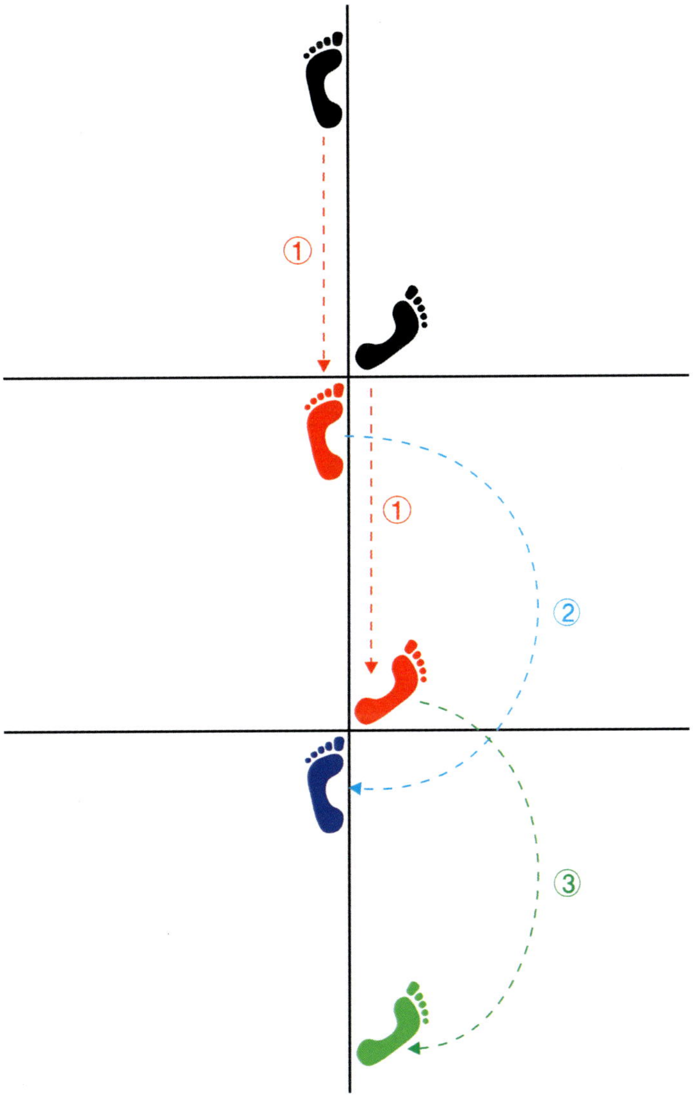

①
①
②
③

50) 후방앞반원바꿔앞전환후 반원앞전환

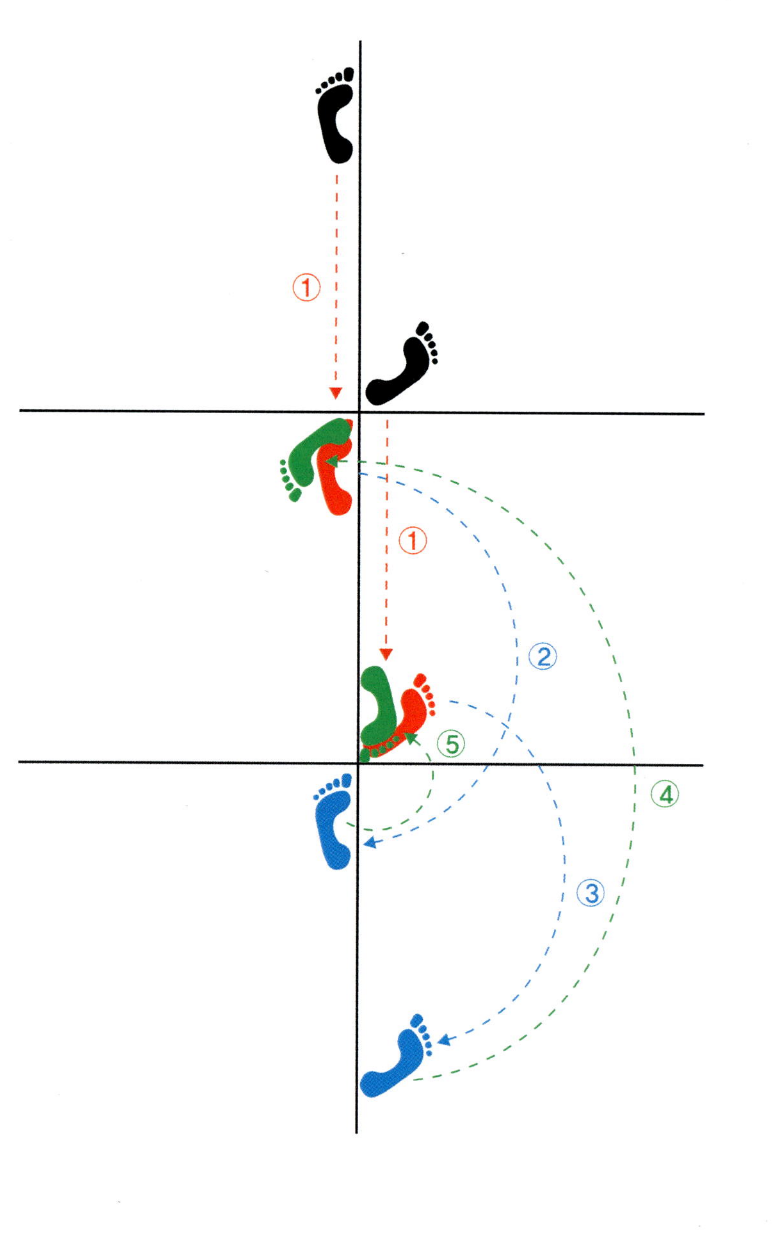

51) 전환법

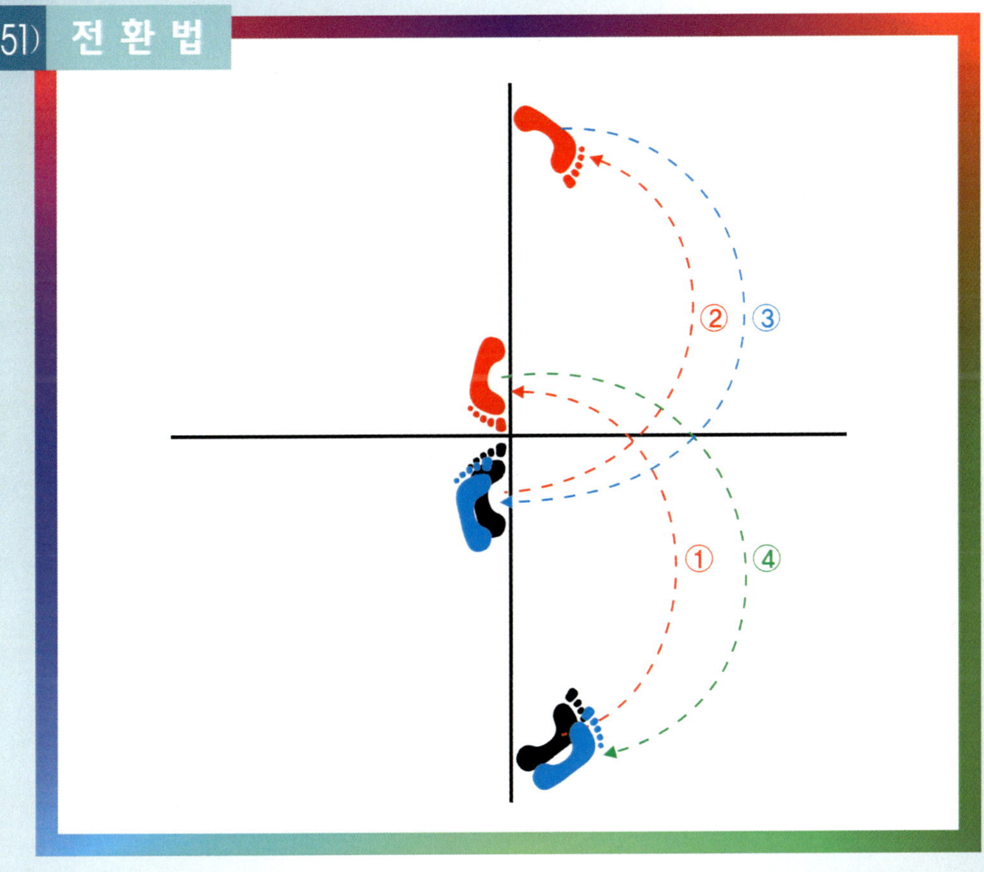

52) 전환선법

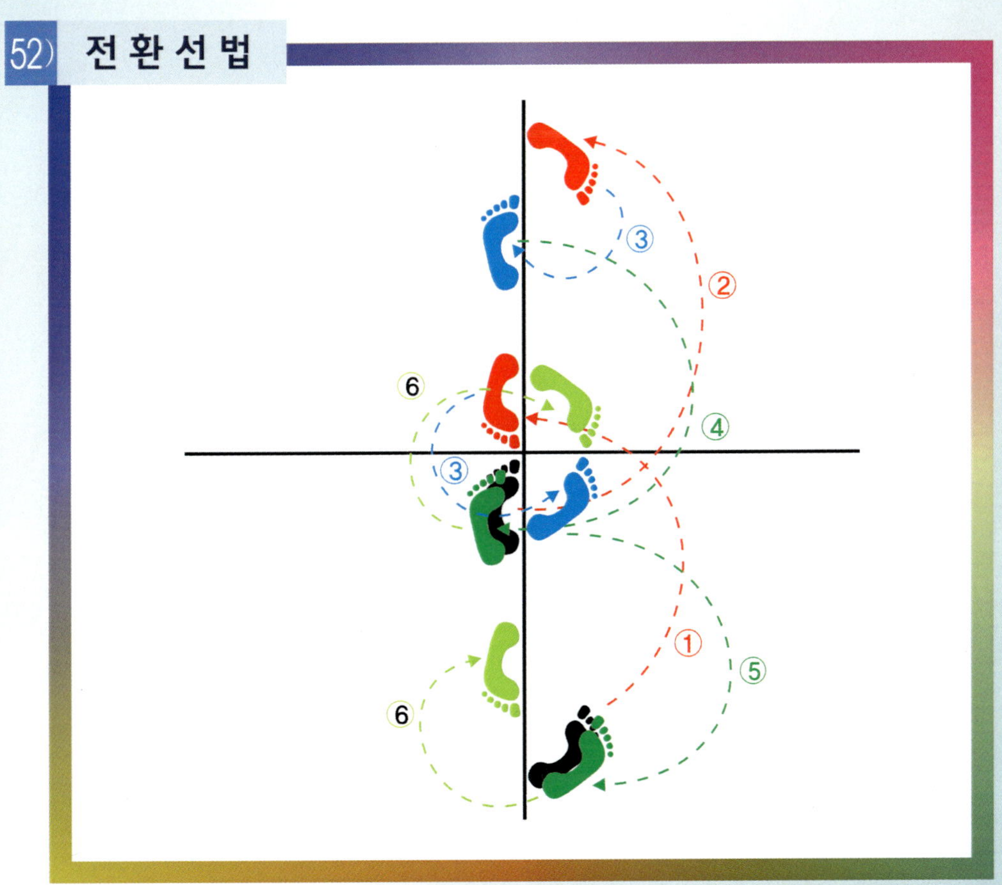

53) 전진전환법

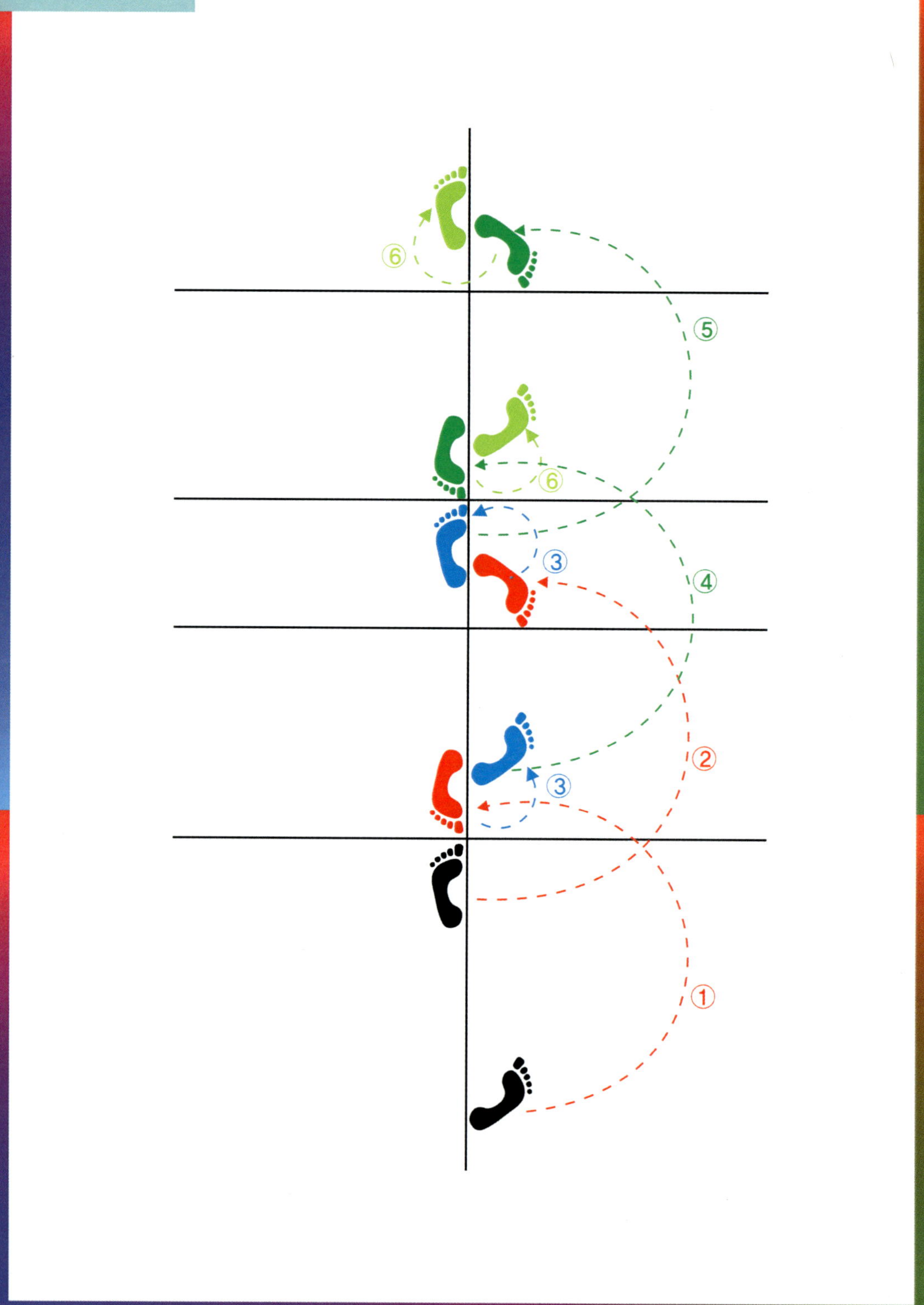

54) 좌우전진전환선법

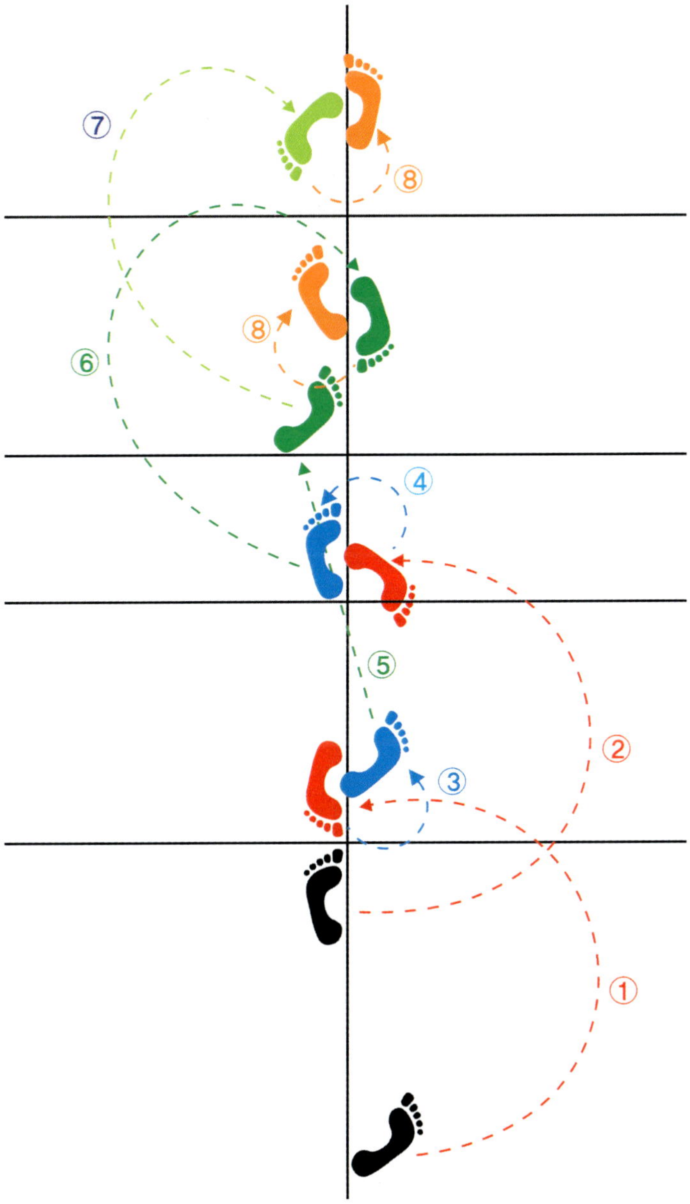

①
②
③
④
⑤
⑥
⑦
⑧
⑧

55) 4방전환법(A형)

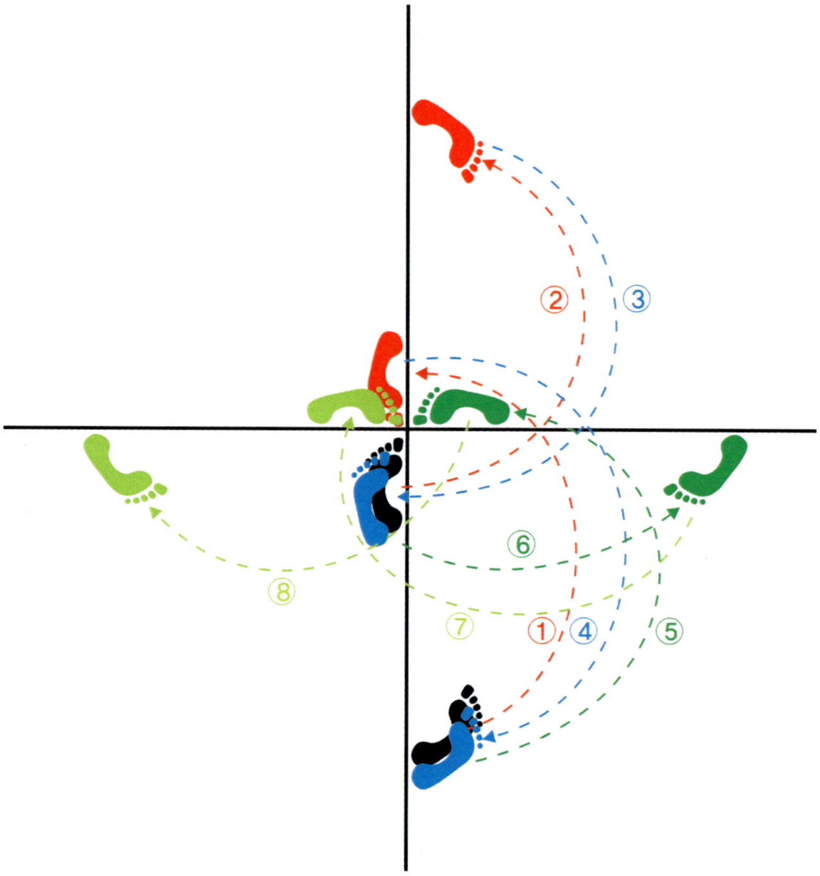

56) 4방전환법(B형)

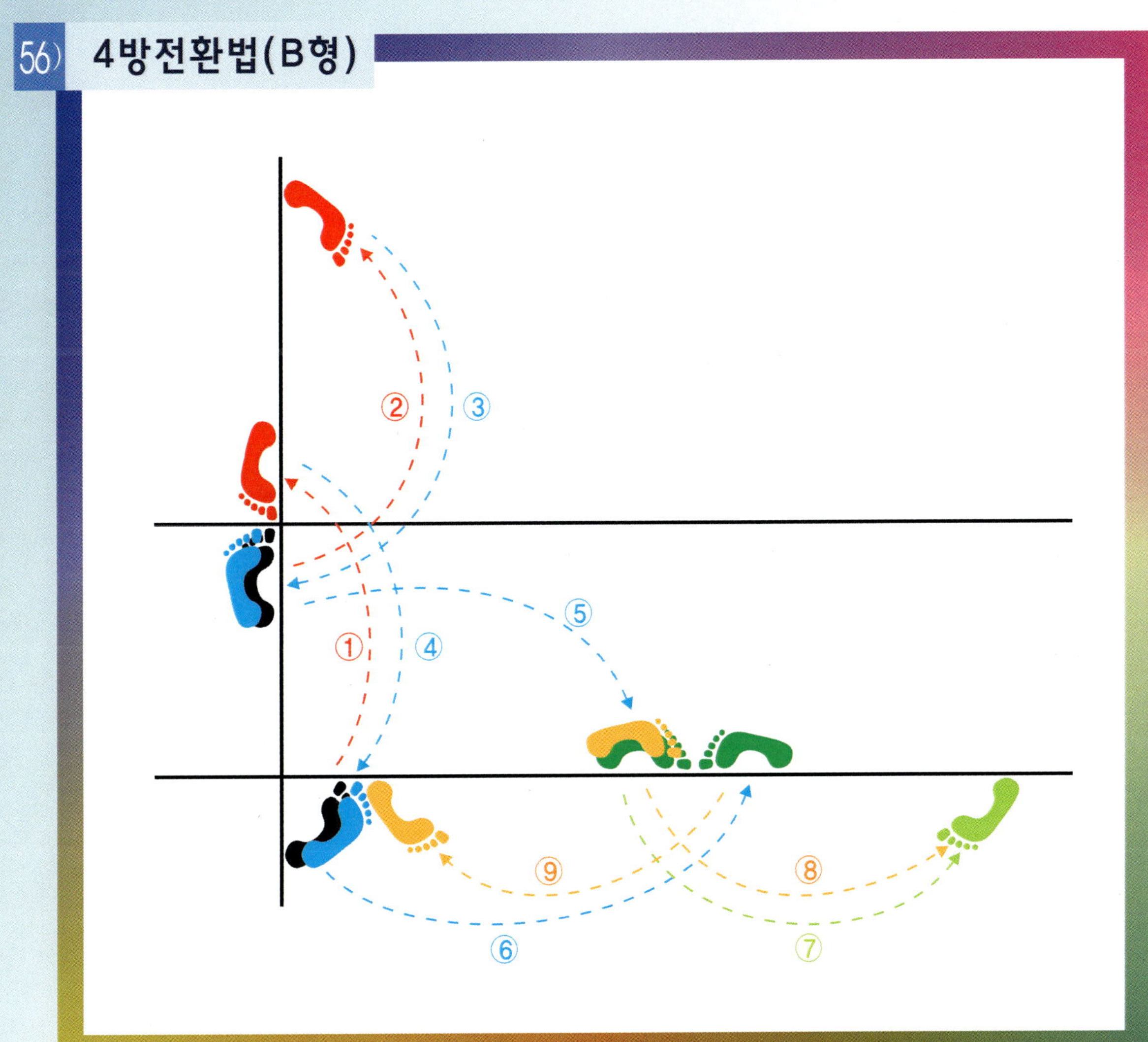

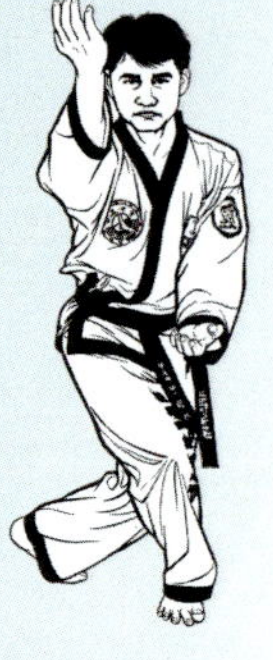

57 4방전환법(C형)

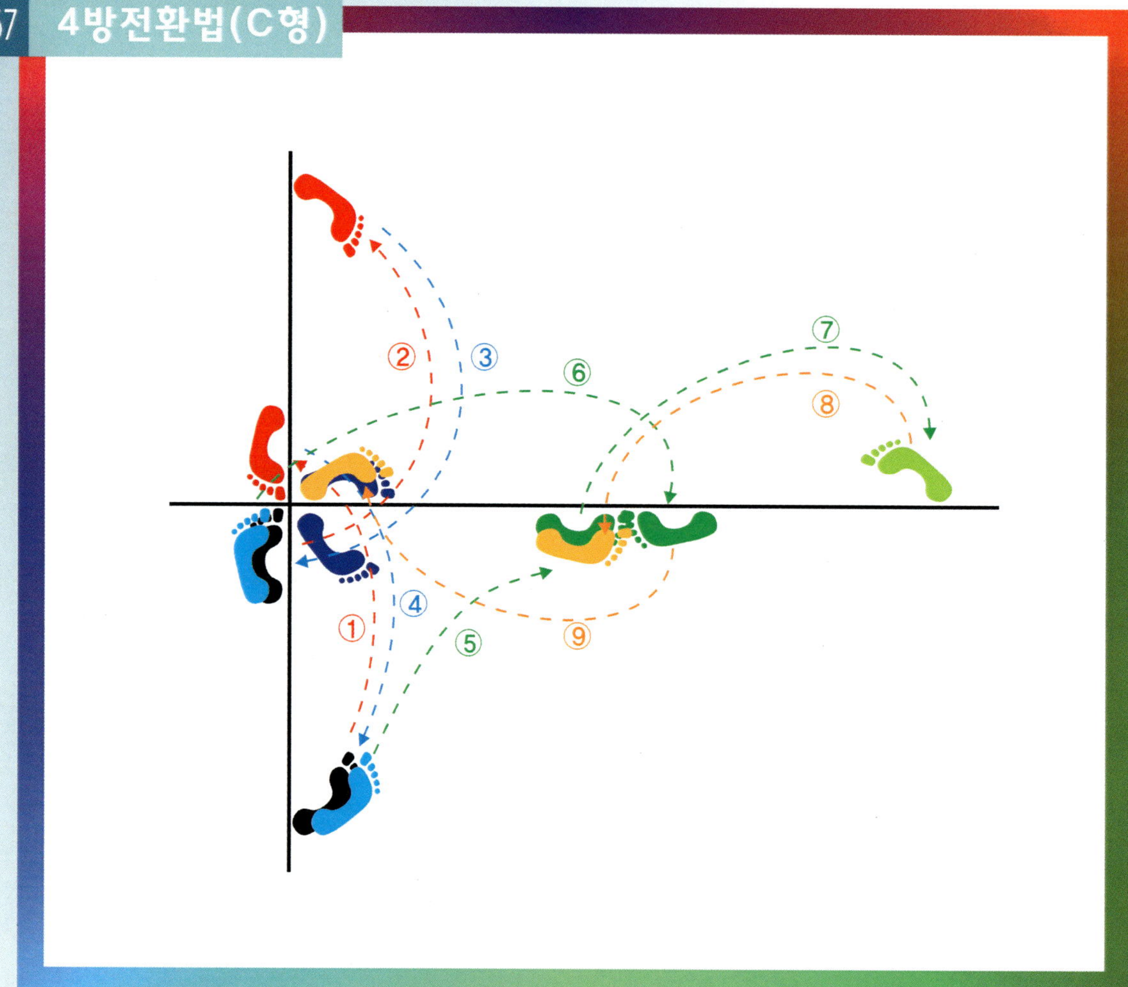

①
②
③
④
⑤
⑥
⑦
⑧

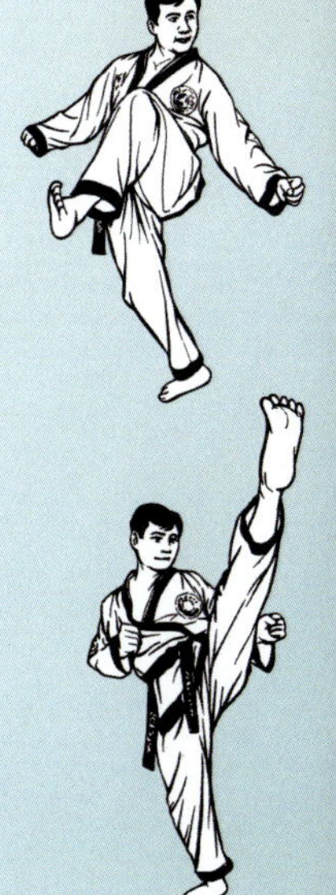

59) 좌우전환법

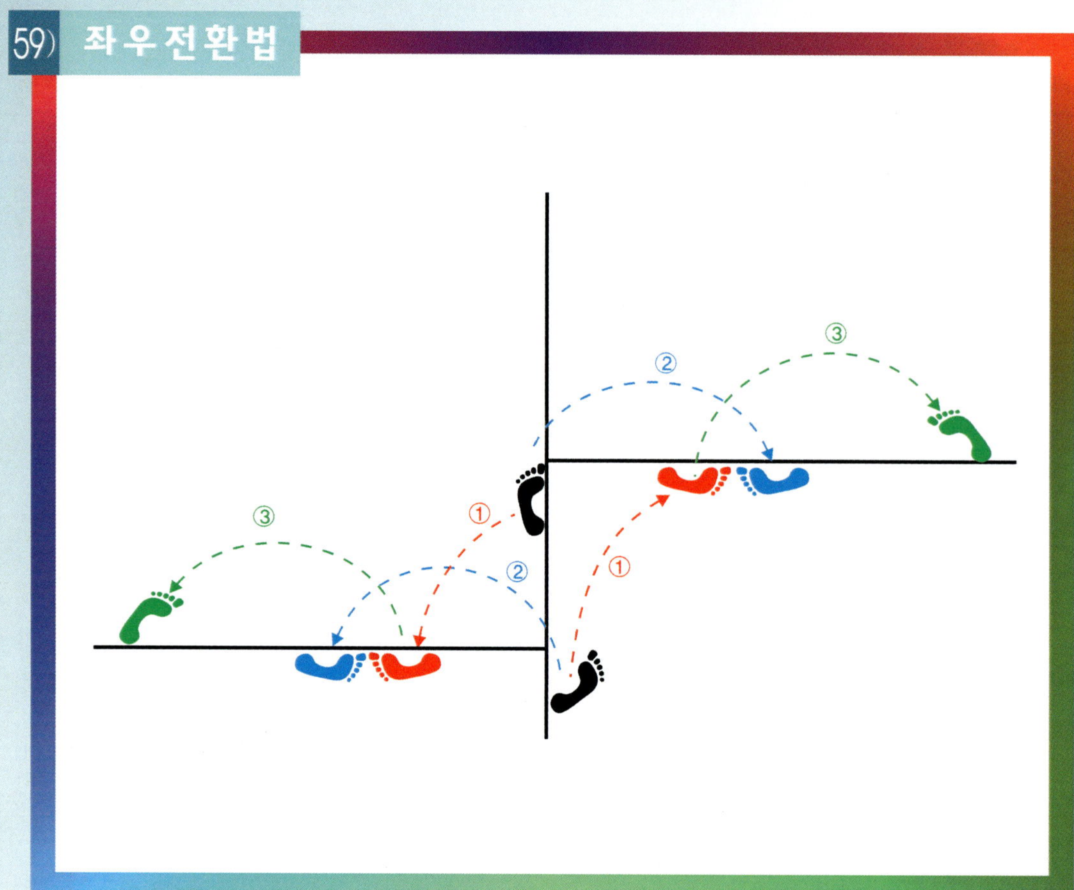

60) 평후전법

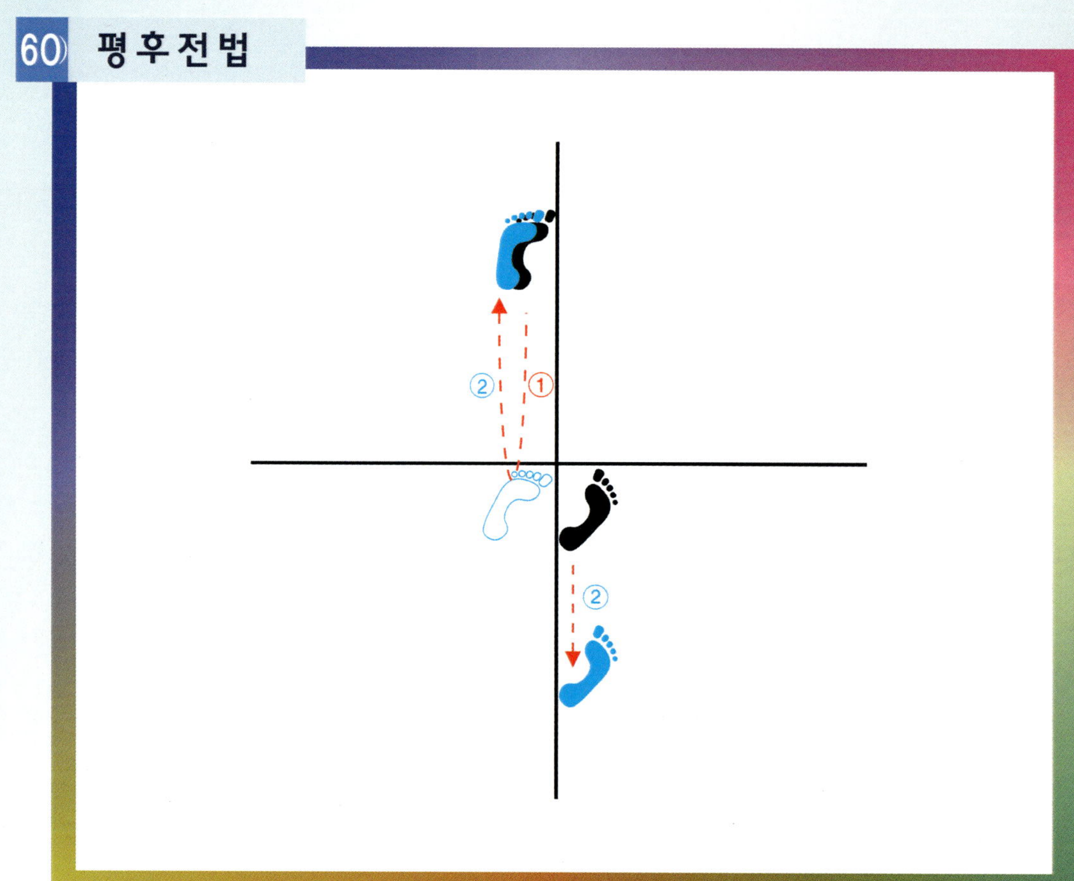

V. 준비수련법(準備修鍊法)

1 준비수련법(準備修鍊法) 의의(意意)

본 수련에 앞서서 의식과 신체운동의 준비로서 명상, 단전호흡, 관절운동 근신전운동, 평형운동의 효과를 통하여 호위발차기, 호위권무형법, 호위호신술, 호위낙선법, 호위사격술등 고난도의 수련과정에 임할 수 있도록 준비하는 수련법이다.

준비수련법은 1번에서 24번까지로 구성되어 있으며, 매 동작에는 구령에 의하여 자세를 취하도록 했다. 경호무술 수련에 앞서서 이 준비수련법은 반드시 실시해야만 한다.

2 준비수련법의 종류

1) 수련인사
2) 묵념(명상)
3) 단전호흡법(1, 2, 3번)
4) 무릎돌려주기
5) 무릎굽혀주기
6) 좌우 무릎잡고 다리짧게 벌려 눌러주기
7) 좌우 무릎잡고 다리길게 벌려 눌러주기
8) 허리굴신 등배운동
9) 양팔벌려 좌우 손끝으로 찍어주기
10) 양손내려 올려 허리 돌려주기
11) 허리잡고 허리수평 돌려주기
12) 다리 교차 벌려주기
13) 옆으로 다리 벌려 앞가슴 대주기
14) 양다리 모아 앞가슴 대주기
15) 발목관절 돌려주기
16) 족도잡고 무릎관절 펴주기
17) 반누워 상단 옆 차 지르기
18) 팔짱끼고 무릎꿇고누워 몸통 좌우 돌려주기
19) 무릎펴고 코 지면에 닿도록 밀어주기(머리들어 버티기)
20) 등배 신전운동
21) 오뚜기식 후방낙선법 좌우족 바꿔 일어나기
22) 막잡당전환법
23) 해제역전환법
24) 마무리 호흡

1) 수련인사

수련인사는 모든 수련에 있어서 시작을 의미하며, 스승이나 제자에게 구분없이 동등한 인격으로서 상호 존중하는 인사예절법이라고 할 수 있다. 따라서, 경호무술을 수련하는 모든 수련생은 바른 자세를 익혀야 한다.

우선, 바른 자세를 위해서는 두발을 모아 붙인 상태에서 발이 벌어지지 않도록 하고 허리를 곧게 편 상태에서 좌우 팔을 어깨 높이로 올려 좌우손을 사진과 같이 모은다. 이때 왼손은 상세수도자세를 취한 다음 오른손은 평정권자세를 취하고 마주 보게 붙인다. 이어서 팔을 수평 앞으로 내뻗는 동시에 목과 허리를 각각 30~45°로 유지하고 다음으로 굽혀진 상체와 머리를 들어 올리며, 양팔을 최초의 자세로 가지런히 내리면 된다. 이때 몸이 흔들리지 않도록 주의한다.

2) 묵　　념

묵념의 기본은 무상 묵념의 상태를 유지하여 갖은 잡념으로부터 경계하고 무술수련 정진에 정신을 통일케 하여 수련을 배가시키는 효과를 높이는데 있다.

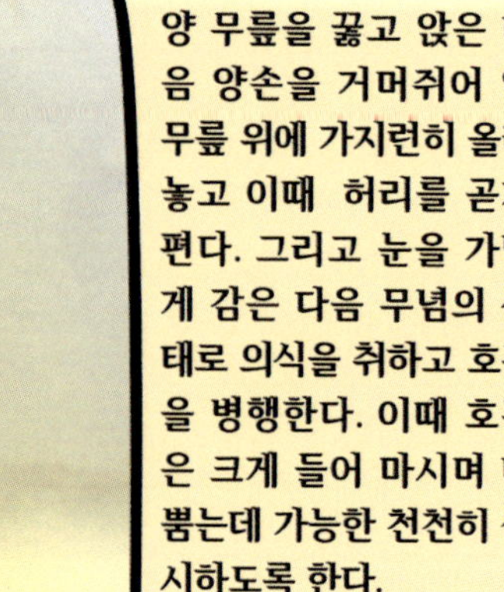

양 무릎을 꿇고 앉은 다음 양손을 거머쥐어 양 무릎 위에 가지런히 올려놓고 이때 허리를 곧게 편다. 그리고 눈을 가볍게 감은 다음 무념의 상태로 의식을 취하고 호흡을 병행한다. 이때 호흡은 크게 들어 마시며 내뿜는데 가능한 천천히 실시하도록 한다.

3-1) 단전호흡법

단전호흡은 우리신체와 정신속에 있는 맑은 기운을 생성시켜 건강하고 강한 심신을 단련시키는 방법이다.

없는 물체를 있다고 가상적으로 상상하면서 양발을 어깨높이로 벌리고 손바닥이 위로 향하도록 한 다음 호흡을 들이 마시는 동시에 손바닥이 바깥 측면으로 돌린 직후 손바닥이 다시 아래로 향하게 하여 양손을 단전쪽으로 사진과 같이 원을 그려 가슴에 모은다음 호흡을 밖으로 뱉는 동시에 힘차게 발을 앞굽이 자세로 앞으로 내 딛으며 손을 얼굴높이로 앞으로 내 뻗는다. 이때 중요한 것은 천기와 지기를 백회공혈과 수공혈로 받아 체내의 단전에 모은 다음 이를 수공혈을 통하여 역류시켜 발산하도록 한다. 그리고 이때 상체는 수직으로 곧게 세우는 것이 중요하다.

3-2) 단 전 호 흡 법

양손을 양 손등이 닿도록 하여 가슴높이로 올린 다음 수평을 유지하여 앞으로 밀어내서 양 측면으로 밖으로 원을 그려 모은 다음 다시 손목을 아래로 꺾어 가슴위치로 모은 후 발을 앞으로 내딛으며 힘차게 어깨넓이로 벌려 뻗어준다. 즉 외기를 손바닥에 있는 수공혈로 끌어 모은 후 손목을 꺾어 기문혈을 닫아 단전 기 해에 모았다가 손목관절에 기를 모아 분출하지 않고 집중시키는 기 수련 동작을 취하도록 한다.

3-3) 단전호흡법

양손의 엄지 인지만을 펴 가볍게 거머쥐어 양팔을 어깨 넓이로 벌려 높이고 발은 앞뒤로 어깨넓이로 벌린 상태에서 앞으로 발을 옮겨 몸의 위치를 이동하면서 인지혈로 외기를 감지하고 원거리의 기를 집중하여 끌어당기는 식의 동작을 취하며 전환한다. 이때 호흡을 몸 동작과 일치시킴으로써 심신을 집중 시키고 안정되게 하는데 앞으로 이동시 공기를 흡입하고 뒤돌아 원위치할 때 흡입한 공기를 내뿜는다.

이때 발의 이동자세는 전환선법스텝 중 반원바꿔앞전환 자세를 취한다.

4) 무릎돌려주기

몸의 균형을 유지시키고 몸의 하중을 가장 크게 받치고 있는 관절로 무리한 운동으로 자칫 무릎관절이 손상될 우려가 있기 때문에 무릎관절 반경 운동이 꼭 필요하다.

Start

양 무릎을 양손으로 감싸 잡은 후 왼쪽에서 오른쪽으로 구령에 맞춰 4회 돌린 후 반대 방향으로 같은 방법으로 4회 돌려 풀어 준다. 구령이 끝난후 굽혀진 상체를 바르게 세워 사진과 같이 곧게 선다. 이때 무리한 자세는 갖지 않도록 주의한다.

Start

5) 무릎굽혀주기

무릎 관절 인대를 유연하게 하기 위해서는 구부렸다 폈다 함으로써 갑작스런 운동으로 인한 무릎관절, 인대에 대한 손상을 막을 수 있다. 또한 대퇴근 앞근육을 신전시켜 풀어줄 수 있는 자세이다.

양 무릎을 양손으로 감싸 잡은 후 무릎을 수직으로 아래로 구부렸다. 위로 펴는 동작으로 구령에 맞춰 같은 방법으로 4회 반복 실시한다. 이때 특히 주의해야 할점은 무릎을 굴신했을때 뒤꿈치를 약간 들어 올려서 균형을 유지하도록 한다.

GUARD MILITARY

경호무술

6) 좌우 무릎잡고 다리짧게 벌려 눌러주기

고관절과 대퇴부 뒤쪽 그리고 엉덩이 대둔근 부위의 근 신전으로 근육파열등의 사고에 대해 예방하는 효과가 있다. 특히 고관절운동의 효과가 뛰어나다.

양 무릎을 양손으로 감싸 잡은 후 어깨넓이로 발을 양 측면으로 벌린 다음 앞꿈치를 세워 뒤꿈치가 지면에 닿도록 한 후 왼쪽부터 2회 누른 후 오른쪽으로 바꿔 2회 누르는 방법으로 좌우 4회 반복 실시한다. 이때 사진과 같이 발앞꿈치가 충분하게 들어올려져 지면에 닿지 않도록 한다.

7) 좌우 무릎잡고 다리길게 벌려 눌러주기

좌우 무릎잡고 다리짧게 벌려 눌러주기의 효과를 극대화 할 수 있는 것으로 반드시 위의 동작을 먼저 한 이후에 실시해야만 한다.

양 무릎을 양손으로 감싸 잡은 후 발 길이 넓이로 발을 양 측면으로 벌린 다음 앞 꿈치를 세워 뒤꿈치가 지면에 닿도록 한 후 왼쪽부터 2회 누른 후 오른쪽으로 바꿔 2회 누르는 방법으로 구령에 맞춰 좌우 4회 반복 실시한다. 이때 중요한 것은 엉덩이 부분이 지면에 가능한 닿도록 충분하게 내리도록 해야 한다. 어느정도 신전된 경우에는 양손을 지면에 짚고 스트레칭 하는것도 좋다.

8) 허리굴신 등배운동

허리굴신 등배운동은 허리근력 및 유연성 증강 운동으로 가장 효과적 방법이다.

다리를 어깨넓이 보다 넓게 벌린 다음 허리를 아래로 구부렸다 위로 펴면서 양손을 허리 뒤쪽을 받치고 상체를 뒤로 충분히 구부리는 동작으로 구령에 맞춰 하나 둘에 내리고 셋 넷에 상체를 올려 뒤로 구부리는 동작으로 4회 반복 실시한다.

9) 양팔벌려 좌우 손끝으로 찍어주기

●허리 관절의 충분한 운동 효과를 갖게 하는 동작 이며 대둔근 및 하의 대퇴부 근육운동으로 유연성을 증강시킬 수 있다.

Start
다리를 어깨넓이 보다 넓게 벌린 다음 상체를 아래로 구부린 상태에서 양팔을 크게 벌려 상체 몸통을 좌우로 돌리며 발 바깥쪽을 구령 하나 둘에 좌우로 교차시켜 손끝으로 찍어주며 8회 반복 실시한다. 이때 주의해야 할 점은 위에 있는 팔이 사진과 같이 곧게 뻗어져 있어야만 한다.

10) 양손내려 올려 허리 돌려주기

- 수평허리 돌리기와 등배운동을 결합한 동작으로 허리 부분과 신체 뒤쪽 근육의 신전을 도와 허리관절의 유연성을 더해주는 효과가 높다.

다리를 어깨넓이 보다 넓게 벌린 다음 상체를 아래로 구부렸다 위로 펴면서 상체를 뒤로 충분히 구부리는 동작으로 왼쪽에서 오른쪽 방향으로 큰 원을 그리며 2회 돌린 다음 반대편으로 2회 반복 실시한다. 이때 허리 근육을 충분하게 신전시킨 상태에서 부드럽게 실시한다.

11) 허리잡고 수평허리 돌려주기

전후 좌우의 근육과 인대 및 관절 운동에 가장 큰 효과가 있으며 가장 편안한 자세에서 가장 효과적인 허리 근육 이완운동으로 좋다.

Start
양손을 양 허리 측면에 올려 잡고 왼쪽에서 오른쪽으로 수평으로 구령에 맞춰 허리와 엉덩이를 4회 돌린후 반대쪽으로 다시 4회 반복해 돌린다.

Start

12) 다리교차 벌려주기

◎ 다리의 유연성 증대에 가장 직접적인 방법으로 통증이 가장 크다. 정도에 따라서는 근육 파열로 인한 다리 근육의 손상이 일어날 수도 있다. 많은 시간을 갖고 점진적인 방법으로 조금씩 확대해 나가는 것이 좋다.

다리를 앞뒤로 벌려 엉덩이가 지면에 닿도록 자세를 취한 후 구령에 맞춰 자신의 체중을 실어 아래로 4회 내려준 후 몸통을 수평으로 반대쪽으로 돌린다음 같은 방법으로 실시한다.

13) 옆으로 다리 벌리고 엎드려 앞가슴 대주기

전후 좌우의 근육과 인대 및 관절 운동에 가장 큰 효과가 있으며 가장 편안한 자세에서 가장 효과적인 허리 근육 이완운동으로 좋다.

다리를 옆으로 최대한 넓게 벌린 다음 상체를 아래로 구부린 상태에서 양팔을 앞으로 크게 벌리고 몸통을 전후상하로 구령에 맞춰 돌려 풀어준다.

14) 양다리 모아 앞가슴 대주기

◎다리와 등에 있는 근육을 동시에 신전 시키는 동작으로 굴신을 조금씩 늘려 가면서 근육을 신전시키는 방법이다.

지면에 앉은 다음 다리를 모아 붙인 후 앞꿈치를 살려 발목을 재껴 주고 양손으로 앞꿈치를 잡아 가슴이 무릎 부위에 닿도록 상체를 구부린다. 하나둘에 구부리고 셋 넷에 상체를 일으켜 세우며 4회 반복 실시하도록 한다.

15) 발목 관절 돌려 풀어주기

◎인체의 관절중 체중의 하중을 가장 크게 받는 곳으로 특히 부상을 대비한 관절운동이 가장 크게 요구되는 곳이다.

지면에 앉은 다음 다리를 편 상태에서 왼쪽다리를 구부려 오른쪽 다리 위에 올린 후 발목을 원으로 전후방향으로 돌려 풀어준다. 이때 구령 하나에 원으로 1회 돌리는 방법으로 8회 반복 실시한다. 오른쪽 다리도 동일한 방법으로 실시한다.

16) 족도잡고 무릎관절 펴주기

족도란 한자어로 足에 刀자로 발을 칼날처럼 세운다는 뜻으로 이 자세가 익숙하게 하는게 가장 중요하며 다리 외측의 근육을 신전시키는 유일한 방법이다.

오른손으로 족도 잡고 왼손으로 무릎 잡은 다음 발을 머리높이로 올려 뻗어준다. 구령하나에 2회 반복 실시하며 오른쪽 발도 동일한 방법으로 반복 실시한다.

17) 반누워 상단 옆차 지르기

땅에 넘어진 상황에 따라 상대의 공격으로부터 방어해야하는 상황에서 취할 수 있는 발차기이기도 하다.

Start

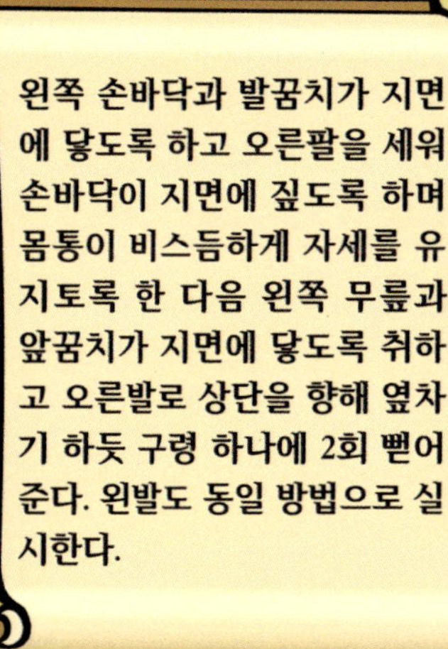

왼쪽 손바닥과 발꿈치가 지면에 닿도록 하고 오른팔을 세워 손바닥이 지면에 짚도록 하며 몸통이 비스듬하게 자세를 유지토록 한 다음 왼쪽 무릎과 앞꿈치가 지면에 닿도록 취하고 오른발로 상단을 향해 옆차기 하듯 구령 하나에 2회 뻗어준다. 왼발도 동일 방법으로 실시한다.

18) 팔짱끼고 무릎꿇고 누워 몸통좌우 돌려주기

척추의 자세를 교정시키고 뒤로 굴신하는 동작으로 유연성을 증강시키는 동작이며 대퇴부의 근육을 신전 시키는 유일한 방법이다.

무릎꿇고 앉은 상태에서 뒤로 머리 세워 누운 다음 팔짱을 낀 후 좌우로 돌린다. 이때 왼쪽부터 하나 둘하고 셋 넷은 오른쪽으로 돌리는 방법으로 4회 반복 실시한다.

19) 무릎펴고 코 지면에 닿도록 밀어주기(머리들어 버티기)

● 허리의 굴신을 최대한으로 갖게 할 수 있으며 동작을 오래도록 취해 줌으로써 근력강화 효과를 가질 수 있다.

누운 자세에서 허리를 들어올린 다음 머리가 지면에 닿은 상태에서 상체 머리쪽으로 밀어 올려 코가 지면에 닿도록 자세를 취하여 구령하나에 2회 반복 실시한다. 이때 손의 위치는 손바닥이 지면에 닿도록 하여 머리 양 측면에 위치하도록 한다. 버티기는 양팔을 펴 머리를 사진과 같이 위로 올린다.

20) 등배 신전 운동

이 자세는 경추와 흉추, 요추의 각 관절과 이를 감싸고 있는 근육을 신전시키는데 크게 도움이 된다.

우선 사진과 같이 두발을 모아 붙인 상태에서 머리위로 올린 다음, 팔을 등뒤로 뻗어 지지하며 등, 척추, 근육을 신전시킨다. 다음으로 팔을 어깨 밑으로 고정한 다음 최대한 목을 밀착 사진과 같이 신전시킨다.

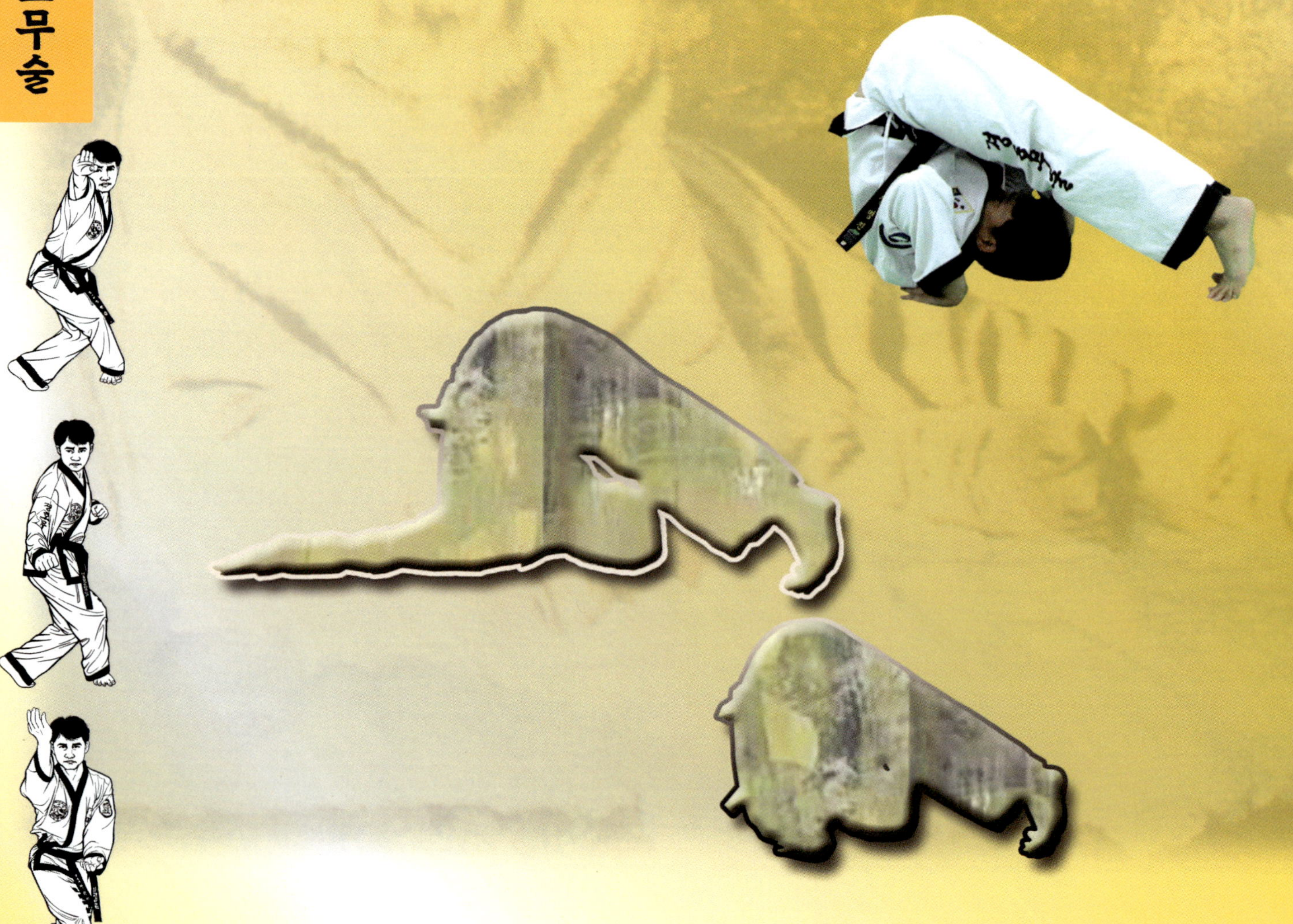

21) 오뚜기식 후방낙선법 좌우족 바꿔 일어나기

◎넘어지는 동작을 연결 일어나는 동작으로 변화시킴으로써 근육의 변화에 몸의 균형을 유지하도록 하여 균형감각 유연성 순발력 근력증강 효과를 가질 수도 있다.

양손으로 허리띠 앞쪽을 잡은 다음 오른발을 뒤로 빼 무릎이 닿고 엉덩이가 다은 다음 등부위 순으로 닿도록 자세를 취한 후 역순으로 본래의 자세로 일어난다. 이때 구령하나에 좌우발을 바꿔 반복 실시한다. 이때 주의해야 할 점은 발이 뒤로 넘어가 있을때 반드시 앞꿈치가 지면에 닿아야 하며 일어날때에는 반듯하게 일어난후 자세를 바꾸어 반복해야 한다.

22) 막잡당 전환법

• 태풍의 구심력과 원심력 팽이의 균형감각을 익히는 연속적이고 반복적인 동작을 통하여 가장 빠른 동작을 익혀 가는 모든 술기의 기본 동작이다.

Start

앞으로 발을 옮기며 발을 바꾸고 왼손으로 상단 막고 동시에 손목 잡아당기며 오른손으로는 상대방의 어깨를 잡아당긴다. 이때 앞뒤자세는 반대로 바뀐다. 전환선법중 반원바꿔 앞전환 스텝을 이용한다.

23) 해제역 전환법

흐르는 강물처럼 불어오는 바람처럼 흘러가는 데로 불어오는 데로 저항 없이 더해 가는 역술법을 몸에 익히는 것이다.

전후전환법의 발 동작과 같이 동일한 방법으로 자세를 취하며 양손은 엄지 인지만을 편 상태에서 양측면 허리위치에 올린 다음 전환과 동시에 발의 같은 쪽 팔을 안으로 돌려 뻗어 감고 다시 역순으로 원위치 하는 방법으로 구령 하나에 전후 1회 반복 실시한다. 이때 사진과 같이 마지막 자세에서 손은 손등이 지면을 향하도록 하고 발은 무릎만 뒤굽서기 한다.

24) 마무리 호흡법

모든 준비 운동들은 무리없이 실시 한다고는 하지만 그래도 최소한의 무리는 따르기 마련이다. 특히 근 신전운동은 근육의 이완으로 인한 신경 관절 호흡기 및 심장기능 등에 영향을 주며 긴장감등에 의한 심리적 영향도 준다. 준비운동으로 인한 호흡의 불안정과 근육 및 관절의 이완 등을 마무리 호흡을 통해 긴장된 근육과 호흡불안 및 혈압의 안정을 돕도록 하는 매우 중요한 것이다.

Start

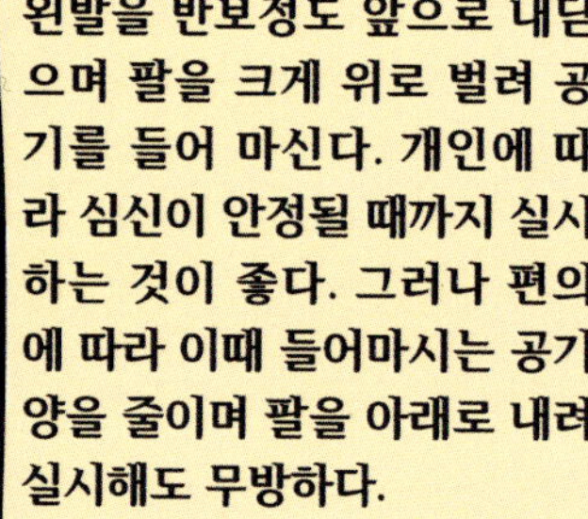

왼발을 반보정도 앞으로 내딛으며 팔을 크게 위로 벌려 공기를 들어 마신다. 개인에 따라 심신이 안정될 때까지 실시하는 것이 좋다. 그러나 편의에 따라 이때 들어마시는 공기양을 줄이며 팔을 아래로 내려 실시해도 무방하다.

경호무술 용어해설

경호무술 : 자기 자신을 포함하여 경호 대상에 대하여 가해져 오는 공격으로부터 신체 및 생명을 보호해주는 호위호신무술.

경호 : 경호대상자의 신변에 직접 또는 간접적으로 가해지는 신체 및 생명 위협을 방지하고, 제거하기 위해 경호활동에 필요한 정보, 첩보수집 및 인원, 장비 운영을 통한 경계활동까지를 포함하여 경호대상의 안전을 도모하는 것.

무술 : 손 발등의 신체부위 또는 무기를 이용하여 신법, 두법, 수법, 족법, 무법 등으로 체계화된 공방기술로 수련하는 격투기술.

경호대상자 : 일신상의 이유로 신변보호를 받아야 할 대상으로 지정된 인물(사람).

경호환경 : 경호 대상에 대한 모든 위험요소로부터 안전 유무를 확인하고 필요한 대책을 통한 환경을 확보하는 것.

원복 : 무술원에서 입는 단체복(유니폼).

1. 경호무술 체계

경호무술연구체계 : 경호직무수행에 필요한 경호실무를 착안 신체운동의 원리와 각종 공방기술에 대한 무적공법기법 격투체계를 연구하고 또 가르치고 배우기 쉽도록 교육훈련체계를 정형화하여 정립한 연구체계.

인성 발달 : 지·덕·체 교육이념으로 재주와 덕을 갖춘 어진 사람으로 성장하거나 성숙해지도록 하는 것.

사고력 발달 : 바른 생각을 하고 창의적이고 지혜로운 사람으로 성장하거나 성숙해지도록 하는 것.

판단력 발달 : 사물을 인식하여 논리나 기준 등에 따라 판정할 수 있는 능력을 지닌 사람으로 성장하거나 성숙해지도록 하는 것.

투지력 발달 : 불의, 고난스러움, 소중한 것을 해(害)하려는 자와 맞서 싸우고자 하는 의지나 힘을 가진 사람으로 성장하거나 성숙해지도록 하는 것.

근력 증대 : 근육의 힘을 늘리기거나 키우는 기술.

지구력 증대 : 오랫동안 버티고 견디는 힘을 늘리거나 키우는 기술.

순발력 증대 : 근육이 순간적으로 빨리 수축하면서 나는 힘을 늘리거나 키우는 기술.

유연성 증대 : 신체의 관절과 근육이 딱딱하지 않고 부드러워지는 성질을 늘리거나 키우는 기술.

평형성증대 : 몸의 균형 감각이 안정적으로 잡히도록 하는 기술.

반사신경증대 : 자극에 대해 기계적으로 일어나는 신체의 국소적인 반응 능력을 키우는 기술.

호신 발달 : 적이 수족 및 무기로 자신을 공격하여 해하려 할 때 자신의 신체 및 생명을 보호하기 위해 자기 자신을 방어할 수 있는 능력을 키우는 기술.

호위 발달 : 적이 수족 및 무기로 경호대상자를 공격하여 해하려 할 때 곁에서 경호대상자의 신체 및 생명을 보호하고 지킬 수 있는 능력을 키우는 기술.

심리적 강화 : 마음의 작용과 의식 상태를 더 강하고 튼튼하게 하여 수준이나 정도를 더 높임.

신체적 강화 : 사람의 근육, 관절, 급소, 수족 공격 또는 방어 부위 등을 더 강하고 튼튼하게 하는 것으로 수준이나 정도를 더 높임.

호위호신적 강화 : 자기 자신을 포함하여 경호대상자의 신체 및 생명을 보호하고 지켜줄 수 있는 능력의 수준이나 정도를 더 높임.

기초수련법체계 : 경호무술 수련단계에서 가장 기본적으로 요구되는 원리가 되는 기본자세를 체계화한 기술.

전환선법체계 : 발을 움직이는 어떤 형식으로 직선, 사선, 곡선 등으로 몸의 위치이동을 하거나 방향전환을 하는 원리를 체계화한 기술.

준비수련법체계 : 본 수련에 앞서 심신을 안정시키고 수련정진에 집중할 수 있도록 명상과 단전호흡 그리고 근신전운동, 관절운동 등을 순서에 의하여 수련할 수 있도록 프로그램으로 체계화한 기술.

호위발차기법체계 : 다양한 공방 발기술을 기본단식발차기, 하단발차기, 복식발차기 점프복식발차기, 특수발차기, 호위발차기로 기법을 체계화한 기술.

호위권무형법체계 : 맨손공방기술이 주된 기술이 되면서 경우에 따라 발차기와 무기술 등을 결합 혼용하는 기술로 기본권법, 복식권법, 무기형법, 호위권법 등으로 체계화한 기술.

호위낙선법체계 : 몸의 균형이 흐트러져 지면으로 떨어지는 경우 안전하게 착지할 수 있는 기술과 착지 후 신속히 일어나는 기술 그리고 경호대상의 안전을 위해 착지를 유도하는 기술로서 낙법, 선법, 낙선법, 낙호법, 호위낙선법 등으로 체계화한 기술.

호위호신술법체계 : 위해자의 공격으로부터 자신과 경호 대상에 대한 신체 및 생명을 보호하기 위해 방어하는 기술로서 기본해제술, 기본호신술, 혼용 및 응용호신술, 무기술, 특기술, 호위호신술 등으로 체계화한 기술.

호위특기술체계 : 일반적인 호신술과 달리 상대방을 제압하는 기술이 아니라 저지하는 수준에서 보디풀스아웃기법(밀어 젖히는 기술, 걸어 당겨 젖히는 기술)과 같은 테크닉을 이용하는 기술이다. 상대에게 과도한 통증이나 상처를 주지 않게 최소화하여 공격이 상대에게나 제삼자에게 노출되지 않도록 자연스럽게 제압하는 특기술로 체계화한 기술.

호위대련법체계 : 다양한 수련체계를 상대방과 공격과 방어하는 실전 훈련기법으로 일대일 대련, 일대 다수대련, 무기대련, 호위대련 등으로 실무능력을 배양하도록 체계화한 기술.

호위사격술법체계 : 권총 소총 등 개인화기에 의한 사격술로 파지, 조준, 격발과 서서쏴, 의탁쏴, 낙선법쏴, 차량승차 및 승하차시와 같은 다양한 사격자세 등을 체계화한 기술.

2. 기초수련법 용어해설

기초수련법 : 경호무술을 수련하기 위한 예의, 기합, 명상, 단전호흡, 기초체력 기초기술 등을 말함.

예의 : 사람이 지켜야 할 예절과 의리, 존경의 뜻을 표하기 위하여 예로써 나타내는 말투나 몸가짐.

인사예의 : 수련자가 스승, 선배, 수련생간 예를 갖추어 나누는 인사예절로 존경, 존중의 마음을 목례법과 수련인사법으로 표함.

원복예의 : 수련자가 갖추는 원복을 항상 단정히 하고 특히, 수련원복을 무술원이나 원 밖에서 착용하고 생활할 때에는 더더욱 복장을 단정히 하고 행동거지를 항시 바르게 하며 언어의 구사 구용에 있어서도 경호무술인의 품위와 명예를 지킬 수 있도록 한다. 또한, 원복을 개고, 보관할 때에도 단정하고 소중히 하여야 함.

극기훈련 : 육체적 정신적 한계점에서 오는 고통으로부터 이겨내고자 하는 심리적 한계선을 높을 수 있는 다양한 육체적 정신적 극기 훈련법.

정신강화 : 경호무술 수련을 위한 마음의 자세나 태도를 더 강하고 튼튼하게 하여 수준이나 정도를 더 높이고 초인정신을 함양하는 것.

심리강화 : 흔들리고 유동적인 마음으로부터 최초의 동기나 목적을 유지하는 의식 상태를 더 강하고 튼튼하게 하여 수준이나 정도를 더 높임.

집중강화훈련 : 시각, 청각, 촉각, 예각을 통해 실시하여 신속하고 정확한 판단력 강화.

기선제압 : 위력을 통해 상대방의 심신을 위축시키는 것.

기선제압훈련 : 담력과 적극적인 공격기술 배양.

기합(-술) : 정신과 힘을 집중하여 특별한 힘을 내기 위해 내는 소리. (-술) 힘과 정신을 집중하여 소리를 지르면서 보통 이상의 능력을 나타내는 정신적 술법.

기초체력 : 경호무술의 수련단계에 따라 요구되는 근력 지구력 유연성 평형감각 반사 능력 등을 말함.

기초기술 : 경호무술 기술체계에 따라 공통요소로 기본적으로 익히는 기술, 또는 기본 원리가 되는 수련체계.

수련 4단계 :기본단계, 혼용단계, 응용단계, 결합단계를 말한다.

기본단계 : 기술체계에 따라 기본 원리가 되는 기법을 체계화 기술.

혼용단계 : 기본원리가 되는 기법을 복수기술로 연결해 수련하는 기술.

응용단계 : 기본원리가 되는 기법과 혼용기술을 실전에 맞도록 수련하는 기술.

결합단계 : 기본원리가 되는 기술체계를 다른 기본원리가 되는 기술체계와 결합해 수련하고 그다음으로 이 또한 혼용단계 응용단계로 수련하는 기술.

공방자세 : 여러 가지 공격과 방어 자세로서 발의위치와 자세 몸의 균형과 높이 수팔의 위치 및 무기의 위치 등을 일체감 있게 빈틈없이 공격과 방어에 최적의 자세를 취하는 기술.

공격자세 : 선제공격을 위해 유리하게 취하는 자세로서 수팔 자세로 역습에 대비하고

상대방의 빈틈 또는 허점을 기습하기 유리하게 몸의 중심을 앞쪽으로 이동하는 기술.

방어자세 : 상대방의 역습에 대비하여 수팔 자세로 견제하면서 몸의 중심을 뒤로 이동시키며 자세를 낮추는 기술.

공방손(팔)견제자세 : 상대의 공격과 방어수비에 신속하게 대응하기 위하여 취하는 자세.

상팔정권자세 : 두 손을 거머쥐어 정권자세로 양팔을 올려 한 손은 눈높이로 올리고 다른 한 손은 어깨높이로 올리는 자세로 상대의 공격이 얼굴을 중심으로 공격할 때 방어에 유리하고 반격 시 정권가격 기법으로 상대방의 얼굴이나 몸통을 집중공격하기 위한 기술.

중팔정권자세 : 두 손을 거머쥐어 정권자세로 양팔을 올려 한 손은 어깨높이로 올리고 다른 한 손은 가슴 높이로 올려 견제하는 자세로 상대의 공격이 몸통을 중심으로 공격할 때 방어하기 위한 기술.

하팔정권자세 : 두 손을 거머쥐어 정권자세로 양팔을 올려내려 한 손은 허리 높이로 올리고 다른 한 손은 명치 높이로 올려 견제자세로 상대의 공격이 몸통 아래를 중심으로 공격할 때 방어하기 위한 기술.

상팔수도자세 : 두 손을 편 상태에서 수도자세로 양팔을 올려 한 손은 손바닥이 앞으로 눈높이로 올리고 다른 한 손은 손바닥을 위로 어깨높이로 올려 견제하는 자세로 앞쪽에 위치한 손은 상대방의 수족공격이나 무기 공격 시 잡거나 휘쳐내는 방어기술을 구사하고 가슴 쪽에 위치한 손은 반격에 이용되며 수도로 공격하기 위한 기술.

중팔수도자세 : 양 수도자세로 양팔을 올려 한 손은 손바닥이 앞으로 어깨높이로 올리고 다른 한 손은 손바닥을 위로 가슴 높이로 올려 견제하는 자세로 상대의 공격이 몸통을 중심으로 공격할 때 잡기술을 적용하기 위한 기술.

하팔수도자세 : 양 수도자세로 양팔을 올려 한 손은 손바닥이 앞으로 허리 높이로 올리고 다른 한 손은 손바닥을 위로 명치 높이로 올려 견제하는 자세로 상대의 공격이 몸통 아래를 중심으로 공격할 때 잡는 기술을 적용하기 위한 기술.

상팔수도자세 B형 : 양 수도자세로손바닥이 앞으로 보이게 양팔을 올려 한 손은 눈높이로 올리고 다른 한 손은 어깨높이로 올려 견제하는 자세로 상대의 공격이 얼굴을 중심으로 공격할 때 잡기술을 적용하기 위한 기술.

중팔수도자세 B형 : 양 수도자세로 손바닥이 앞으로 보이게 양팔을 올려 한 손은 어깨높이로 올리고 다른 한 손은 명치 높이로 올려 견제하는 기술로 상대의 공격이 몸통을 중심으로 공격할 때 잡기술을 적용하기 위한 기술.

하팔수도자세 B형 : 양 수도자세로 손바닥이 앞으로 보이게 양팔을 올려 한 손은 허리 높이로 올리고 다른 한 손은 배꼽 높이로 올려 견제하는 기술로 상대의 공격이 몸통 아래를 중심으로 공격할 때 잡기술을 적용하기 위한 기술.

상팔정도자세 : 양팔을 올려 한 손은 평정권 자세를 눈높이로 올리고 다른 한 손은

손바닥을 위로한 수도자세로 어깨높이로 올려 견제하는 기술로 상대의 공격이 얼굴을 중심으로 공격할 때 잡고 치기술을 적용하기 위한 기술.

중팔정도자세 : 양팔을 올려 한 손은 평정권 자세를 어깨높이로 올리고 다른 한 손은 손바닥을 위로한 수도자세로 가슴높이로 올려 견제하는 기술로 상대의 공격이 몸통을 중심으로 공격할 때 잡고 치기술을 적용하기 위한 기술.

하팔정도자세 : 양팔을 올려 한 손은 평정권 자세를 허리 높이로 올리고 다른 한 손은 손바닥을 위로한 수도자세로 명치 높이로 올려 견제하는 기술로 상대의 공격이 몸통 아래를 중심으로 공격할 때 잡고 치기술을 적용하기 위한 기술.

상팔도정자세 : 양팔을 올려 한 손은 손바닥을 앞으로 수도 자세를 눈높이로 올리고 다른 한 손은 평정권자세로 어깨높이에 올려 견제하는 기술로 상대의 공격이 얼굴을 중심으로 공격할 때 잡고 치기술을 적용하기 위한 기술.

중팔도정자세 : 양팔을 올려 한 손은 손바닥을 앞으로 수도 자세를 어깨높이로 올리고 다른 한 손은 평정권자세로 가슴 높이에 올려 견제하는 기술로 상대의 공격이 몸통을 중심으로 공격할 때 잡고 치기술을 적용하기 위한 기술.

하팔도정자세 : 양팔을 올려 한 손은 손바닥을 앞으로 수도 자세를 허리 높이로 올리고 다른 한 손은 평정권자세로 명치 높이에 올려 견제하는 기술로 상대의 공격이 몸통 아래를 중심으로 공격할 때 잡고 치기술을 적용하기 위한 기술.

공방발(다리)서기자세 : 평(옆으로 벌려서는 동작), 서기(발을 앞뒤로 벌려서는 동작), 전교(교차)자세로 발을 위치하여 취하는 자세로 공격 및 방어 시 기본, 혼용, 응용 발 서기 자세를 취하는 기술.

평서기 : 옆으로 발을 벌려서는 동작으로 좌우로 양발을 보통넓이(40cm~50cm)로 벌려 몸의 중심을 중앙에 두고 양 무릎을 곧게 펴 선 자세.

무릎반평서기 : 좌우로 양발을 보통 큰 넓이(60cm~70cm)로 벌려 양 무릎을 45°로 굽혀 선 자세.

무릎평서기 : 좌우로 양발을 큰 넓이(80cm~100cm)로 벌려 양 무릎을 90°로 굽혀 선 자세.

서기 : 발을 앞뒤로 벌려 보통걸음 넓이(40cm~50cm)로 벌려 몸의 중심을 중앙에 두고 양 무릎을 곧게 편 자세. 여러 가지 공격과 방어를 위해 서서 취하는 발의 자세.

무릎반서기 : 발을 앞뒤로 보통 큰 넓이(60cm~70cm)로 벌려 몸의 중심을 중앙에 두고 양 무릎을 45°로 굽혀 선 자세.

앞서기 : 발을 앞뒤로 보통걸음 넓이(40cm~50cm)로 벌려 몸의 중심을 3/2 앞으로 두고 양 무릎을 곧게 펴 선 자세.

반앞굽서기 : 발을 앞뒤로 보통 큰 걸음 넓이(60cm~70cm)로 벌려 앞무릎을 45°로 굽히고 몸의 중심을 3/2 앞으로 두고 뒷무릎은 곧게 펴 선 자세.

앞굽서기 : 발을 앞뒤로 큰 걸음 넓이(80cm~100cm)로 벌려 앞무릎을 90°로 굽히고 몸의 중심을 4/3 앞으로 두고 뒷무릎은 곧게 펴 선 자세.

뒤서기 : 발을 앞뒤로 보통걸음 넓이로 벌려 몸의 중심을 3/2 뒤로 두고 양 무릎을 곧게 펴 선 자세.

반뒤굽서기 : 발을 앞뒤로 보통 큰 걸음 넓이로 벌려 앞무릎을 곧게 펴고 몸의 중심을 3/2 뒤로 두고 뒷무릎은 45°로 굽혀 선 자세.

뒤굽서기 : 발을 앞뒤로 큰 걸음 넓이로 벌려 앞무릎을 곧게 펴고 몸의 중심을 4/3 뒤로 두고 뒷무릎은 90°로 굽혀 선 자세.

무릎전교자세 : 발을 앞뒤로 벌린 다음 뒷다리를 뒤로 90°로 돌려 다리가 교차하도록 한다. 뒷무릎이 앞무릎 뒤에 가볍게 밀착되도록 하고 앞다리는 전방을 향하도록 한 후 45°를 유지하고 뒤 다리는 측면을 향하도록 하여 무릎이 지면과 거의 수평을 유지하며 앞꿈치를 살려 지면에 지지한다.

수족공방자세 : 손과 발의 모양을 적정하게 변화시켜 공격과 방어하는 기술.

수족공격자세 : 손과 발을 사용하여 직선 또는 곡선 그리고 높낮이 등을 조절하여 상대를 가격 하는 치기 기술과 차기 기술.

치기 : 권, 수, 팔, 신, 두 부위에 힘을 집중하여 상대에게 가격을 가하기 위해 치는 기술.

지르기 : 권, 수, 팔 부위에 힘을 집중하여 상대에게 가격을 가하기 위해 깊게 밀어 치기 기술.

정권치기자세(A, B) : 정권을 사용해 직선 또는 곡선 그리고 높낮이 등을 조절하여 치는 기술로서 평정권, 배정권, 세정권, 쥔정권 등이 있다.

정권 : 사지를 손바닥 안으로 말아 거머쥐고 엄지를 인지 중지 위고 붙이고 사지 손가락이 평평하게 균형이 유지되게 하여 손가락 사이가 밀착되도록 힘을 주어 손등과 손목 관절이 수평이 되도록 주먹을 쥔 것.

평정권 : 손등이 위로 향하게 주먹을 쥔 자세.

배정권 : 평정권 자세에서 손등이 지면 아래로 향하게 한 자세.

세정권 : 평정권과 배정권 사이로 손등이 측면을 향하도록 한 자세.

쥔정권 : 세정권 자세에서 약지 부위에 집중하여 가격하여 내리치는 자세.

평정권치기 : 평정권 직선으로 팔을 비틀어 앞으로 뻗어 치는 기술.

배정권치기 : 배정권 직선, 사선, 곡선 형태로 팔을 들어 올려 앞으로 뻗어 치는 기술.

세정권치기 : 세정권 직선으로 앞으로 팔을 뻗어 치는 기술.

역세정권치기 : 세정권 엄지인지 사이로 수직 수평으로 치는 기술.

쥔정권치기 : 쥔정권 수직으로 올려 내려치는 기술. 또는 수평으로 돌려 치는 기술

반정권 : 사지 중관절만 모아 쥔 자세.

반평정권 : 손등이 위로 향하게 하여 사지 중관절 손가락 부위만 모아 쥔 자세.

반배정권 : 손바닥이 위로 향하게 손가락 부위만 모아 쥔 자세.

반세정권 : 모지가 위로 향하게 손가락 부위만 모아 쥔 자세.

반평정권치기 : 손등이 위로 향하게 하여 중지 중관절 부위로 가격하는 치기기술.

반배정권치기 : 손등이 아래로 향하게 하여 중지 중관절 부위로 가격하는 치기기술.

모지정권치기 : 모지 중관절 부위를 세워 감아쥔 자세로 치는 기술.

중지정권치기 : 중지 중관절 부위를 세워 감아쥔 자세로 치는 기술.

인지정권치기 : 인지 중관절 부위를 세워 감아준 자세로 치는 기술.

이지반중정권치기 : 두 손가락을 반정권으로 쥔 자세로 치는 기술.

삼지반중정권치기 : 세 손가락을 반정권으로 쥔 자세로 치는 기술.

수도치기자세(A, B) : 수도를 사용해 직선, 사선, 곡선 그리고 높낮이 등을 조절하여 치는 기술.

수도 : 손을 칼날(手刀)처럼 세워 무기처럼 사용한다는 뜻으로 손의 날 밑 부위. 구체적으로 수도새끼손가락 끝 부분에서 손목에 이르는 부분 성인남성의 손 밑 8cm~10cm 정도 크기 부위.

평수도 : 손등이 위로 향하게 오지를 모아 편 자세.

배수도 : 손등이 아래로 향하게 오지를 모아 편 자세.

세수도 : 손등이 측면으로 향하게 하여 오지를 모아 편 자세.

상세수도 : 오지를 모아 편 자세로 손목을 꺾어 손끝이 위로 향하게 틀어 세운 자세.

평수도치기 : 평수도로 안에서 밖으로 수평 또는 대각으로 치는 기술.

배수도치기 : 배수도로 밖에서 안으로 수평 또는 대각으로 치는 기술.

세수도치기 : 세수도로 위에서 아래로 수직 또는 대각으로 치는 기술.

상세수도치기 : 상세수도로 내에서 앞으로 직선으로 뻗어 치는 기술.

삼각수도 : 모지와 인지 사이 V자 모양으로 벌린 부위. 구체적으로 모지와 인지를 V자로 최대한 벌린 상태에서 모지중관절과 인지중관절에 이르는 부위.

삼각평수도치기 : 삼각평수도로 안에서 밖으로 직선 또는 곡선으로 뻗어 치는 기술.

삼각상세수도치기 : 삼각평수도를 손목을 꺾어 손가락이 위를 향하도록 하여 안에서 밖으로 직선 또는 곡선으로 뻗어 치는 기술.

모지모수도 : 수도 자세에서 엄지손가락만을 안으로 말아 쥔 상태에서 엄지 중관절 부위.

모지모수도치기 : 모지모수도로 수직 수평 곡선으로 치는 기술.

세수장 : 수도자세에서 손목을 손등 쪽으로 꺾어 90°를 유지케 한 상태에서 손바닥 엄지 관절 수평선 중앙부위.

세수장치기 : 세수장으로 직선으로 치는 기술.

평관수도치기 : 평수도 자세, 손끝으로 찌르거나 그어 치는 기술.

배관수도치기 : 배수도 자세, 손끝으로 찌르거나 그어 치는 기술.

세관수도치기 : 세수도 자세, 손끝으로 찌르거나 그어 치는 기술.

삼지반관수도치기 : 세 손가락 중관절만 90° 구부려 힘을 준 손끝으로 치는 기술.

사지반관수도치기 : 세 손가락 중관절만 90° 구부려 힘을 준 손끝으로 치는 기술.

모지관수도 : 모지를 세워 편 자세로 치(찌른)는 기술.

모지편관수도치기 : 모지를 인지에 붙여 편 자세로 치(찌른)는 기술.

인지관수도치기 : 인지를 곧게 편 자세로 치(찌른)는 기술.

이지편관수도치기 : 인지와 중지를 V자 형태로 곧게 편 자세로 치(찌른)는 기술.

삼지편관수도치기 : 인지, 중지, 약지를 곧게 편 자세를 취하여 치(찌른)는 기술.

오지편관수도치기 : 세수장자세에서 오지를 반 오므려 관수에 힘을 주어 치는 기술.

이지모관수도치기 : 인지, 중지를 모아 곧게 편 자세로 치(찌른)는 기술.

삼지모관수도치기 : 모지 위에 인지, 중지를 얹어 모아 편 자세로 치(찌른)는 기술.
오지모관수도치기 : 오지를 손끝을 한곳에 모은 자세로 치(찌른)는 기술.
손목장 : 손목부터 5cm가량 부위로 내측과 외측을 말한다.
내손목장 : 손바닥 방향으로 손목부터 5cm가량 부위.
외손목장 : 손등 방향으로 손목부터 5cm가량 부위.
손목장치기 : 상하좌우대각으로 직선 사선 곡선으로 다양하게 치는 기술.
손목급 : 손목을 수평으로 꺾었을 때 홈이 형성된 부위로 손목부터 5cm가량 부위로 손목 측면의 내외 측을 말함.
손목급장 : 손목을 수평으로 꺾었을 때 홈이 형성된 반대쪽으로 손목부터 5cm가량 부위로 손목 측면의 내외 측을 말함.
내손목급(장)치기 : 굽은 걸어 당기거나 밀어제치고 장은 치는 기술로 직선 사선 곡선으로 상하좌우대각으로 치는 기술.
외손목급(장)치기 : 굽은 걸어 당기거나 밀어제치고 장은 치는 기술로 직선 사선 곡선으로 상하좌우대각으로 치는 기술.
평(내, 외)손목급(장)치기 : 손등을 위로 하여 손목급(장)을 수평으로 치는 기술.
배(내, 외)손목급(장)치기 : 손바닥을 위로 하여 손목급(장)을 수평으로 치는 기술.
세(내, 외)손목급(장)치기 : 모지를 위로 하여 손목급(장)을 수직으로 치는 기술.
팔장 : 팔꿈치로부터 손목 방향으로 15cm가량 부위.
평팔장 : 평정권자세에서 발꿈치와 손목 사이 3/1 지점부위.
평팔장치기 : 손등을 위로 하여 팔장으로 치는 기술.
세팔장치기 : 손등이 측면으로 하여 팔장으로 치는 기술.
배팔장치기 : 손등을 아래로 하여 팔장으로 치는 기술.
역세팔장치기 : 팔꿈치를 위로 하여 팔장으로 내려치는 기술.
내팔장 : 이두정 내(손바닥이 위로 향할 때 안쪽) 부위.
외팔장 : 이두정 외(손바닥이 위로 향할 때 바깥쪽) 부위.
외팔장치기 :세정권 자세에서 안에서 밖으로 직선 또는 곡선 수평으로 치는 기술.
팔굽장 : 팔꿈치로부터 어깨 방향으로 5cm가량 부위.
평팔굽장치기 : 팔굽장을 수평으로 돌려 치는 기술.
세팔굽장치기 : 팔굽장을 수직으로 내려치는 기술.
역세팔굽장치기 : 허리를 앞으로 90° 굽혀 팔굽장을 올리치는 기술.
대각팔굽장치기 : 팔굽장을 대각으로 비스듬히 치는 기술. 올려치기, 내려치기, 밀어치기.
팔굽 : 팔꿈치를 말함. 팔꿈치 끝 원형 지름 3cm가량 부위.
평팔굽치기 : 손등을 위로 해 팔을 수평으로 하고 팔꿈치로 치는 기술. 돌려치기, 밀어치기.
세팔굽치기 : 손끝을 위로 해 팔을 수직으로 하고 팔꿈치로 치는 기술. 올려치기, 내려치기, 밀어치기.
대각팔굽치기 : 팔굽을 대각으로 비스듬히 치는 기술. 올려치기, 내려치기, 밀어치기.

삼각팔굽장 : 구부린 팔꿈치의 안쪽 부위. 팔의 위아래 마디가 붙은 관절의 안쪽 위아래로 20cm가량 부위.

삼각팔굽장치기 : 삼각팔굽장을 125° 각도로 굽혀 벌려 수평 또는 대각으로 치는 기술. 돌려치기, 내려치기, 올려치기.

족자세 : 발의 위, 아래, 바닥, 앞, 뒤측, 뒤굽 부위를 사용하여 무기처럼 다양하게 구사하여 가격력을 기르는 자세.

족기 : 발바닥 전 부분과 (내)족도 등을 통칭하여 이르는 말.

족도 : 발(足) 자 와 칼(刀) 자를 합성한 것으로 발을 칼날처럼 세운다는 뜻.

내족도 : 발의 안쪽 엄지발가락 부분에서 뒤굽족장까지 이르는 부위.

관족도 : 발가락의 끝 부위.

족장 : 평평한 발바닥 전체를 이르는 말.

상족장 : 발가락과 발바닥이 맞닿은 발바닥의 앞쪽 부위.

중족장 : 발바닥의 정 중앙 부위.

하족장 : 발바닥의 뒤쪽 부위.

뒤굽족장(뒤꿈치) : 발의 뒤쪽 발바닥과 발목 사이에 이르는 부위.

발등끝(발끝) : 발가락의 윗부위.

발등장 : 발등의 정 중앙 부위.

발목굽 : 발목의 굽혀진 좁은 부위.

발목굽장 : 발목의 펴진 넓은 부위.

앞발목장 : 발목관절에서 정강이에 이르는 발목의 앞쪽 부위.

뒤발목장 : 발목관절에서 종아리에 이르는 발목이 뒤쪽 부위.

정강이 : 앞발목장 위쪽 부분에서 무릎장 아랫부분에 이르러 앞 뼈와 전경골근이 있는 부위.

공족(무릎) : 대퇴골(허벅지 뼈)와 경골(정강 뼈)의 사이에 앞쪽으로 둥글게 튀어나온 관절(슬개골) 부위.

무릎장 : 무릎의 아래 부위. 경골의 위쪽 부분.

무릎굽장 : 무릎의 위 부위. 대퇴골의 아래쪽 부분.

두자세 : 머리를 사용하는 방법을 익히기 위한 수련자세.

이마 : 머리의 앞부위.

두측 : 머리의 측면 부위.

두백 : 머리의 위쪽 중앙 부위.

두천 : 두백의 뒤쪽 부위.

박치기 : 머리의 앞, 뒤, 옆, 위 각 부위로 치는 기술.

수족방어(막기)자세 : 손과 발을 사용하여 직선 또는 곡선 그리고 높낮이 등을 조절하여 공격하는 상대의 공격을 수팔 또는 발로 막아 내거나 쳐(차)내는 기술.

수팔막기자세 : 상대방에 의한 치기, 잡기, 차기, 무기 등을 이용한 공격을 방어하기 위해 손과 팔을 사용해 직선 또는 곡선 그리고 높낮이 등을 조절하여 막거나

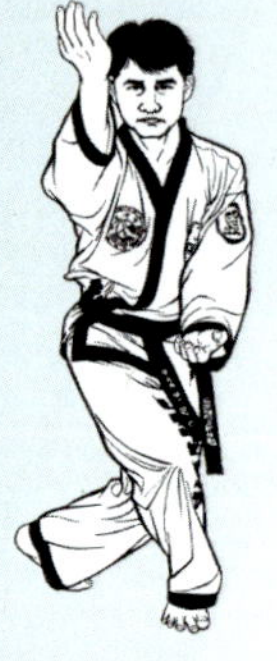

쳐내는 기술.

막기 : 여러 형태의 공격으로부터 손, 팔, 다리, 무기(칼, 검, 곤, 총)등으로 방어하는 기술.

상단막기 : 머리 위나 얼굴을 공격할 때 막아 내는 기술. 상단(어깨 위 부위).

중단막기 : 몸통을 공격할 때 막아 내는 기술. 중단(어깨에서 명치에 이르는 부위).

하단막기 : 허리를 공격할 때 막아 내는 기술. 하단(명치에서 배꼽에 이르는 부위).

아래막기 : 허리 아래를 공격할 때 막아 내는 기술. 아래(배꼽에서 무릎에 이르는 부위).

일수막기자세 : 한 손(팔)으로 공격을 막거나 쳐 내는 기술의 자세. 기본자세는 양손을 배정권자세로 옆구리에 붙이고 무릎반평서기에서 기본자세로서는 상단막기, 중단막기, 하단막기, 아래막기가 있음.

일수상단막기(A, B) : 한 손을 정권을 쥐고 손바닥이 위로 향하게 팔을 머리 위로 올려 공격을 막거나 쳐내고 다른 한 손은 배정권자세로 허리에 둠. B형은 머리 위로 올려 막는 팔의 손목을 틀어 손을 곧게 모아 펴 손끝이 위로 향하게 세워 막음.

일수중단막기(A, B) : 한쪽 팔이 몸통 안쪽 중앙에 올 수 있게 하고 손목을 앞으로 틀어 배정권 자세로 수평으로 돌려막거나 쳐내고 다른 한 손은 배정권 자세로 허리에 둠. B형은 막는 팔을 몸통 바깥쪽 옆으로 돌려 공격을 막거나 쳐냄. 이때 정권은 손목을 틀어 손바닥이 바깥쪽으로 향하게 하는 자세가 되도록 함.

일수하단막기 : 한 손은 정권을 쥐고 손등이 앞으로 향하게 팔을 허리(배꼽)까지 내려 공격을 막거나 쳐내고 다른 한 손은 배정권자세로 허리에 둠.

일수아래막기 : 한 손은 삼각수도 자세로 하고 손바닥이 아래로 향하게 팔을 낭심(사타구니)아래 까지 내려 공격을 막거나 쳐내고 다른 한 손은 배정권자세로 허리에 둠.

양수막기자세 : 양손(팔)으로 공격을 막거나 쳐 내는 기술의 자세. 기본자세는 양손을 배정권자세로 옆구리에 붙이고 무릎반평서기에서 양수로 상단막기, 중단막기, 하단막기, 아래막기 기술을 수련함.

양수상단막기(A, B) : 양손을 정권을 쥐고 손바닥이 위로 향하게 양팔을 머리 위로 나란히 올려 공격을 막거나 쳐냄. B형은 머리 위로 올려 막는 양팔의 양손목을 틀어 손을 곧게 모아 펴 양손 끝이 위로 향하게 세워 막음.

양수중단막기(A, B) : 양팔이 몸통 안쪽 중앙에 나란히 올 수 있게 하고 양손목을 앞으로 틀어 배정권자세로 수평으로 돌려막거나 쳐냄. B형은 막는 양팔을 몸통 바깥쪽 옆으로 돌려 공격을 막거나 쳐냄. 이때 양 손목을 틀어 정권의 손바닥이 바깥쪽으로 향하게 하는 자세가 되도록 함.

양수하단막기 : 양손을 정권을 쥐고 손등이 앞으로 향하게 양팔을 허리(배꼽)까지 내려 공격을 막거나 쳐냄.

양수아래막기 : 양손을 삼각수도자세로 하고 손바닥이 아래로 향하게 양팔을 낭심(사타구니) 아래까지 내려 공격을 막거나 쳐냄.

양수교차막기자세 : 양손(팔)을 엇갈려 교차하여 공격을 막거나 쳐내는 기술의 자세. 기본자세는 양손을 배정권자세로 옆구리에 붙이고 무릎반평서기에서 양수로 상단교차막기, 중단교차막기, 하단교차막기 기술을 수련함.

양수교차상단막기(A, B) : 양손을 정권을 쥐고 손바닥이 앞으로 향하게 머리 위로 양팔을 엇갈려 교차하여 공격을 막거나 쳐냄. B형은 양 손바닥이 앞으로 향하게 손가락을 모아 펴 공격을 막거나 쳐냄.

양수교차중단막기(A, B) : 양손을 정권을 쥐고 손바닥이 앞으로 향하게 가슴 앞에 양팔을 엇갈려 교차하여 공격을 막거나 쳐냄. B형은 양 손바닥이 앞으로 향하게 손가락을 모아 펴 공격을 막거나 쳐냄.

양수교차하단막기(A, B) : 양손을 정권을 쥐고 손등이 앞으로 향하게 하단전 앞에 양팔을 엇갈려 교차하여 몸통 공격을 막거나 쳐냄. B형은 양 손바닥이 아래로 향하게 손가락을 모아 펴 공격을 막거나 쳐냄.

양수혼용막기 : 상중하, 측면 등 다양한 각도에서 공격받을 때 일수막기를 혼용하여 동시에 두 손으로 막아내는 기술.

수팔얼굴막기 : 머리에 수팔을 밀착해 감싸 잡아 공격을 막아 내는 기술.

수팔몸통막기 : 몸통에 수팔을 밀착해 감싸 잡아 공격을 막아 내는 기술.

수팔혼용막기자세 : 상, 중, 하 측면 등 다양한 각도에서 공격을 받을 때 양손과 팔을 사용하여 공격의 방향과 높낮이에 따라 수팔막기를 혼용하여 막거나 쳐내는 기술.

발(족)막기자세 : 상대방에 의한 하단발차기나 무기 공격을 방어하기 위해 발을 사용해 직선 또는 곡선 그리고 높낮이 등을 조절하여 막거나 차 내는 기술을 수련하는 기술.

정강이 돌려막기자세 : 무릎 아래로 상대의 발차기 공격을 정강이로 막아내는 기술 수련. 앞발 또는 뒷발에 체중의 3/2를 옮겨 지면에 대고 선 앞굽족장으로 하고 무릎을 전면, 내외측면으로 돌려 밀어 무릎 아래로 공격하는 것을 정강이로 막아 내는 기술.

정강이 정면 돌려막기 : 한발 무릎을 정면으로 돌려 밀어 정강이로 공격을 막아 내는 기술.

정강이 내로 돌려막기 : 한발 무릎을 몸 안쪽으로 돌려 밀어 정강이로 공격을 막아 내는 기술.

정강이 외로 돌려막기 : 한발 무릎을 몸 바깥쪽으로 돌려 밀어 정강이로 공격을 막아 내는 기술.

족장 들어막기자세 : 발바닥을 들어 상대의 하단 발차기 공격을 족장으로 막아 내는 기술. 앞발 또는 뒷발의 족장으로 들어 전면, 내외측면으로 하여 밀거나 틀어 상대의 하단발차기 공격을 족장으로 막아 내는 기술.

족장 정면 들어막기 : 한 발 발끝이 위로 족장이 앞으로 향하게 들어 상대공격을 막는 기술.

족장 내로 들어막기 : 한 발 발끝이 몸 바깥쪽으로 족장을 몸 안쪽으로 향하게 들어 상대공격을 막는 기술.

족장 외로 들어막기 : 한 발 발끝이 몸 안쪽으로 족장을 몸 바깥쪽으로 향하게 들어 상대공격을 막는 기술.

정강이 들어 대각막기자세 : 상대의 하단차기 공격예측이 늦어 막아내거나 피하기가 어려울 경우 타격강도가 약하게 하도록 흘려 막아 내는 기술. 앞발 또는 뒷발의 무릎을 들어 올려 정강이를 대각 45° 각도로 들어 내외로 흘려 막아 내는 기술.

정강이 들어 내로 대각막기 : 한 발 무릎을 몸 안쪽으로 들어 올려 정강이를 대각 45° 각도로 들어 상대공격을 흘려 막는 기술.

정강이 들어 외로 대각막기 : 한 발 무릎을 몸 바깥쪽으로 들어 올려 정강이를 대각 45° 각도로 들어 상대공격을 흘려 막는 기술.

정강이 들어 세워막기자세 : 상대 하단 중단 차기공격에 정강이를 직각으로 세워들어 전면, 내외측면으로 공격을 막아내는 기술.

정강이 정면들어 세워막기 : 한 발 무릎을 몸통까지 수직으로 세워들어 정강이가 앞으로 향하게 들어 상대공격을 막는 기술.

정강이 내로들어 세워막기 : 한 발 무릎을 몸통까지 수직으로 세워들어 정강이가 몸 안쪽으로 향하게 들어 상대공격을 막는 기술.

정강이 외로들어 세워막기 : 한 발 무릎을 몸통까지 수직으로 세워들어 정강이가 몸 바깥쪽으로 향하게 들어 상대공격을 막는 기술.

정강이 수평막기자세 : 상대 차기공격에 정강이를 수평으로 세워 막아내는 기술. 무릎과 발목장이 수평으로 일직선이 될 수 있도록 무릎을 접어들어 정강이로 상대공격을 막아 내는 기술.

수족혼용막기자세 : 상대가 수족을 사용해 직선 또는 곡선 그리고 높낮이 등을 조절하여 연속 또는 다수가 동시에 공격할 경우 양손과 팔 그리고 발을 동시에 혼용 사용하여 공격의 방향과 높낮이에 따라 막거나 쳐(차) 내는 기술.

수족혼용측면막기 : 한쪽 팔은 측면 수팔얼굴막기 자세로 한발은 무릎을 몸통높이까지 정강이를 수직으로 들어 수팔과 맞닿게 하여 상대가 측면을 공격할 때 막아내거나 쳐내는 기술.

수족혼용좌우측면막기 : 상대가 좌우 위아래로 동시에 공격한 경우 왼팔로 상단 및 몸통 측면 또는 정면을 막고 오른발로 하단 몸통 및 다리를 동시에 방어하는 기술. 예) 왼팔 오른발, 오른팔 왼발.

수족혼용정면막기 : 양팔은 수팔얼굴막기 자세로 한발은 무릎을 몸통 안까지 정강이를 대각으로 들어 올려 상대가 정면을 공격할 때 막아내거나 쳐내는 기술. 상황에 따라 수팔막기자세와 발막기자세를 모두 혼용하여 사용할 수 있음.

기초수련법수련단계 : 기초수련법 수련체계를 유급 또는 유단 수련자의 수련기간 및 수준에 따라 지도하고 익히는 과정.

기본공방자세 : 공방손(팔)견제자세와 공발발(다리)서기를 수련하는 기술을 말함.

기본수팔막기자세 : 무릎평서기자세에서 A, B형 일수, 양수, 양수교차 수팔막기를 수련하는 기술을 말함.

단식막기자세 : A, B형 기본수팔막기를 한번 막기로 수련하는 기술을 말함.

복식막기자세 : A, B형 기본수팔막기를 좌우 두 번 막기로 수련하는 기술을 말함.

혼용복식막기자세 : A, B형 기본수팔막기를 상, 중, 하, 아래 방향으로 좌우로 막는 기술. 예) 왼손상단 막고 오른손 하단 막기.

결합복식막기자세 : 일수막기, 양수막기를 상, 중, 하, 아래 방향으로 막는 기술. 예) 일수상단막고 양수 아래막기.

연결막기자세 : A, B형 기본수팔막기를 처음부터 마지막 순서까지 모두 연결하여 막기를 수련하는 기술을 말함. 이때 일수 막기는 좌우 복식으로 하고 나머지는 단식으로 연결함.

기본치기자세 : 무릎반평서기자세에서 A, B형 정권 및 수도치기를 수련하는 기술을 말함.

단식치기자세 : A, B형 정권 및 수도치기를 한번 치기로 수련하는 기술을 말함.

양수단식치기자세 : 정권 및 수도 치기를 동시한 한 번 치기로 수련하는 기술을 말함.

양수혼용치기자세 : 상, 중, 하 방향으로 정권 및 수도, 도는 정권과 수도를 동시에 치는 기술. 예) 상단배수도 중단평정권 치기.

복식치기자세 : A, B형 정권 및 수도치기를 좌우 연타 두 번 치기로 수련하는 기술을 말함.

혼용복식치기자세 : 상중하 방향으로 또는 정권과 수도 좌우수로 한 번씩 두 번 치는 기술. 예) 하단배정권치고 상단배수도치기.

결합복식치기 : 일수(양수)치기 후 양수(일수)치기로 결합하여 치는 기술.

연결치기자세 : A, B형 정권 및 수도치기를 처음부터 마지막 순서까지 모두 연결.

서기자세응용막기자세 : 공방자세에서 A, B형 일수, 양수, 양수교차 수팔막기를 수련하는 기술을 말함. 이때 모든 서기자세를 응용할 수 있으며 단식, 복식, 연결 막기 자세로 수련함.

서기자세응용치기자세 : 공방자세에서 A, B형 정권 및 수도치기를 수련하는 기술을 말함. 이때 모든 서기자세를 응용할 수 있으며 단식, 복식, 연결 치기.

혼용막기자세 : 상대 공격의 방향과 높낮이에 따라 수팔 막기를 동시 또는 좌우 수팔로 상황에 맞게 혼용하여 막기자세를 수련함.

혼용치기자세 : 치기공격의 방향과 높낮이를 조절하여 치기를 동시 또는 좌우로 치기를 혼용하여 수련함.

막고치기자세수련 : 수팔막기자세와 혼용하여 수팔치기를 수련함.

일수막고치기 : 한 손(팔)으로 막고 막은 일수로 치는 기술.

양수(교차)막고치기 : 양손(팔)으로 동시에 막고 양수로 동시에 치는 기술.

좌우막고치기 : 한 손(팔)으로 막고 다른 일수로 치는 기술.

단식막고치기 : 막고치는 연속동작을 한번 하는 기술. 일수, 양수, 좌우에 세부적용.

복식막고치기 : 동일한 막고치는 연속동작을 두 번 하는 기술. 일수, 양수, 좌우에 세부적용.

좌우복식막고치기 : 좌우로 번갈아 막고 치기 연속동작을 두 번 하는 기술. 일수, 좌우에만 적용. 좌우의 경우 한 손으로 막고 다른 한 손으로 치고 다시 친 손으로 막고 다른 한 손으로 치는 동작을 좌우복식 막고치기라 함.

무증공법막기 : 가상의 상대가 수족 또는 무기로 공격해온다는 설정 하에 막기술을 수련하는 기술.

무증공법치기 : 가상의 상대를 수족 또는 무기로 공격한다는 설정 하에 치기술을

수련하는 기술.

타격막기 : 실제 수족 및 각종 코칭 미트 및 타격봉으로 공격하는 것을 막아내는 실전 훈련기술.

타격치기 : 각종 코칭 미트(단미트, 쌍미트, 쉴드, 전신쉴드, 라운드미트, 센드백, 타격대 등)장비를 쳐 타격기술을 익히는 훈련기술.

연결막고치기 : 막고치는 동작으로 자유롭게 연속에서 연결하여 막고치기를 수련함.

막고차기자세수련 : 수팔막기자세와 혼용하여 발차기를 수련함.

일수막고차기 : 한 손(팔)으로 막고 발차기를 차는 기술.

양수(교차)막고차기 : 양손(팔)으로 동시에 막고 발차기를 차는 기술.

단식막고차기 : 막고 차는 연속동작을 한번 하는 기술.

복식막고차기 : 동일한 막고차는 연속동작을 두 번 하는 기술.

좌우복식막고차기 : 좌우로 번갈아 막고 좌우로 번갈아 차는 연속동작을 두 번 하는 기술. 일수막기만 적용.

연결막고차기 : 막고차는 동작으로 자유롭게 연속에서 연결하여 막고차기를 수련함.

전환선법막기 : 전환선법을 혼용하여 막기자세를 수련함.

전환선법치기 : 전환선법을 혼용하여 치기자세를 수련함.

전환선법막고치기 : 전환선법을 혼용하여 막고치기를 수련함.

전환선법막고차기 : 전환선법을 혼용하여 막고차기를 수련함.

3. 전환선법 용어 해설

전환선법 : 발의 움직임 즉, 스텝을 말함. 전후좌우 방향과 직선, 사선, 곡선으로 발을 내딛어 방향과 위치이동을 자유롭게 할 수 있도록 일정하게 체계화된 보법으로 12가지의 기본원리와 기초로 60가지의 공방보법으로 이루어짐.

전환선법수련자세 : 전환선법을 수련하기 위해서 공방서기자세를 준비 자세로 하여 수련함. 손(팔) 견제 자세는 상황에 따라 자유롭게 할 수 있음. 12가지 원리를 기본으로 혼용 응용하여 수련할 수 있으며 무한하게 할 수도 있다. 다른 기본 체계에 적용 수련할 수 있다.

평교 : 위치와 중심을 이동하지 않은 상태에서 앞뒤 발을 제자리서 교차하여 바꿔 서는 자세.

평선 : 위치와 중심을 이동하지 않은 상태에서 발의 앞축과 뒤축을 들어 제자리서 앞뒤로 돌아 서는 자세.

대각 : 전후좌우 사선(45°) 방향으로 직선 또는 곡선으로 발을 내딛어 옮겨 위치를 이동하거나 방향전환 하는 자세.

평전(A B) : 뒷발이 앞발위치에 오고 앞발이 최초 보폭 크기만큼 앞으로 전진 이동하여 서는 자세. B형은 최초 보폭크기 만큼 앞발을 먼저 옮기고 뒷발이 따라 갈 수도 있음.

평후(A B) : 앞발이 뒷발위치에 오고 뒷발이 최초 보폭 크기만큼 뒤로 후진 이동하여 서는 자세. B형은 최초 보폭크기 만큼 뒷발을 먼저 옮기고 앞발이 따라 갈 수도 있음.

평전교(A B) : 뒷발을 앞발의 앞쪽으로 교차하여 앞발보다 더 앞으로 내딛고 앞발이 최초 보폭 크기만큼 앞으로 전진 이동하여 서는 자세. B형은 뒷발을 앞발의 뒤쪽으로 앞발보다 더 앞으로 내딛고 앞발이 최초 보폭 크기만큼 앞으로 전진 이동하여 서는 자세.

평후교(A B) : 앞발을 뒷발의 앞쪽으로 교차하여 뒷발보다 더 뒤로 내딛고 뒷발은 최초 보폭 크기만큼 뒤로 후진 이동하여 서는 자세. B형은 앞발을 뒤발의 뒤쪽으로 뒷발보다 더 뒤로 내딛고 뒷발이 최초 보폭 크기만큼 뒤로 후진 이동하여 서는 자세.

전방 : 평전과 같이 발의 이동은 같으나 평전과 달리 발이 한발 한발 따로 전진이동하는 것이 아니라 두 발이 동시에 최초 보폭 크기만큼 앞으로 전진 이동하여 서는 자세. 두 발 전진 이동시 몸의 중심을 앞으로 하여 마치 뛰는 듯하게 두 발을 이동 함.

후방 : 평후와 같이 발의 이동은 같으나 평후와 달리 발이 한발 한발 따로 후진이동 하는 것이 아니라 두 발이 동시에 최초 보폭 크기만큼 뒤로 후진 이동하여 서는 자세. 두 발 후진 이동시 몸의 중심을 앞으로 하여 마치 뛰는 듯하게 두 발을 이동 함.

반원 : 반원은 원의 중심에서 원의 둘레인 360°를 반으로 할 때 180°를 의미하는 것으로 한발을 180°로 직선 또는 곡선으로 내딛어 옮겨 방향전환 하는 자세.

앞반원 : 반원 자세를 앞발로 시작 하는 것.

반전 : 180° 반원의 반인 직각(90°)으로 한발을 직선 또는 사전으로 내딛어 옮겨 방향전환 하여 서는 자세.

앞반전 : 반전 자세를 앞발로 시작 하는 것.

바꿔 : 반원으로 한발을 내딛어 옮기고 이어 다른 한발을 반원으로 내딛어 위치를 이동하여 서는 자세.

전환 : 최초 바라보고 있던 자세가 좌우측 또는 뒤쪽으로 방향이 바뀐 상태.

전환법 : 바꿔전환 한 후 최초의 위치로 다시 바꿔전환하여 돌아와 본래의 선자세를 갖춰서는 자세.

사방 : 전후좌우로 방향이나 위치를 이동하여 서는 자세. 대각사방향을 포함하면 팔방이 됨.

전환선법수련단계 : 전환선법 수련체계를 유급 또는 유단 수련자의 수련기간 및 수준에 따라 지도하고 익히는 과정.

기본전환선법 : 한번의 움직임으로 위치를 이동 또는 방향을 전환 하여 서는 기술.

혼용전환선법 : 기본전환선법을 두가지 연속으로 혼용하는 기술로 경호무술수련시 일반적으로 가장 많이 쓰이는 위치이동과 방향전환을 하는 자세.

연결전환선법 : 기본전환선법과 혼용전환선법을 연속으로 연결하여 전후좌우 자유로이 위치이동과 방향을 전환 하는 수련법.

전환선법응용수련단계 : 경호무술 유급 또는 유단 수련자의 수련기간 및 수준에 따라 각 기술체계에 전환선법을 사용하여 지도하고 익히는 과정.

전환선법기초자세 : 전환선법을 사용하여 기초자세를 수련함.
전환선법호위발차기법 : 전환선법을 사용하여 호위발차기법을 수준별로 수련 하는 기술.
전환선법호위권무형법 : 전환선법을 사용하여 호위권무형법을 수준별로 수련 하는 기술.
전환선법호위낙선법 : 전환선법을 사용하여 호위낙선법을 수준별로 수련 하는 기술.
전환선법호위호신술법 : 전환선법을 사용하여 호위호신술법을 수준별로 수련 하는 기술.
전환선법호위대련법 : 전환선법을 사용하여 호위대련법을 수준별로 수련 하는 기술.
전환선법호위사격술법 : 전환선법을 사용하여 호위사격술법을 수준별로 수련 하는 기술.

4. 준비수련법 용어 해설

준비수련법 : 본 수련에 앞서 인식과 신체운동에 임할 수 있도록 준비를 하는 수련법.
수련인사 : 모든 수련에 있어서 시작을 의미하며, 스승이나 제자에게 구분 없이 동등한 인격으로서 상호 존중하는 인사 예절법.
수련인사법 : 두 발을 모아 붙인 상태차렷 자세로 에서 어때 높이로 양팔을 올려 왼손은 상세수도자세 오른손은 평정권자세로 취해 좌우 손이 마주 보게 붙여 "경"이라 크게 기합을 넣은 다음 이어서 팔을 수평 앞으로 내뻗는 동시 목과 허리를 30°~45° 숙여 유지하며 "호"라 크게 기합을 넣어 인사를 한 다음 굽혀진 상체와 머리를 들어 올리며 양팔을 최초의 자세로 가지런히 내려 바르게 섬.
묵념 : 오로지 경호무술 수련정진에만 집중하는 것. 구체적으로 양 무릎을 꿇고 바르게 앉은 다음 양손을 거머쥐어 양 무릎 위에 가지런히 올려놓고 이때 허리를 곧게 편다. 그리고 눈을 가볍게 감은 다음 무념의 상태로 의식을 취하고 호흡을 병행하는 것.
명상 : 고요히 눈을 감고 생각을 깊이 함.
무념 : 마음을 고요하고 평안하게 함. 어떠한 일에 대하여 아무런 감정이나 생각이 없음.
무념무상(무상무념) : 모든 생각을 떠나 마음이 빈 상태. 경지에 이르러 일체의 상념을 떠남.
명상호흡 : 고요히 눈을 감고 심신이 일치되도록 정신을 집중하고 깊이 숨을 내쉬며 하는 호흡.
복식호흡 : 뱃가죽을 한 번 폈다 다시 오므렸다 해서 가로막의 신축에 의하여 하는 호흡으로 숨을 들이마실 때 복부로 깊게 들이마신 후 내뱉는 법으로 갓난아이의 호흡법과 유사하게 한다.
단전호흡 : 우리 신체와 정신 속에 있는 기운을 생성시켜 건강하고 강한 심신을 단련 시키는 방법.
단전호흡법 : 단전으로 숨을 내쉬는 정신 및 기공 수련법이다. 수련자는 주로 하단 전부위에 복식호흡으로 수련하는 기술.
명상훈련 : 무에서 유를 얻는 훈련법으로 초자연적인 신비의 힘을 창조하는 능력을 키움.

명상실시 : 지, 수, 화, 풍, 공에 의식을 집중하여 실시.

삼단전 : 상, 중, 하 세 단전을 말함.

상단전 : 뇌를 이르는 말이다. 명상호흡 시 뇌를 통하여 단전호흡할 수 있음.

중단전 : 심장을 이르는 말이다. 명상호흡 시 심장을 통하여 단전호흡할 수 있음.

하단전 : 배꼽 아래를 이르는 말이다. 구체적으로 배꼽 아래 한치 다섯 푼 되는 곳으로 여기에 힘을 주면 건강과 용기를 얻을 수 있음. = 하단전을 기해(氣海)혈이라 부르기도 함.

기수련법 : 기운(힘)을 다스려(운용) 통제하고 조절할 수 있도록 지식과 기술을 닦고 단련하는 기술.

기(氣) : 만물 생성의 근원이 되는 힘. 신체를 활동하는 힘. 숨 쉴 때 나오는 기운.

준비수련법수련단계 : 준비수련법 수련체계를 유급 또는 유단 수련자의 수련기간 및 수준에 따라 지도하고 익히는 과정.

무중물체떠밀기 : 없는 물체를 있다고 가상적으로 상상하면서 무거운 물체를 두 손으로 들어 가장 멀리 던진다고 의식하며 취하는 자세로서 천기와 지기를 단전호흡 및 기수련을 병행하여 백회공혈과 수공혈로 받아 체내의 단전에 모은 다음 이를 수공혈로 역류시켜 발산하는 기술.

배젓기 : 양손에 놋을 쥐고 양옆으로 젓는다고 상상하면서 힘차게 밀어 당기는 자세를 의식하며 취하는 자세로서 외(자연)기를 단전호흡 및 기수련을 병행하여 손바닥 소공혈로 끌어모은 후 손목을 꺾어 기문혈을 닫아 단전기해에 모았다가 손목관절에 기를 모아 발산하지 않고 집중시키는 기술.

전환단전호흡법 : 양팔을 들어 올려 바람과 물결처럼 부드럽게 춤사위와 같이 전환법을 하면서 앞뒤로 움직이며 호흡을 들이마시고 내뱉는 방법으로 심호흡을 몸동작과 일치시켜 심신을 집중시키고 안정되게 하는 기술.

근신전운동 : 펴고 잡아당긴다는 뜻으로 신체 각 부분의 근육이나 건을 얼마 동안 펴거나 늘리는 것을 가리킴.

근육운동 : 근육은 힘줄과 살을 통틀어 이르는 말로 신체를 움직이고 힘을 내는 기능하는 각 기관을 유연하고 강하게 단련하는 것.

관절운동 : 각 관절을 유연하고 강하게 단련하는 것.

무릎돌려주기 : 무릎을 원형으로 돌려 무릎관절과 인대를 부드럽게 하는 근신전운동 자세.

무릎굽혀주기 : 무릎을 앉았다 일어나 눌러주어 무릎관절과 인대를 부드럽게 하는 근신전운동 자세.

무릎잡고다리벌려눌러주기 : 고관절과 대퇴부 뒤쪽 그리고 엉덩이 대둔근부위의 근육 파열 등의 부상을 예방하는 근신전운동 자세. 다리를 짧게 혹은 길게 벌려서 함.

허리굴신등배운동 : 다리를 어깨너비 만큼 벌려 앞뒤로 숙여 허리와 등의 근육과 관절을 유연하고 부드럽게 하는 근신전운동 자세.

좌우손끝으로발끝찍어주기 : 양팔을 수평으로 펴 벌리고 양다리를 어깨너비 만큼 벌려 손끝이 반대쪽 발끝에 닿도록 좌우로 돌려 상, 하체의 근육과 관절을 유연하고 부드럽게 하는 근신전운동 자세.

양손내려올려허리돌려주기 : 양 손팔을 내렸다가 원형으로 들어 올려 다시 내리는 동작으로 상, 하체의 근육과 관절을 유연하고 부드럽게 하는 근 신전운동 자세.

수평허리돌려주기 : 양손으로 허리를 잡고 허리를 수평원형으로 돌려주어 허리와 고관절 부위의 근육과 관절을 유연하고 부드럽게 하는 근 신전운동 자세.

다리교차벌려주기 : 양다리를 앞뒤로 벌려 다리 전후근육을 유연하고 고관절을 부드럽게 하는 근신전운동 자세.

다리벌리고엎드려앞가슴대주기 : 양다리를 좌우측면으로 벌려 다리 내측근육을 유연하고 부드럽게 하는 근신전운동 자세.

양다리모아앞가슴대주기 : 양다리를 모아 펴고 앉자 손으로 발끝을 잡고 가슴이 무릎에 가도록 상체를 숙여 상, 하체 근육을 유연하고 부드럽게 하는 근 신전운동 자세.

발목관절돌려풀어주기 : 양다리를 펴고 앉아 한쪽 다리를 구부려 다른 다리의 무릎 위에 올려놓고 발끝을 잡아 원형으로 돌려 발목관절과 인대를 유연하고 부드럽게 하는 근 신전운동 자세.

족도잡고무릎관절펴주기 : 양다리를 펴고 앉아 한쪽 다리를 구부려 다른 다리의 대퇴부 위로 올린 다음 발 족도를 반대 손으로 잡고 다른 손으로는 무릎관절을 눌러 펴줌으로써 다리 근육을 유연하고 부드럽게 하는 근 신전운동 자세.

반누워상단옆차지르기 : 균형을 잃어 넘어진 상황에서 상대의 공격으로부터 방어하기 위해 반격하는 발차기술. 다양한 자세로 변형 응용할 수 있는 기본기술임.

팔짱끼고무릎꿇고누워몸통좌우돌려주기 : 무릎을 꿇고 앉아 뒤로 넘어가 머리를 지면에 대고 팔짱을 낀 다음 몸통을 좌우로 돌려 몸통과 앞쪽 대퇴부근육과 척추를 유연하고 부드럽게 하는 근 신전운동 자세.

무릎펴고코지면에닿도록밀어주기 : 발바닥과 머리를 지면에 대고 누워 상, 하체를 유선형으로 들어 올려 펴 전신 근육의 근력증강과 더불어 유연하고 부드럽게 하는 근 신전운동 자세. 특히 경추 목근을 강하고 탄력 있게 해줌.

머리들어버티기 : 발바닥과 손바닥을 지면에 대고 누워 상, 하체를 유선형으로 들어 올려 펴 전신 근육의 근력증강과 더불어 유연하고 부드럽게 하는 근 신전운동 자세.

등배신전운동 : 누운 상태에서 양다리를 곧게 펴 뒤로 넘겨 양발 끝이 지면에 닿게 하여 경추, 흉추, 요추의 각 관절과 이를 감싼 근육을 유연하고 부드럽게 하는 근신전운동 자세.

오뚜기식후방낙선법 : 뒤로 누었다가 다시 앞으로 일어서기를 반복하는 것. 신체 균형 감각, 유연성, 순발력, 근력증강 효과.

막잡당전환법 : 전환법을 이용하여 막고 잡고 당기는 동작을 동시에 익히는 기술.

해제역전환법 : 전환법을 이용하여 제압된 손목을 해제하는 기술을 익히는 기술.

마무리호흡 : 모든 준비운동으로 인한 긴장된 근육과 호흡불안으로부터 안정을 돕도록 하는 것.

장명진

- 사단법인 한국경호무술진흥회 회장
- 전통무예원류적통자 모임 간사
- 장명진경호무술원 총원장
- 국무총리실 국가재난관리본부 자문위원
- 초당대학교 경호학과(경호무술) 겸임교수
- 고려대학교 사범대학원 석사과정(경호무술) 강사
- 선문대학교 무도학과, 충청대학 태권도학과(경호무술) 강사
- 국립경찰대학 수사보안연수소(경호무술/경호전략) 강사
- 중국연길시공안국 보안전문대학교 명예교수
- 한서대학교, 서일대학 사회교육원 경호학과(경호무술) 강사
- KBS아카데미 경호원 양성과정(경호무술) 강사
- 사단법인 한국무예포럼 운영위원
- 주식회사 탑경(경호회사) 대표이사
- 국제경호아카데미 원장
- 국제경호협회 회장
- 한국안전교육학회, 한국경호경비학회 운영위원
- 사단법인 한국경비협회 신변보호분과 운영위원
- 사단법인 한국직능단체총연합회 상임부회장
- 제10기 민주평화통일 자문위원(대통령)
- 윗몸일으키기(14,824회) 기네스기록 보유(1990년)
- 『경호무술』, 『경호실무』 저술(개정7권, 1994년~2011년)
- 『경호직무능력표준』, 『경호자격규정집』(2004년~2005년)
- 「경호산업문제분석과 발전방안에 관한 연구」 외 다수의 논문
- 대통령표창(2002년), 국무총리표창(2007년)

[무술입문 및 경호무술 창시보급]

7세에 무예 입문. 태권도, 택견, 합기도, 쿵푸 등을 수련하고 경호무술을 창시하는 등 40여 년간 무공을 쌓았다. 1986년 708특공대(경호부대) 복무 중 86서울아시안게임과 88서울올림픽 경호작전임무를 계기로 경호무술을 연구하기 시작해, 1992년 정립한 경호무술을 국내 최초로 설립된 국제경호아카데미에서 경호원양성 교육과정으로 지도하기 시작하였다. 이후 대학(교) 경호무술학과 및 경호학과와 관련학과에 보급하였다. 1996년 국내최초로 인터넷 경호무술강좌를 시작으로 초 · 중 · 고등학생 및 일반인 대상으로 경호무술원을 개원하여 전국에 보급하고 있다. 또한 중국, 미국, 남미지역에 해외지부를 두고 세계화 중에 있으며, 국내외 주요 방송매체를 통해 크게 주목받고 있다.

경호무술 기초편

1

초판인쇄| 2011년 7월 15일
초판발행| 2011년 7월 15일

지 은 이| 장명진
펴 낸 이| 채종준
펴 낸 곳| 한국학술정보(주)
주 소| 경기도 파주시 교하읍 문발리 파주출판문화정보산업단지 513-5
전 화| 031) 908-3181(대표)
팩 스| 031) 908-3189
홈페이지| http://ebook.kstudy.com
E-mail| 출판사업부 publish@kstudy.com
등 록| 제일산-115호(2000. 6. 19)

ISBN 978-89-268-2186-2 14690 (Paper Book)
978-89-268-2187-9 18690 (e-Book)
978-89-268-2184-8 14690 (Paper Book Set)
978-89-268-2185-5 18690 (e-Book Set)

이담 Books 는 한국학술정보(주)의 지식실용서 브랜드입니다.